刑法中的同意制度
——从性侵犯罪谈起

罗翔 著

云南出版集团
云南人民出版社

果麦文化 出品

上帝就照着自己的形象造人,乃是照着祂的形象造男造女。

——《创世纪》1章27节

本书系教育部人文社会科学研究青年项目
(09YJC820117)"刑法中的承诺制度"的成果

序言：社会控制与个人自由

我们这个时代的人总是充满着对自由的渴望，因为我们时刻觉得自己并不自由。一直以来，我对"自由"这个话题就兴趣盎然，十多年前撰写硕士论文时，我就曾以《自由视野中的罪刑法定原则》为题，进行过初步的探索。但是，诚如奥古斯丁所说：时间是什么，你不问我，我还明白，你一问我，我倒糊涂了。写完该文之后，我对何谓自由更是困惑。

本书所探讨的主题依然与自由有关。个体的同意（consent）能够多大程度影响犯罪的成立与刑罚的适用，这取决于社会控制与个人自由之间的微妙关系。按照最初的设想，我假定社会控制与个人自由是对抗关系，社会控制越强，个人自由也就越弱。为了实现个人的自由，我的预设是刑法应当尽可能地扩大同意这种辩护理由的适用范围，比如人可以支配自己的身体甚至生命，因此与卖淫有关的非暴力犯罪应除罪化，安乐死也应合法化。

初定的研究计划是庞大的，我试图考察刑法中所有涉及个体同意的问题，并试图构建一个体系化的同意制度。性侵犯罪中同意问题，人身伤害中的同意问题，医疗（手术、医学研究等）中的同意问题，整形美容（如刺青、穿孔）中的同意问题，风化犯罪中的同意问题，体育竞技、杂技、游戏、殴斗等各种危险性活动中的同意问题等，都在我的研究计划之列。然而，随着思考的深入，我不得不承认自己能力的有限，我根本无法驾驭一个如此庞大的话题。而且，我开始怀疑，对如此繁杂的问题进行体系化是否可能，所有的体系化建构是否只是人类理性搭建的"巴别塔"，出于人类理性狂妄的自负。于是，我只能选择其中的一个问题，也就是性侵犯罪进行讨论，因为其中的同意问题最为丰富。

随着进一步研究，我发现自己必须更新对自由的理解，部分推翻先前的假设。人的思想经常会发生变化，今日之我已完全不同于昨日之我，甚至在我撰写这篇序言时，我也不无遗憾地发现，序言中想表达的观点与本书中的个别部分也有冲突。

以往我对自由的理解始终未能跳出"随心所欲""个人解放"的视界，这可能也是国人对自由的通常看法。柳宗元诗曰："破额山前碧玉流，骚人遥驻木兰舟。春风无限潇湘意，欲采蘋花不自由。"诗人在湘江泛舟，见到水中的蘋花，"欲采而不自由"，这曾让我感喟不已。但是，这种自由观却无法让人自由。每一个欲望的满足必然带来新的欲望，人在追求自由的同时无可避免地成为欲望的奴隶，一如卢梭所言"人生而自由，却无往不在枷锁之中"。

我开始欣赏并接受康德对自由的理解：自由不是想做什么，就做什么；自由是叫你不想做什么，就可以不做什么。对于吸毒者而言，真正的自由是可以抵制毒品诱惑的自由，而不是获得无限量毒品的自由。因此，自由的背后一定是自律。但是，人类的悲哀在于我们根本没有自律的能力，"立志为善由得我，只是行出来由不得我。"(《新约·罗马书》)只有通过超越人类存在本身的力量才能培养人自律的能力，洗涤人类败坏的本性。

从这个角度来看，社会控制与个人自由不应是对抗关系，而应是合作关系，社会控制的目的应该培养人类的自律，让人拥有真正的自由。法律是社会控制的一种重要工具，它要教导人行在良善之道。法律的最高目标是将其所倡导的良善价值内化为人们的行为准则，让人自觉自愿遵守法律。这样说来，自由是法律下的自由，"法律的目的不是取消或限制自由，而是维护和扩大自由"（洛克：《政府论》）。

然而，人们急于摆脱社会控制的一个重要原因是因为人们对社会控制本身的正当性表示怀疑。20世纪，极权主义制造的无数血雨腥风让人们对社会控制不寒而栗，人们急于逃离社会控制，逃离体制下的"古拉格群岛"，寻求所谓的"自由"。

何种力量可以确保社会控制是正当的呢？启蒙运动之后，个人主义和理性主义大行其道，人们将社会控制的正当性依据从天国拉向尘世。用马克斯·韦伯的话来说："世界已被祛魅"，"只要人们想知道，他任何时候都能够知道，从原则上说，再也没有什么神秘莫测、无法计算的力量在起作用，人们可以通过计算掌握一切，而这就意味着为世界祛魅。人们不必再像相信这种神秘力量存在的野蛮人一样，为了控制或祈求神灵而求助于魔法。技术和计算在发挥着这样的功效，而这比任何其他事情更明确地意味着理智化。"（韦伯：《学术与政治》）

有两种理论企图为社会控制的正当性背书。

一种是社会契约论，代表人物是卢梭。社会契约论认为人们为了保护自己不受他人的伤害，必须让渡一部分权利，达成社会契约，接受社会控制。卢梭要求"每一个体将自己的权利毫无保留地完全转让给共同体"，人们在服从共同体的时候，实质上只是在服从他们自己，并且仍然像以往一样地自由。"主权，即社会，既不能损害社会成员的整体，也不能伤害他们中具体的任何个人。"正是在这种社会契约论的基础上，卢梭建立了他的人民主权理论。

根据这种理论，民众选举的立法者颁布的法律具有天然的正当性，因为这是民众意志或公共意志（public will）的体现。在卢梭看来，主权者是永远不会犯错误的。他无法想象基于公意产生的主权政府也可能践踏先前的契约，走向独裁。不幸的是，这却成了事实，后世几乎所有的极权主义都流淌着卢梭哲学的血液。

另一种理论是功利主义哲学观，代表人物是边沁，认为社会要追求"最大多数人的最大幸福"，为了达到这个目标，社会控制是必要的。在刑法理论中，功利主义哲学观遍及方方面面，比如为学界普遍接受的法益理论，犯罪的本质在于侵犯法律所保护的利益（法益），因此要对犯罪进行利益分析，如果没有侵犯利益，或者为了保护较大利益而牺牲较小利益就不是犯罪。然而，如何进行利益权衡？何种利益为大，何种利益为小，功利主义哲学很难得出让人信服的结论。功利主义主张当个人利益与"最大多数人的最大幸福"相抵触，个人利益就应放弃或做出牺牲，但问题在于何谓"最大多数"？何谓"最大幸福"？这种无比抽象的概念就如社会契约论中"主权""公意"等概念一样，在现实中成为少数人谋取私利的托词，最大多数往往是被少数人所代表的。

只有从超越此岸存在的超验世界寻找社会控制的正当性依据，才能确保人们尊重社会控制的权威，社会控制与个人自由才能从对抗走向合作。包括法律在内的社会控制若要获得人们真正的尊重，必须有一个超越世俗存在的源头。

在世俗社会中，能够无限接近超验世界的就是人们内心神圣的道德良知，这种道德良知绝非进化而来，它是与生俱来的。今天的人们绝不敢夸口自己的道德水平能够超越古人。因此，法律一定要尊重民众的道德良知。无论何种理论，如果与朴素的道德良知相抵触，它都有修正的必要。理论不过是渺小人类的小小设计，如哈耶克所说的"茫茫暗夜里的天光一泄"，而它的局限和褊狭则是命中注定的。

只有当法律获得了超验世界的神圣源头，法律所承载的公平和正义才有可能，法律才能真正为公众所遵奉，法律所推崇的价值才能内化为人们内心的行为准则。法律要尽可能地去倡导正确的价值，引导人们回归至善之道。有许多人信奉马克斯·韦伯的"价值无涉"的学术研究方法，认为社会科学研究应当与自然科学一样，只进行事实描述，做逻辑判断，而不进行价值判断。究其原因，关键是在这个"祛魅化"的时代，人们的价值观已经完全崩盘，人们已经将无价值作为一种新价值，这是一个诸神横行的年代。然而，我确信无论天变地变，有些价值是永恒不变的，法律必须要倡导这些价值。

在刑法的同意问题中，有大量的疑难问题必须通过价值判断才能解决。比如甲冒充某女丈夫与其发生性关系，甲冒充有钱人与女方发生性关系，甲冒充明星与某女粉丝发生关系，甲冒充某女男友与之发生性关系……上述案件是否都构成强奸罪，这涉及欺骗与同意。何种欺骗能够否定同意的有效性，在刑法中存在大量的理论。大部分的理论都试图说明欺骗与处分的因果关系，如果一种欺骗能够高概率地让女方处分性权利，那这种欺骗就属于实质性欺骗，进而导致同意无效。如果不考虑价值，只做事实判断，上述四种情况其实都可以认定为强奸。但这种判断显然是和不道德的社会现实同流合污。虽然在现实社会中，有钱人、明星与女方发生关系很普遍，未婚同居更是司空见惯，但法律一定要倡导正确的价值观，在法律中必须坚持只有在婚姻关系内的性行为才是正当的，其他一切的性行为都是不道德的，是低概率事件。因此，除了上述第一种情况属于强奸，后三种情况都不能认定为强奸。

这是一个并不完美的世界，但法律可以持守正义，坚守善道，让人心在浊世中有对良善的信心与盼望，真理必让人自由。

目 录

引 言 __ 1

第一章 同意问题在性侵犯罪中的地位

一、**性侵犯罪的历史沿革** ········ 6
  性侵犯罪的历史 / 人权运动与性侵犯罪的革新

二、**性侵犯罪的法益嬗变** ········ 18
  风俗之法益 / 性自治权之法益 /
  性自治权的含义 / 风俗与性自治权的关系

三、**刑法基本理论的转化** ········ 32

四、**同意问题是性侵犯罪的核心** ········ 37
  同意问题的历史回顾与发展趋势 /
  不同意是性侵犯罪的本质特征 /
  不同意问题的处理模式及我国的选择

第二章 同意的概念及不同意判断标准

一、同意的概念 ········ 52

二、不同意的判断标准 ········ 58

　　中国刑法有关不同意标准的争论 /

　　英美法系有关不同意标准的争论 /

　　大陆法系有关不同意标准的争论 / 几种最新标准

三、标准的确认 ········ 82

　　主观标准或客观标准 / 反抗规则

第三章 不同意的表现形式

一、表现形式的分类 ········ 116

二、严重强制手段与同意 ········ 119

　　暴力 / 胁迫

三、能力瑕疵与同意 ········ 120

　　年龄与同意 / 心智不全与同意 / 身体无助与同意

四、强制不明显与同意 ········ 135

　　威胁 / 欺骗 / 滥用信任关系

五、婚姻关系与同意 ········ 158

第四章 同意与犯罪论体系

一、同意在犯罪论中的地位 ········ 168

　　大陆法系 / 英美法系 / 我国的选择

二、同意与主观心态 ········ 172

　　从摩根案件谈起 / 对策 /

　　不同意的判断标准与主观心态的关系 /

　　本文之立场——规范性构成要件要素的认识错误 /

　　同意年龄的认识错误

三、同意与未完成罪 ········ 207

　　求欢未成与未完成罪的区别 / 犯罪未遂与犯罪中止的区别

第五章 同意与证据规则

一、同意的证明责任 ········ 216

　　证明责任分配的标准 / 标准的冲突 / 标准的取舍与应用

二、性史与证据 ········ 228

结 论 __ 237　　后 记 __ 240　　再版后记 __ 242

参考文献 __ 244　　注 释 __ 254

引 言

法益主体的同意是刑法中的一种重要辩护理由。但在中国刑法学界，它却长期处于被忽视的尴尬地位。究其原因，主要是传统理论过分注重刑法对社会的控制，而忽视刑法对个人自由的保障。随着公民权利的勃兴，刑法从国权主义时代向民权主义时代迈进，法益主体的同意也将在刑法中发挥越来越大的作用。在与个人权利有关的大量社会活动中，刑法的介入范围与限度，都必须考虑法益主体的同意。通过对刑法中同意制度的研究，能够很好地勾画出刑法在社会控制与自由保障之间互动关系。

比较而言，在西方国家，同意制度无论在理论研究，还是在立法和司法实践中，都受到高度重视。如英国的法律改革委员会就曾在1994年、1995年和2000年先后出台过三个有关同意问题的研究报告，[1]建议立法者对刑法中的同意制度进行改革。但由于同意问题涉及社会控制与个人自由的平衡问题，如何选择合适的平衡点，这并不是一个能够轻易得到解决的问题。

考虑到性侵犯罪中同意问题最为突出，本书以此为切入点，试图综合两大法系[2]的经验和教训，对同意问题进行剖析，以探究刑法在协调社会控制与个人自由中的作用。

被害人[3]对性行为的不同意是性侵犯罪成立的关键,现代刑法关于性侵犯罪的理论都是围绕着同意问题展开的。但是,同意作为性侵犯罪的核心问题并非古已有之,它经历了一个漫长的历史演进过程,只有在女性获得独立主体地位的今天,同意问题才逐渐成为刑法学上的重要问题。

然而,在性侵犯罪中,同意问题十分复杂,它在全世界范围内仍悬而未决,其复杂性突出地表现为如下方面。

第一,同意与不同意的界限往往非常难以界定。从表面上看,同意只是一个单纯的抽象概念,被害人对性行为或者同意或者不同意,但是在具体案件中,由于人类心理活动的复杂性,交流的含糊性都可能使得同意问题复杂万分。当人们提及性侵犯,通常想象的是这样一种情境:夜黑风高,陌生人手持凶器,以暴力相威胁,强行和被害人发生性关系,此种情境下的不同意一目了然。然而这类典型的性侵犯案件已越来越少,绝大多数性侵犯往往发生在熟人之间,在这些案件中,两人也许因为约会而见面,被告人没有使用暴力或暴力威胁,被害人也没有身体上的反抗,性行为甚至是在卧室发生的,对于这类案件应如何定性,大家存在很大的分歧。

第二,由于性别以及社会地位的巨大差异,男女两性对同意与否可能存在不同理解。这种不同理解本来就是两性不平等的体现,也集中反映出同意问题的复杂性。1983年,女权主义理论家麦金侬(Mackinnnon)曾指出,异性间的性交就是强奸。她说:虽然强奸与正常的性交不同,但是对于女性而言,在男性处于支配性地位的当下社会,两者很难区分。[4]考虑到女性地位的变化,这种言论可能过于激进,但无论如何,同意问题的复杂性可以窥豹一斑。在同意问题上如何有效地平衡两性的利益之争,并非易事。

第三，性侵犯罪中的同意是被害人的一种反应，而这种反应却可能决定行为人行为的性质，这似乎与刑法的基本理论相悖。人们一般认为，在刑法中决定行为性质的是行为人的行为，而非被害人的反应，但是性侵犯罪中的同意问题却对这种习惯思维提出了挑战。

同意问题的复杂性决定了它是一个世界性的问题。伴随人权运动的蓬勃发展，许多国家都开展了性侵犯罪的改革运动，试图重新诠释同意问题，并借此鼓励妇女重视自己的权益，在性权利受到侵犯时，敢于报案。这场改革运动肇始于20世纪70年代的美国，并逐渐扩展到其他国家和地区。直到今天，这股改革浪潮仍在继续，我国台湾地区也在1999年对性侵犯罪进行了大幅度修改。在许多国家，性侵犯罪尤其是其中的同意问题一直都是学术界最前沿的课题。

反观中国大陆，性侵犯罪的理论研究却相对滞后。虽然在20世纪80年代，学界对于强奸罪曾有过一场声势浩大的争论，并促使了有关强奸罪司法解释的出台。但随后却很少有人开展过性侵犯罪的系统研究，学界对于性侵犯罪的研究主要散见于婚内强奸、奸淫幼女等方面。这一方面是因为中国文化耻于谈性，大多人不愿意研究性侵犯这种"肮脏"的罪名；另一方面则是因为人们习惯了宏大叙事的"主义"之争，"问题"意识不足，至于性侵犯这类"细枝末节"的刑法问题则更是难登大雅之堂。但是，这种落后的理论研究现状却严重影响了司法实践对于性侵犯案件的准确定性，妨碍了性自治权这种基本人权在实践层面上的切实保障，这种局面亟待改善。

最后，有必要对本文基本概念作简单的交代。性侵犯罪中的"同意"是指被害人对性行为的认可。显然，与"同意"相对的概念是"不同意"（或说"拒绝"）。[5]在法律上，被害人只可能"同意"或"不同意"性行为，而不存在界乎二者中间的第三类态度，模棱两可、半推半就都不是法律概念,它们要根据法律或者界定为同意或不同意。因此,"同意"与"不同意"其实是一个问题的两个方面。

其次,本书所说的性侵犯罪,它指的是我国刑法第236条、237条分别规定的强奸罪、强制猥亵、侮辱妇女罪和猥亵儿童罪。强奸与猥亵最大的区别在于行为方式不同,前者是与女性发生性交,而后者是与被害人(主要是女性,但也包括未满14周岁的男童)发生性交以外的其他性行为。这里要说明的是,与性行为(sexual conduct)意思相同的概念是性关系(sexual relation),其外延大于性交这个概念,它不仅仅包括性交(sexual intercourse),还包括各种满足性欲的性接触(sexual contact)。在我国刑法中,是通过"奸淫"这个概念来代替"性交"的,它仅指男性生殖器对女性生殖器的插入,而其他形式性关系(性接触),则为"猥亵"(indecency)这个概念所包括。随着性别中立主义立法的发展,许多国家都扩张了对性交(sexual intercourse)概念的理解,认为它不仅包括阴道交,还包括肛交和口交,至于其他性行为则属于性接触(sexual contact)。还有些地方甚至用性插入(sexual penetration)这个概念来取代性交。[6] 考虑到在我国刑法中,强奸罪中所说的"奸淫"仅仅指的是非常狭义的性交概念,而其他性行为则为"猥亵"概念所包括。但是,"奸淫"和"猥亵"两词本身所具有的放荡淫乱的道德评价,会让被害人非常难堪,因此我们在强奸罪中使用狭义的"性交"概念,而在其他性侵犯罪则使用性关系(或性行为)这个概念。另外,由于强奸在三种性侵犯罪中最为突出,[7] 为了行文的方便,本书以强奸罪为重点,附带研究其他性侵犯罪。

第一章
同意问题在性侵犯罪中的地位

一、性侵犯罪的历史沿革

性侵犯罪的历史就是一个从财产到权利的演变过程。最初，法律并不认为女性具有主体性的人格地位，她们是男性的财产，法律对性侵犯的惩罚只是为了保护女性背后对她拥有支配性权利的男性的财产利益。只有当女性摆脱了附属于男性的财产地位，性侵犯罪才逐渐演化为侵犯女性自身权利的犯罪。

（一）性侵犯罪的历史

在中国刑法史上，性侵犯罪属于奸罪。由于女性相对于男性的附属地位，从一开始，刑法对奸罪的设计就不认为女性具有支配其身体的权利。《辞海》对"奸"的解释，其一义项为"犯"，如作奸犯科；其二义项为"不正当的男女关系"。无论女性是否同意这些"不正当的男女关系"，它都属于奸罪所打击的范围。"不和谓之强"，女性的不同意只是区别强奸与和奸的标准之一。在不同意的情况下，性交可能构成强奸，而在同意情况下，性交则可能构成和奸。和奸男女同罪，强奸则女性无罪。中国古代的和奸概念非常广泛,它包括通奸(有夫奸)、亲属相奸、无夫奸等各种强奸以外的不正当男女关系。无论是强奸还是和奸,法律都把女性看成了一个纯粹的客体,它所保护的只是男性的财产权利,这突出体现为如下几个方面。

第一,男性的杀奸权。《唐律》规定:因奸罪而名誉受损的家庭成员均可捉捕奸夫淫妇,其拒捕而杀之者可免刑或减刑。[1]《元律》则规定:诸妻妾与人奸,本夫于奸所杀其奸夫及其妻妾,并不坐。[2]清朝承袭了《元律》的规定,认为"凡妻、妾与人奸通,而(本夫)于奸所亲获奸夫、奸妇,登时杀死者,勿论。"[3]显然,在这种法律看来,因为妻子的不贞,玷污了丈夫有价值的财产,丈夫可以杀之而后快,以解决自己的财产受损问题。但是,妻子却没有权利杀死行奸之夫,否则还可能视为故杀或斗杀,罪至绞斩。[4]

第二,结婚可以作为无夫奸的豁免理由。对于未婚男女所发生的性交,在中国古代被称为无夫奸,男女双方都要受到刑事处罚。但是,如果男方愿意与女方结婚,那么双方都可以免于处罚,女方家人也不再拥有告诉权。如宋朝马光祖为县令时,有书生夜里翻过墙与邻家处女幽会被抓,他不但不处双方刑罚,反而公堂做媒,成全此婚姻。清朝郑板桥为县令时审理过一对和尚尼姑犯奸案,也判令二人结为夫妇。这种判决在中国古代很多,甚至被传为佳话。[5]在我国少数民族地区也有类似规定,如在窦厥,"奸人女者,重责财物,即以女妻之"。[6]从财产的角度,我们很容易理解这种做法的用意。既然犯罪者双方同意结婚,那么也就解决了家庭受损的财产,因此也就没有处罚的必要。另外,无夫奸之告诉权为女方家长。《唐律》规定:无夫妇女和奸者,有权向官府告诉者为"被奸家人及所亲"。直到《大清新刑律》仍规定,此罪只有直系尊亲属告诉乃论,

"若尊亲属事前纵容或事后得利私行和解者,虽告诉不为审理"。[7]这些规定显然是赋予对女性拥有财产权利的家长以自己的方式先行解决财产争议。

第三,通奸之刑重于无夫奸。《唐律·杂律》规定:"诸奸者,徒一年半;有夫者,徒二年",[8]《元律》也规定:"强奸有夫之妇者,死;无夫者,杖一百七"。[9]犯罪人在有夫奸与无夫奸中量刑殊然不同,这不仅仅说明丈夫对妻子的支配地位,而且也更充分地说明了女性的财产地位。在无夫奸的情况下,犯罪者可以通过与女方结婚来解决财产受损问题,因此其刑罚相对较低。但是当女性已婚,那么就不可能有补救办法弥补财产损失了,因此对此行为必须予以重惩。

第四,男女双方的身份关系决定了奸罪的成立及其刑罚。在中国古代,男性主人强奸奴婢或与奴婢和奸一般不构成犯罪。《唐律疏义·杂律》规定:"明奸己家部曲妻及客女不坐"。[10]宋朝也沿袭了唐朝的规定。至于明朝,法律上也只有奴及雇工人奸家长妻女而无相反规定,主人奸奴婢,并非犯罪。而元律干脆毫不掩饰地规定"诸主奸奴妻者不坐"。[11]总之,在中国古代,很长一段时间,法律认可了主人对奴仆妻女的通奸权。直到清朝才附加条例,对于有夫的仆妇和无夫的婢女加以区分,将家长的通奸权缩小,仅限于无夫的婢女。主人奸有夫之仆妇,虽构成犯罪,但其刑罚相当之低(清初为笞27,随后才升为笞40)。[12]另外,根据女性所从属的男性的不同身份,犯罪者的刑罚也不相同。如《唐律·杂律》规定:"诸奸者,徒一年半;有夫者,徒二年。部曲、杂户、官户奸良人者,各加一等。奸官私婢者,杖九十(奴奸婢,亦同)。奸他人部曲妻、杂户、官户妇女者,杖一百。强者各加一等。"[13]"诸奴奸良人者,徒二年半;

强者，流……其部曲及奴，奸主及主之期亲，若期亲之妻者，绞，妇女减一等；强者，斩。奸主缌麻以上亲及缌麻以上亲之妻者，流；强者，绞。"[14] 根据女性所从属的男性的地位来决定犯罪者的刑罚，法律显然主要保护的是对女性享有支配性权利的男性的利益。

第五，婚内无奸。在中国古代，婚内不可能存在性侵犯。由于妻子是丈夫的财产，因此她必须对丈夫的性要求言听计从。另外，结婚被认为是男女双方的家长达成的契约，根本不需要考虑新娘和新郎的意愿，因此也就根本不存在妻子对丈夫性要求同意与否的法律问题。[15] 当女儿嫁入夫家，家长也就丧失了对女儿的控制权，所谓"嫁出去的女儿，泼出去的水"。对于新人的家务事，女方的家长不得干涉，否则将是一种严重违礼。清朝乾隆年间曾在山西省发生过一起涉及婚内强奸的案件。女方13岁，嫁与任家，婚后经常不愿与丈夫同房。一日，丈夫意欲求欢，再次遭到拒绝。丈夫于是强行施暴，并将女方严重打伤。次日，女方母亲黄氏前来探望小女，得知此事，遂将其女带走。随后告之其侄王某，一起赶到任家。两家先是争吵，随后发生殴斗，王某将女方之夫打死，但黄氏没有动手。县衙经过审问，判定王某构成斗杀罪，并认为黄氏行为严重不当，"虽然其未参与殴斗，但她不应该将此事告诉侄儿，并与任家争吵"，最后她以"违礼"被判杖80。同时，县衙认为任某的行为并无不当。显然婚内强奸根本就不是案件的审理重点，它只是为了交代案件的缘起。在法官看来，任某不过在行使他作为丈夫所应有的权利，相反，黄氏的行为却严重干涉了他人的家事，并间接引起了任某的死亡。[16]

将女性视为男性的财产，借助女性来保护其背后男性的权利，这种做法在世界各国都曾非常普遍。西方关于和奸与强奸的惩罚与中国古代在很多方面有着惊人的相似。对于通奸的惩罚在各国的刑法史中都非常普遍，有的甚至认为它比强奸更为可恶，其刑罚甚至是死刑。至于丈夫的杀奸权也曾普遍存在。在中世纪的欧洲，"法律到处承认（丈夫）有权杀死与人通奸的妻子和当场被抓的奸夫。法律有时强行规定这项义务，否则影响你的声誉；（法律）又将处死女子的权利留给她自己的家族"。直到近代，欧洲很多国家的法律都能看到以往规定的遗风。[17] 与中国相似，对于无夫奸，许多地方都认为犯罪者可以通过结婚来豁免罪责。如1810年《法国刑法典》第357条规定："诱拐16岁至21岁女子者处2年到5年拘役，但诱拐人与被诱女子结婚者，只有在依民法应撤销而且已撤销婚姻的情况下才追究刑责，否则不罚。"[18] 1871年《德国刑法典》第182条规定："意欲奸淫或结婚而诱拐未婚之未成年妇女者处轻惩役，但诱拐人与被诱拐人结婚者免刑责。"[19] 直到非常现代的法典，仍然有保留这种规定的例证。

在性侵犯罪中，女性的财产属性体现得一览无余。罗马法虽然认为强奸是一种犯罪，但是它并不认为这种犯罪是对女性个人的侵犯，对这种犯罪的处罚往往仅是一定的财产赔偿。根据罗马法的理论，强奸只是一种严重的侵权行为，它侵犯了对女性负有保护义务的男性（如父亲、兄弟、丈夫等）的权利，行为人的侵权行为实际上暗示了这些男性无力保护自己的财产。卢克利希亚（Lucretia）是罗马传说中贞节的典范，她在受辱与死亡的抉择中，选择了后者，而这也代表了古罗马人对被强暴女性的希望。[20] 在普通法中，英文的强奸（rape）这个词是本来就是从拉丁文中的 *raptus*（意思是"绑架"）中演化过来的。强奸这种违法行为被认为剥夺了父亲或丈夫有价值的资财——其妻子的贞洁或其女儿的贞操。[21] 因此，普通法特别强调女性的贞洁。在英国的早期法律中，奸污处女要处以阉割刑或乱石砸死，但如果被害人同意和强奸犯结婚，则可免除其责，因为它解决了家庭受损的财产。对于轮奸也是一样，只要被害人同意与犯罪者中的一人结婚，那么所有的犯罪者都无须承担刑事责任。甚至到20世纪90年代，埃及法律仍然保留着这种规定，"如果强奸犯愿意娶被害人为妻或者说服被害人同意与他结婚，就可以免予处罚。"[22] 直到20世纪初，普通法仍然认为，女性的贞操价值远高于其生命价值，因此她必须用生命去捍卫自己的贞洁，否则男性被告人就不构成犯罪。[23] 至于婚姻无奸的观念则更是在相当一段长的时间内为各国法律所公认。

（二）人权运动与性侵犯罪的革新

无论中外，传统有关性侵犯罪的立法无不是将女性视为从属于男性的财产，女性的从属地位在人类历史上曾一度被视为天经地义。《礼记·内则》对女性的解释是："妇人，伏于人也"。《诗经·小雅》则曰："乃生男子，载寝之床，载衣之裳，载弄之璋。乃生女子，载寝之地，载衣之裼，载弄之瓦"，班昭对此解释道："卧之床下，明其卑弱人也；弄之瓦砖明其习劳主执勤也。"事实上，汉字甲骨文"女"字正是被描绘成一个人跪在地上的形象，而"妇"则是一个拿着扫帚的女子（妇），这从侧面印证了班超的解释。在中国的传统文化中，女子"未嫁从父，既嫁从夫，夫死从子"，根本就不是独立的人，她们只是男性的财产。在西方，女性同样没有独立的人格，她与奴隶、牲畜和钱物一样，都属于男性家长的私有财产，鲜有政治、经济、身体上的独立权利。[24] 亚里士多德认为，妇女只相当于折合成一个肢体不全的男人。柏拉图在感谢众神赐予的八种幸福中，第二种就是生为男人而不是女人。[25]古希腊人认为，妻子除了生育子女，不过是一个婢女的首领而已；丈夫从事竞技运动和公共事业，而妻子不许参加。[26]他们甚至认为，妇女在生育中也没有太大的作用。因为精子才是人类的种子（英文中的精子"sperm"这个词就是从希腊文种子"σπέρμα"这个词中来的），而子宫只是种子生长的土地。[27]在西方国家，很长一段时间，丈夫甚至可以任意出卖妻子，而其价钱低得可怜，有时甚至不足一杯普通啤酒。[28]

随着人权运动的深入，逐渐拉开了女权运动的序幕，漫漫长夜终于迎来希望的曙光。在17—18世纪，随着资本主义生产关系的产生和发展，启蒙思想家喊出了"天赋人权"的口号，他们认为，人权就是自由平等的天赋权利，它包括生命权、自由权、平等权、安全和财产权。这些权利根源于人性和自然法，是与生俱来不可剥夺的，追求自由、平等和幸福是人的本性。这场人权运动直接导致了法国1789年的《人权宣言》和美国《人权法案》的伟大实践。资产阶级人权观念的核心是人生而平等，但是在人权运动之初，妇女却被剥夺了做人的资格，因而被排除在人权概念之外。西方哲学传统认为人是理性的动物，妇女因为感性过多理性不足，而不属于哲学上的人，她们必须依附于男性。因此即使那些启蒙运动的倡导者也竭力地为女性的非人地位进行辩护。但是，让启蒙思想家始料未及的是，排斥女性的人权概念却激起了西方妇女争取平等权利的雄心。人生而平等的观念启发了妇女，使她们意识到一直以来的不平等地位，她们利用人权观念为自己争权利。1791年，法国著名的女革命家奥兰普·德古热仿照法国《人权宣言》发表了《妇女和女公民权利宣言》，这标志着西方女权主义运动的正式开始。《人权宣言》称："不知人权、忽视人权和轻蔑人权是公众不幸和政府腐败的唯一原因。"[29]《妇女和女公民权利宣言》则针锋相对地指出："对妇女权利的无知、遗忘和忽视是造成公众灾难和政治腐败的唯一原因"，"妇女生而自由，在权利上与男子是平等的"，"在法律面前所有男女公民一律平等。他们能平等地按其能力担任公共职位和各项工作。"[30] 然而，正如人权运动一样，女权运动在一开始也并非一帆风顺，德古热很快就被送上了断头台，女权运动陷入低谷。在很长一段时间，女权运动不仅为男性所不耻，也为女性所不理解。但是这并非德古热等人的不幸，而是时代的无奈，因为只有在社会经济条件成熟之时，女权运动才有花开蒂落的那天。

随着社会经济的发展，时代背景的成熟，女权运动终于迎来了迟到的春天。

女权运动有两次高潮。第一次是在19世纪中期至20世纪初期，这是为了争取妇女参政权、受教育权，与男子同等政治法律权利的运动。其背景是工业化大生产的迅猛发展，劳动力的奇缺使得大量女性进入工厂，力量的逐渐强大使得女性越来越不满足自身的非人待遇。19世纪西方各国在进行民主化的过程中，基本实现了成年男子的普选权，于是妇女选举权成为女权运动的重点。经过半个多世纪的不懈努力，1908年英国终于承认男女具有平等的选举权，这具有划时代的意义。随后美国也在1919年承认了女性的选举权和被选举权。在第一次世界大战中，妇女承担起大量原来由男性担当的工作，其地位得到进一步提高。在战后的十余年间，大部分西方国家先后赋予了妇女选举权，女性也慢慢获得了遗嘱、财产、婚姻、监护、诉讼、接受高等教育等方面的权利，在法律上具有了相对的独立人格，这场运动胜利结束。

女权运动的第二次高潮从20世纪六七十年代开始至今，它又被称为"妇女解放运动"。这次运动的目标是全方位的,它涉及政治、经济、社会、文化、教育等诸多领域。[31]西方妇女获得了选举权后,其政治权利和社会地位并没有明显的好转,于是,女权主义知识分子开始探讨这种症结的根源。正是因为女权主义知识分子的理论研究,才将女权运动提高到前所未有的高度,它使得女权运动的目标集中于各种对女性的奴役与歧视。特别要说明的是,在这个阶段的女权运动中,还出现了国际化的趋势,其标志就是1975年联合国召开的第一次世界妇女大会。[32]大会为各国妇女提供了一个交流学习的平台,并使妇女问题引起了国际社会的关注,让妇女解放运动成了一个全球性的问题。1995年,联合国第四次妇女大会在北京召开,妇女们更是喊出了"妇女权利就是人权"的口号。总之,女权运动经过不断发展,已经成为人权运动的一个重要分支,它已经而且还将继续为人权运动书写新的篇章。

中国的妇女解放运动与西方的女权运动有着千丝万缕的联系。中国的启蒙运动正值西方女权运动第一次高潮,中国的启蒙思想家不仅对西方妇女的斗争表示理解,还将女权的实现视为现代文明的标志,国家富强的前提。[33]梁启超指出,"女性开放则社会开放,女性自由则社会自由,女性强于欧洲则国强于欧洲,女性盛于世界则国盛于世界。"在某种程度上,中国的启蒙运动是从争取妇女的平等权利开始的。高举着男女平等的大旗,五四青年身体力行,开始了妇女解放的伟大运动,这场运动随着中国革命的胜利走向纵深,并最终汇入世界人权运动的大潮。

在妇女解放运动也就是人权运动的冲击下,从20世纪70年代开始,美国率先开展了对性侵犯罪的改革运动,开始抛弃男尊女卑的偏见,认可女性的主体性人格地位,并承认女性具有支配其身体的权利,这场改革运动逐渐波及全球,并随着人权运动的深入而不断发展。归纳起来,各国对性侵犯罪的改革在如下方面有重大突破。

第一,将性侵犯罪规定为侵犯个人权利的犯罪。在传统的性侵犯罪中,法律所要保护的是女性背后的对她具有支配性权利的男性的利益,它借助贞洁观念来维护男性的这种特殊财产,因此性侵犯罪的法益表现为对社会风俗的保护。[34] 如法国1810年刑法典就把强奸等性侵犯罪规定在"妨害风化罪"中,意大利1930年刑法典也是在"侵犯公共道德和善良风俗罪"中规定了性侵犯罪。随着女性主体性人格地位的获得,许多国家的法律开始认为性侵犯罪所侵犯的应该是个人自身的权利,如法国1994年刑法典将强奸罪规定为"伤害人之身体或精神罪",意大利1996年的刑法修正案也将性侵犯罪纳入侵犯人身罪的范畴。[35] 我国1997年刑法也将强奸罪、强制猥亵、侮辱妇女罪视为一种侵犯公民人身权利的犯罪。[36] 我国台湾地区在1999年的刑法修正案中,也将性侵犯罪从妨碍风化罪中删除,将它们修改为妨害性自主罪。

第二,采取性别中立主义立法。在传统的性侵犯罪中,被害人仅限于女性。在女权主义者看来,这种做法是对传统的男尊女卑观点的肯定。传统的观点认为在性行为中男性积极进取,女性消极被动,因此实施性侵犯的只可能是男性而非女性。[37] 女权主义者认为应当抛弃这种偏见,女性在性行为中并不必然处于消极的态度,因此她们倡导性别中立主义的立法,以期达到符号意义上的男女平等。这种性别中立主义的立法主要表现为:①罪名的修改。由于强奸(rape)这个罪名本身就预设了女性的被害地位,因此许多地方都试图用其他中性的词语进行替代。如美国有些州将强奸罪修改为性侵犯罪(sexual assault)、性攻击罪(sexual battery)或犯罪性性行为罪（criminal sexual conduct），我国台湾地区1999年的刑法修正案中，也将强奸罪修改为强制性交罪。②承认女性对男性，甚至同性之间的性侵犯，法律不再认为性侵犯的被害人只能由女性构成。如德国1998年新刑法典将1975年刑法典中的"强迫妇女"修改为"强迫他人"；意大利新刑法第609-2关于性暴力的规定也以中性的"他人"取代以往的规定；台湾地区1999年刑法亦将强制性交罪的对象由"妇女"修改规定为"男女"。我国2015年《刑法修正案（九）》也把强制猥亵妇女罪的对象扩张为男性，罪名调整为强制猥亵、侮辱罪。③扩大对性交的理解。传统的性交仅指男女生殖器的结合，这反映的是一种生殖目的的性交观，它起源于对贞操观念的强调，女性失贞的标志就是生殖器相结合。无疑，这种性交观同样强调男性在性交中的支配性作用，是对男尊女卑文化的认可。考虑上述原因，许多地方开始扩大对性交的理解。如美国《模范刑法典》第213条规定：性交包括肛交和口交……[38] 又如法国1994年刑法典第222—223条规定："以暴力……对他人施以任何性进入行为……均为强奸罪"，这里的"任何性进入行为"包括肛交、口交以及异物进入等性侵害行为；[39] 再如我国台湾地区新刑法第10条第5款对性交的定义："以性器进入他人之性器、肛门或口腔之行为；以性器以外之其他身体部位或器物进入他人之性器、肛门或口腔之行为。"

第三，开始承认婚内性侵犯。自美国开展性侵犯罪改革运动以来，许多国家和地区都逐渐在立法和司法上抛弃"婚内性侵犯豁免"的陈腐规定。联合国1996年人权主题大会上也呼吁各国尽快把婚内性侵犯犯罪化。[40] 1993年7月5日，全美国50个州都将婚内强奸规定为犯罪。截止到1998年，有17个州以及哥伦比亚特区认为婚内强奸成立犯罪没有例外，有33个州只在非常偶然的情况下（如妻子系精神病患者)给出了例外规定;[41] 在英国,1991年法院就通过判例确认婚内可以成立性侵犯,随后在1994年《刑事司法和公共秩序法案》中明确抛弃了"婚内性侵犯豁免"的规定;[42] 在以色列,1980年最高法院就认为应该抛弃普通法的有关规定,指出婚内性侵犯当然成立犯罪;在澳大利亚,新南威尔士州在1980年率先废除了婚内性侵犯豁免的规定,随后这种做法为该国绝大多数州所效仿;加拿大、新西兰、爱尔兰也在20世纪八九十年代先后废除了婚内性侵犯豁免;而大陆法系的德国,1975年刑法曾规定"以暴力或胁迫手段,强迫妇女与自己或他人实施婚姻外性交行为者"为强奸,显然婚内不存在性侵犯。但是,1998年修改的《德国刑法典》在第177条却明确抛弃"婚姻外性交"的提法,认为婚内存在性侵犯;[43] 我国台湾地区1999年修改刑法时,也明确规定了丈夫可能构成对妻子的性侵犯。[44]

第四,通奸罪的停废。与性侵犯罪改革相关的是对通奸的态度,从20世纪以来,许多国家和地区都开始了对通奸的除罪化运动,[45] 而那些即使保留这种犯罪的地方,在实践中法律也很少被执行。[46] 人们开始认识到,通奸只是一种道德罪过,不应把它上升为刑法问题。妻子不再是丈夫的独有财产,她拥有支配其身体的权利,婚姻只是两个独立人格的感情结合,如果感情确已破裂,那么婚姻也就没有继续维系的必要。如恩格斯所言:"如果说只有以爱情为基础的婚姻才是合乎道德的,那么也只有继续保持爱情的婚姻才会合乎道德","如果感情确实已经消失或者已经被新的热烈的爱情所排挤,那就会使离婚无论对于对方或对于社会都成为幸事。"[47] 事实上,大多数国家都已对离婚实施无过错原则,即使提出离婚一方与人通奸,存在过错,这对离婚也没有太大影响。[48]

二、性侵犯罪的法益嬗变

随着女性从附属于男性的财产地位逐渐转变为拥有独立人格的主体,性侵犯罪的法益也就开始实现了从风俗到性自治权的转变。

(一)风俗之法益

传统的法律认为性侵犯是一种风俗犯罪,这种风俗将性关系限制在家庭和婚姻关系之内,只有在婚姻家庭内发生的性关系才是正当的。因此,女性只能与丈夫或主人发生性关系,除此以外的一切性关系都是不正当的,它们要受到国家的严厉控制。这种风俗要求女性对男性言听计从:在她们出嫁之前,她们要听从父亲的教诲,绝对不能与人私通;在她们出嫁之后,她们要绝对服从自己的丈夫,不能红杏出墙;至于作为奴婢的女性,则只是主人"会说话的工具",她们存在的意义就在于为主人提供他所需要的一切服务,在很长一段时间,男性主人甚至拥有她们性的完全处分权。[49]

将性侵犯视为风俗犯罪是女性财产属性的必然表现。恩格斯在《家庭、私有制和国家的起源》中指出,"(专偶制家庭)是建立在丈夫的统治之上的,其明显的目的就是生育有确凿无疑的生父的子女;而确定这种生父之所以必要,是因为子女将来要以亲生的继承人的资格来继承他们父亲的财产……这时通例只有丈夫可以赶走他的妻子。对婚姻不忠的权利,这时仍有习俗保证丈夫享有;而且随着社会的进一步发展,这种权利的行使也越来越广泛。"[50] 从大的背景来说,是因为私有制的出现使得女性成了男性的财产,她们只为丈夫、家庭工作,私有制使男性占有者成了家庭的统治者,作为财产的女性通过家庭劳动和生殖劳动替男性工作并生产继承人,继承家长的财产和社会地位,女性论为物,或为人妻,或为人女,不再是社会意义上的人。[51]

由于女性的财产属性以及其生产继承人的使命,因此这种风俗特别强调女性的贞洁。无论是对通奸还是对强奸的处罚,法律都只是通过对贞洁的保护来维护贞洁的真正拥有者——某个男性的财产利益。在女性尚未结婚之时,对她们贞洁的侵犯,是对她们父亲财产的侵犯。当女性结婚之后,丈夫就成了她们贞洁的拥有者和保护者,因此丈夫之外的其他男性无论是在女性自愿和被迫的情况下与之发生性关系,都是对丈夫财产的一种侵犯。所以,犯罪人在有夫奸与无夫奸中量刑殊然不同,因为后者的财产损失是无法挽回的。至于婚内强奸,直到今天,仍然有很多人认为它根本不应该构成犯罪,因为妻子对于丈夫的从属地位以及妻子的生殖使命决定了她对夫的性要求应无条件的服从。[52]至于那些地位更为卑微的奴婢,其身体权利则完全由主人支配,对她们贞洁的侵犯无疑是对主人权威甚至血统的玷污,因此主人对奴婢的性侵犯不是犯罪,而如果其他男性与她们发生性关系则是犯罪。[53]如果侵害人身份卑微,那更是对主人权利的严重亵渎,必须予以重惩。对于那些受到强暴的女性,虽然因为被强奸可以免于和奸的处罚。但是,由于她们没能保护住男性的财产,使其财产价值受到了玷污,因此她们一辈子都是整个家族的耻辱,传统的风俗甚至提倡女性以死亡来洗脱这种耻辱。然而,对男性而言,在很长一段时间,他们并不负有对妻子的忠诚义务,他们在贞洁问题上采取双重标准,他们从来就没有打算放弃群婚制的乐趣,[54]因此作为男权主义婚姻制度的必然产物,卖淫也就不可避免。[55]事实上,在恩格斯看来,在女性被视为财产的年代,卖淫与婚姻并没有本质性的区别,"妻子和普通的娼妓的不同之处,只在于她不像雇佣女工像计件工作那样出租自己的身体,而是把身体一次永远出卖为奴隶。"[56]

可见,女性的财产属性决定了性侵犯是一种违反社会风俗的犯罪,法律所要保护的并非是女性的权利,而是为了维护一定的社会风俗,而正是这种风俗维护着男尊女卑的社会现实,肯定女性相对于男性的财产地位。

(二)性自治权之法益

由于人权观念的普及,人们逐渐认识到:女性不再是受男性保护的财产,她们有自己的思想和人格,能够支配自己的身体,法律应该抛弃传统的贞洁观念,法律对于性侵犯的禁止不仅是为了维护一定的社会风俗,而更重要的是为了保护女性作为人所拥有的在性问题上的自治权利,性自治权是人的一项基本权利。

一系列重要的人权公约先后赋予女性"人"的尊严,肯定女性相对于男性的平等地位。1945年《联合国宪章》首先将女性纳入人权概念,其庄严申明:"重申基本人权、人格尊严与价值,男女平等以及大小各国之平等。"1952年联合国通过了《妇女政治权利公约》,随后在1956年通过《废止奴隶制补充公约》和《国外抚养费收取公约》,1957年通过《已婚妇女国籍公约》,1962年通过《关于婚姻结婚年龄最低年龄及婚姻登记公约》,1967年通过《消除对妇女歧视宣言》。进入20世纪70年代,联合国为了提高女性地位,进一步完善相关的国际立法,1975年召开了第一次世界妇女大会。1979第34届联合国大会还通过《消除对妇女一切形式歧视公约》,该公约涉及的范围非常广泛,是涉及女性的人权运动的最重要国际文献,被称为《妇女权利宪章》。该公约指出:"歧视妇女的现象仍然普遍存在……对妇女的歧视违反权利平等和尊重人格尊严的原则，阻碍妇女与男子在平等的条件下参加本国的政治、社会、经济和文化生活，妨碍社会和家庭的繁荣发展，并使妇女更难发挥为国家和人类服务的潜力。"[57]

随着人权运动的发展，女性的地位不断提高，她们逐渐拥有了支配自己身体的权利，人们对于性的态度也随之变化，人们越来越重视"同意"在性行为中的地位。在20世纪60—70年代，西方开展了性革命，革命的最大要旨就在于尊重人们在性问题上的自治权利。

在时代的大背景下，从20世纪70年代开始，美国率先开展了对性侵犯罪的改革运动，这场运动几乎波及全球。而改革的主要目的就在于尊重女性的性自治权，在法律中抛弃男尊女卑的偏见。对于过去的法律传统，包括女权主义者在内的许多学者对它都提出了强烈的批评，她们认为这些法律规定体现了一种根深蒂固的男权主义偏见。在某种程度上，它实质上维护的是男性对女性性的攫取，无视女性的性自主权。她们指出，在所有的犯罪中，只有性侵犯罪受到了独特的对待：被害人的同意是犯罪的辩护理由，但在性侵犯案中却要求被害人在身体上反抗才能构成拒绝；在其他犯罪中很少需要考察被害人与被告人的交往状况，但在性侵犯案中，如果侵犯行为发生在熟人之间，司法机关的反应则十分冷淡；[58]在处理性侵犯案件中，司法官员对于被害人存在普遍的怀疑，他们会考虑大量与案件没有关系的要素，比如被害人的品行、行为以及与被告人的交往状况。这在很大程度上导致了性侵犯案的被害人不愿意报案，以及性侵犯案的低逮捕率、低起诉率以及低有罪判决率。因此，性侵犯是一种很容易逃避处罚的犯罪。[59]为了改变法律中对女性的歧视与偏见，真正保护女性的性自治权，鼓励更多的妇女报案以配合司法机关的工作，法律必须变革并抛弃传统的贞洁观念。到20世纪80年代中期，在美国几乎所有的州都对性侵犯罪进行了或多或少的改革，这种改革的趋势也逐渐蔓延到其他国家。

（三）性自治权的含义

在现代社会，性侵犯罪所侵犯的法益是性的自治权。[60]性自治权是性自由权的重要内容，它包括选择与合适对象发生性行为的积极自由也包括拒绝与他人发生性行为的消极自由。[61]在刑法领域中性自治权应当理解为消极自由，因为刑法是一种禁止性规定，它并不能直接赋予公民以权利，刑法只是为公民性权利的行使划定禁区，即任何人都不得在他人拒绝之下与其发生性行为，只要公民没有违反这个禁律，那其行为就应当与刑法无关。因此我们可以把刑法中的性自治权定义为拒绝与他人发生性行为的自由。

对于刑法中的性自治权，要注意以下两个问题。

第一，不同意包括两种情况：1.法律上推定为不同意，比如被害人由于年龄或精神状况而不能行使性的积极自由，因此即使对性行为表示同意，在法律上也被推定为不同意，与其发生性行为就可能侵犯其性自治权；2.事实上的不同意，当行为人使用暴力等强制手段强暴被害人，显然侵犯了被害人拒绝强制的消极自由，"强制是一种恶，因为它据此把人视作一无力思想和不能评估之人，实际上是把人彻底沦为了实现他人目标的工具"，[62]强制下的同意是无效的，这可以被称为事实上的不同意。刑法应当对各种强制情况做出具体规定，以充分保护个人的性自治权，同时也可以告知公民行使积极自由的限制性条件，从而使得罪刑法定原则在明确性层面上得到实现。

第二，在现实社会中，不存在绝对无限制的性自治权。当行为人通过暴力手段强暴被害人，这种强制是不允许的，因为它完全把被害人当成了满足欲望的客体。在此情况下，行为当然侵犯了被害人的性自治权。但是，处于现实社会中的人们往往面临着许多其他束缚，比如经济压力。当一位富人对一下岗女工说，如果和我发生性关系，那么可保你衣食无忧，于是，该女性由于生活所迫放弃了尊严，这种基于经济压力而发生的性行为至少在当前不认为是犯罪；又如某女虽然倾心于某男，但并不愿意和其发生性关系，于是男方开始疏远女方，最后以分手为要挟提出性要求，女方虽然百般无奈，但为了维系感情，仍然与男方发生了性关系，对此，法律就更无能为力了。面对这些情况，女权主义中的激进派认为，在现实社会中，男女并未实现真正的平等，因此人类社会中一切两性间的性行为都是强奸，[63]只有彻底推翻包括法律在内的男权主义制度，才可能真正保护女性的性自治权。对于这种观点，笔者不敢妄加指责，但是在实践层面上，期待刑法来实现人类社会中两性在经济地位和社会地位等各方面的完全平等，似乎不太现实。因此，女权主义激进派的这些观念除了具有颠覆刑法体系的作用，并不能为司法操作提供规范性的意见。这也是为什么有人批评这种学说：认为它和传统的男权主义观点一样，都没有在性侵犯和被允许的性上划出界限。因此它们虽然在各个方面都针锋相对，但其实践效果都是一样的，并没有扩大我们对性自治权的理解。[64]从现实的角度，我们应该把性自治权理解为一种相对的权利，它并非意指没有任何羁绊的拒绝自由，必须从规范的角度理解性自治权，而不能泛泛而谈。具体而言，就是要在法律中区分强制和交易，在第一个案件中，女性是被强制的，而在后两个案件中，女性从事的只是一种交易行为。

（四）风俗与性自治权的关系

在很长一段时间内，法律对性侵犯行为的惩罚主要是为了维护一定的社会风俗。这种社会风俗将性行为限制在婚姻家庭关系之内，保证继承人血统的纯洁性，维护家庭稳定并促进社会稳定。随着时代的进步，性侵犯罪已经演进为侵犯性自治权的犯罪，那么在这个背景下，我们应如何看待社会风俗呢？

社会风俗是一个非常广泛的内容，我们此处所讨论的仅仅是在性方面的社会风俗，也即性风俗。从字面意义来看，性风俗是指社会上多数人对性的看法。这种风俗为多数人所认同并遵循，在一定时间、空间范围内这种风俗是稳定的，然而，它并非绝对不变，它会随着政治、经济等诸多因素的变化而变化。比如在古代，曾经有过同姓不婚的性风俗，而今天这种风俗已不复存在。[65] 又如以往的风俗并不反对男子三妻四妾，而现代的风俗显然有所变化。如果说性风俗仅指公民有拒绝强迫的性行为的自由，那么它与性自治权这个概念就完全吻合，也就没有必要用性风俗这个不好把握的抽象概念来取代性自治权，况且将性侵犯罪视为维护性风俗的社会法益类犯罪也会降低作为被害人（主要是女性）的主体性人格地位。然而，两者的内涵并不相同，在多数人看来，所谓性的风俗是指在一定的婚姻关系之内的异性性行为。虽说多数人认同强制下的性行为违背性风俗，但是他们同时认为，通奸、性放荡、同性恋、兽奸、卖淫等诸多行为同样是不可容忍的。如果要用刑法来维护这些性风俗，那就不可避免要将这些行为认定为犯罪。

从法益理论而言，刑法只保护最重要的法益，超个人的法益必须能够还原为无数个人的法益的集合，才能为刑法所保护。[66] 但是，性风俗的多数内容只是在一定范围内为多数人所认同，说到底，它属于道德范畴。多数人所信奉的道德并不能强加于少数人身上，更不能用刑法来推行这种道德。道德往往含糊不清，它与刑法的明确性、规范性不符，法治国家的一个重要任务就是要把纯属道德领域的事务从刑法中剔除出去。一般说来，性行为属于私人事务，与个人以外的多数人利益无关。即使在多数人看来，某人所实施的性行为多么污秽不堪，令人作呕，但只要它没有侵害他人实实在在的利益，刑法就不能干涉。另外，衡量某种法益是否值得刑法保护，还要看在现实上刑法是否能够有效地保护这种法益。文本上的规定，如果不能付诸实践，那就只是一张空白支票，稻草人似的刑法只会降低人们对刑法的尊重。当今社会虽然存在着种种清规戒律，然而现实社会的确是个花花世界，大量的性越轨层出不穷，让刑法来维护这种性的道德，既不现实，也会浪费有限的司法资源。

现代刑法理论普遍认为，刑法是法益保护之法，单纯违反风俗的行为不能以犯罪论处。然而，性风俗在刑法中并非毫无意义。

1. 性风俗可以转化为法益

性风俗可以转化为具体的法益，从而获得惩罚的正当性。

（1）侵犯性自治权的犯罪

在当代的性刑法中，保护性自治权是性风俗的首要任务，侵犯性自治权的犯罪至少有如下几类。

第一，强迫下的性侵犯罪。

拒绝强迫下的性行为是性自治权主要内容，也是当代性风俗的重要内容。如上所述，越来越多的地方都将强奸等性侵犯罪规定为侵犯个人权利的犯罪。

第二，剥削未成年人及心神耗弱者性利益的犯罪。

性自治权要求行为人能够做出成熟理性的选择，未成年人及心神耗弱者（如精神病人）由于心智发育不全，无法理解性行为的意义和后果，因此其性同意能力要受到限制。任何民族的性风俗都禁止与不满一定年龄的未成年人发生性关系。[67] 对未成年人的特殊保护也是性自治权概念的合理延伸，未成年人没有性同意能力，因此与其发生性关系实质上就是对其性自治权侵犯，当然这是一种法律上的推定拒绝。

在某种意义上，法律对同意能力的限制实际剥夺了这些人在性上的积极自由。父权主义（paternalism）刑法观对此可以提供很好的解释。这种观点认为，在没有侵害他人，而是侵害本人的场合，为了保护本人的利益，国家也要对其进行干涉。父权主义刑法观又分为强烈的父权主义与缓和的父权主义。前者认为，即便是完全具有判断能力的人，对于被干涉者的完全自由的选择、行动，也要进行介入；后者又被称为"基于德行（beneficence）的干预"，它主张，只能对判断能力不充分的人的不完全自由的选择和行为进行干涉。学界普遍接受的是缓和的父权主义理论。这种理论的适用有两个条件：其一，本人的自律判断明显是不充分的；其二，防止该种行为所得到的利益高于由于丧失自律性所伴随的不利。[68]

对于同意能力的限制正是缓和的父权主义刑法观的体现，因为未成年人和心神耗弱者心智发育不成熟，其自律判断不充分。同时未成年人是民族的未来，限制未成年的自律判断有助于保护民族的整体利益。对心神耗弱者同意能力的限制也是为了保护其最大福利，避免其性利益被剥削。

第三，滥用信任地位的犯罪。

如果行为人与被害人存在信任关系，如存在监护、教育、照顾等关系，由于当事人双方地位不平等，被害人尤其是未成年人无法做出真正成熟理性的选择，他们对性行为的同意是无效的，与之发生性行为可能侵犯其性自治权。对此，许多国家都有滥用信任关系攫取性利益的犯罪。

需要注意的是，法律对此行为的禁止是为了防止行为人滥用信任地位（这也是缓和的父权主义刑法观的体现）。但若被害人是正常的成年人，一律禁止她与对其负有信任地位的行为人发生性行为，是对人们在性上的积极自由做过多的干涉，因此，世界各国通常都把此类犯罪的被害人限定为未成年人。

（2）破坏家庭法益的犯罪

家庭是社会的基本，是社会正常运转的基础，严重侵犯家庭利益的性行为也应受到刑法的规制，这主要表现在以下几点。

第一，重婚罪。

大多数国家和地区都确立了一夫一妻制度，重婚行为是对这种婚姻制度的公然挑战。另外，重婚者组建了新的家庭，它会导致原有家庭财产利益的丧失。重婚者的时间和金钱在两个或两个以上的家庭不停游走，这不利于对后代的抚养。如果允许重婚，原有的家庭会在事实上被抛弃。[69]

值得注意的是，大多数地方并没有将通奸行为规定为犯罪。这主要是因为通奸一般是私下发生的，没有公然挑战一夫一妻制度。通奸者没有抛弃家庭，通过道德自省，有可能幡然悔悟，因此它对婚姻家庭利益的侵害并不严重。其次，通奸只是婚姻破裂的一种征兆，并非它的原因。用极端的刑法手段来保护婚姻关系，也许是对婚姻的致命打击。在现代社会，感情才是婚姻存续的正当理由，如果感情确已破裂，那么婚姻也就没有继续维系的必要。现代的婚姻

27

法大多对离婚实施无过错原则，只要感情破裂就可以离婚，即便存在过错的通奸者也可主张离婚。如果将通奸视为犯罪，用刑法来维系没有感情的婚姻，这与婚姻法的离婚原则也是背离的。

第二，乱伦罪。

性风俗严格禁止乱伦，因为它可能导致人类血缘的混乱，影响人类繁衍。在高等的灵长目动物如大猩猩、黑猩猩群体中，都存在类似的乱伦禁止。然而，人类社会中存在一些法律上拟制的亲属关系，比如养父母与养子女，双方并不存在血缘关系。加上现代社会避孕、终止妊娠等技术的发展，传统的血缘紊乱问题也可以得到避免。在此背景下，如果以血缘紊乱为由禁止乱伦，理由并不充分。

然而，乱伦行为却可能导致家庭关系的破裂。人类学家和社会学家普遍认为，社会对乱伦的禁止是为了维护核心家庭的稳定性。所谓核心家庭是一男一女在固定的性关系下生育子女，并对子女负有照顾义务，它是人类社会的基本单元。但是，乱伦行为却破坏了这种核心家庭的稳定性。首先，它会导致家庭内部的性竞争和性嫉妒，从而导致家庭的瓦解。其次，它会导致家庭中的成年成员对家庭责任的丧失，不利于对未成年子女的抚养。再次，它也不利于子女长大成人，组建新的核心家庭。[70]

基于上述原因，不少国家在性刑法的改革过程中，都把乱伦行为视为一种侵犯婚姻家庭利益的犯罪。比如美国《模范刑法典》第230条规定了妨碍家庭利益的犯罪，第一款为重婚罪、多偶罪（bigamy and polygamy），第二款则为乱伦罪。另外，许多地方对乱伦罪的规定，其行为人也不限于血亲关系，养父母与养子女之间也可构成乱伦。比如美国《模范刑法典》第230条第2款除了将存在血缘关系的近亲属间的乱伦行为规定为犯罪，还认为基于收养关系而形成的父母子女之间也可构成乱伦罪。英国《2003年性犯罪法》第64、65条规定的乱伦罪，最初仅限于有血缘关系的近亲属，[71]但2008年的《刑事司法与移民法》(Criminal Justice and Immigration Act)对上述法律进行了修改，将养父母和养子女之间的性行为也以乱伦罪论处。[72]

将收养关系纳入乱伦罪中，这清楚地揭示了法律对乱伦的禁止除了避免人类血缘紊乱之外，更为重要的是为了保障核心家庭的稳定性，因为基于收养而形成家庭关系与自然的家庭关系在法律关系、情感联系、社会功能等方面并无二致。

需要说明的是，性风俗对于乱伦的禁止并不限于血亲和收养关系，姻亲关系、继父母子女等关系之间的性行为也为性风俗所禁止，但这种乱伦行为一般很少以乱伦罪论处，这正是法益保护原则的体现。姻亲关系、继父母子女关系不同于血亲关系，它是一种法律拟制的亲属关系；另外，它们也没有收养关系那么紧密。收养关系是一种拟制的血亲关系，自收养关系成立之日起即发生拟制血亲关系。而姻亲关系既无自然血亲关系，也无拟制血亲关系。至于继父母与继子女之间，只有当双方形成扶养关系才可发生拟制血亲关系，如果不存在扶养关系，也不会发生拟制的血亲关系。有许多发生在姻亲关系和继父母子女亲属关系之间的性行为，并不会紊乱血缘，也不会对核心家庭的稳定造成实质侵害，如继兄妹之间发生关系，又如父母在子女成年之后再婚，继父（母）与继子（女）偶然发生关系，很难说实质性地破坏了家庭法益。[73]因此，如果按照性风俗的要求，将这些行为一律以犯罪论处，并不符合法益保护的原理。

经验事实表明，乱伦行为主要发生在男性与接受抚养的年幼女性之间。有学者对美国1864年到1954年发生的30起乱伦案进行了研究,发现有28起发生在男性被告人与其女儿或继女之间。[74] 在28起案件中,女方年龄都没有超过22岁,其中有18起案件女方的年龄都在16岁以下。另外的研究也表明,继父与继女之间发生的乱伦行为,比率要远高于自然的亲属关系之间发生的犯罪。[75] 因此,有相当多的乱伦行为可以视为剥削未成年人性利益的犯罪。

(3) 侵犯公共利益的犯罪

从法益理论而言,超个人的法益必须能够还原为无数个人法益的集合,才能为刑法所保护。一般说来,性行为属于私人事务,与个人以外的多数人利益无关,但如果性进入公共领域,则可能侵害具体的公共利益。

许多国家和地区都有对露阴、公然发生性行为的处罚规定。以法益理论审视,此类犯罪侵害了具体的法益。首先,它违反了"不想看、不想听的人"的意志,无论是暴露性器侵扰他人,还是在公共场所发生性行为,这种有碍观瞻的行为都是一种视觉强制和听觉强制,是对"不想看、不想听之人自由"的侵害。其次,它对未成年人有腐蚀作用,妨碍了未成年人的健康成长。

除了上述犯罪,许多地方的性刑法还规定了兽奸行为,这可以解释为是一种侵犯动物福利的犯罪,因为在这些地方虐待动物本身也是一种犯罪。

2. 性风俗可以作为弱化刑罚的依据

如果风俗不能转化为一种具体的法益,那么它就不能作为惩罚的依据。但是,它却可以作为弱化刑罚的依据,从消极方面确保惩罚的正当性。换言之,即便一种行为侵犯了法益,但如果没有违背习俗,那么可能会减轻或免除处罚。比如当教师面临义务冲突,孩子和学生同时失足落水，救助孩子是法定义务，救学生是道德义务（假定不存在先行行为）。教师救助孩子，学生溺死，教师当然不构成犯罪。但如果教师先救学生，结果孩子溺水而亡。单纯从法益理论来看，此行为明显侵害了具体法益，因为法定义务高于道德义务，然而此行为却是习俗所鼓励嘉奖的行为，刑法自然没有必要处罚。

因此，如果某种性行为侵害法益，但却为性风俗所认可，对此行为刑法介入要非常慎重。比如某些少数民族地区由于特殊的历史及地理环境等因素的影响，社会经济文化发展水平相对落后，文明进化相对缓慢，与主体民族相比，其风俗在很多方面呈现出一定的落后性，有的甚至仍然保留着原始社会的遗俗。这些传统风俗自古以来就是少数民族群众管理社会、调整人与人之间关系的行为准则，在长期的社会发展中已成为民族心理的一部分，从而影响着人们的价值选择。法律不能忽视这些风俗对人们思想认识的影响，因此在法律的具体执行上应有所变通。对此，我国宪法第116条以及民族区域自治法第19条均承认民族自治地方的人民代表大会有权依照当地民族的政治、经济和文化的特点制定单行条例。刑法第90条也规定，民族自治地方不能全部适用刑法典的，可以由自治区或者省的国家权力机关根据当地民族的政治、经济、文化的特点和刑法典规定的基本原则制定变通或者补充规定。比如在云南省屏边苗族自治县，苗族有在每年3月的对歌中有抢婚的习俗；又如有的少数民族地区，男女双方一旦有了婚约，男方有时不管女方是否同意就硬行抢亲，强行同居；[76] 再如我国某些地区的藏族居民仍然存有母系氏族遗俗，女性对性自治权并没有强烈的保护意识。[77] 对于这些案件，如果没有造成严重后果，一般可以采取定罪免刑的方式先在观念上倡导性自治权的意识。

总之，当性风俗可以转化为实实在在的法益，那么它就可以获得刑法的保护，而如果风俗不能转化为实际的法益，那么它不能作为入罪的基础，但可以作为弱化刑罚的依据。性自治权的观念本身也是当代性风俗的重要内容。在很大程度上，风俗与法律都是自生自发的，是"人之行动而非人之设计的结果"，性自治权的观念也是一种进化的结果，它是"历经数代人的试验和尝试而达致的成就"。[78]因此，在理解性自治权含义的时候，并不能完全抛开社会风俗，这也是为什么《性权宣言》认为性自治权包括在个人的与社会的伦理脉络中。[79]所以，在司法实践中，我们必须借助风俗才能准确阐释性自治权的确切含义。

三、刑法基本理论的转化

性自治权是个体拒绝性行为的消极自由，因此在性侵犯罪中也就不得不考虑被害人的反应，这对传统的刑法理论是一个重大挑战。

人们习惯认为：刑法调整的是行为人而非被害人的行为，因此被害人的反应并不能决定行为人行为的性质。但是，这种习惯思维至少在性侵犯罪中是不恰当的。即使在女性没有取得独立主体地位的过去，法律也主要是通过女性的反应来区别通奸与和奸。而在今天，法律在认定行为人行为性质时，更是要充分考虑被害人对性行为同意与否。换句话说，在性侵犯罪中，被害人的反应决定着行为人行为的性质。事实上，在其他犯罪中，被害人的不同反应往往也会对罪与非罪、此罪与彼罪的区分发生重要影响。比如，当行为人潜入民宅行窃，被害人由于害怕行为人加害而假装睡着。对此案件，人们会说：被害人的心理状况与行为人无关，因为行为人是在秘密窃取的心态下实施取财行为的，因此此行为构成盗窃，而非抢劫。但是，如果当盗窃之物对被害人至关重要，被害人起来制止，此时如果行为人仍然将财物取走，那么其行为的性质则很有可能转化为其他犯罪，而这种罪质的转化与被害人的反应密不可分。在非法侵入他人住宅罪中，法律也明确规定，只有当被害人要求行为人离开，行为人的拒绝离开才可能构成犯罪，显然，该罪成立与否与被害人的反应有莫大关系。

类似情况还有很多，它们并非偶然的特例，这不能不引起我们足够的重视。为什么被害人的行为能够左右行为人行为的性质呢？对这个问题的正确回答也许将推进我们对行为理论这个刑法基本理论的认识。

直到今日，人们对刑法中的行为理论仍然存在多种多样的解释，但是大家普遍认为，作为犯罪概念根基的行为概念，必须具有三种功能。其一为区别功能，它应当从一开始就排除与刑法评价无关的因素，比如动物导致的损害，单纯的思想和品质、人类无法控制的痉挛等；其二为连接功能，它应当将犯罪评价的各个不同阶段连接起来。在大陆法系的犯罪论体系中，行为概念必须把构成要件该当性、违法性、有责性这些判断联系在一起。行为应当贯穿整个刑法体系并构成它的支点；其三为分类功能，它必须包括所有刑事可罚形态，可以承受各种特殊评价。行为概念应当包括故意行为、过失行为、作为、不作为等各种行为形态。[80] 但是行为概念具体应如何定义，仍是一个悬而未决的重大课题。在各种行为概念中，有代表性的理论大致有自然行为论、社会行为论、目的行为论和人格行为论。以下，我们对它们加以简单评价。[81]

1. 自然行为论

这是19世纪刑法学的主流观点，其代表人物为李斯特和贝林格。这一理论认为，行为是可以为意志控制的，导致外部世界某种变动的人的举动。根据这种行为理论，被害人的反应与行为人的行为无关。但是，自然行为论存在重大缺陷，它无法对不作为提供合理的解释，在不作为时，行为人根本没有任何举动。因此自然行为论并不恰当。

2. 社会行为论

这种行为理论认为，刑法中的行为是指具有社会意义的身体动静。这种观点最初由李斯特的高足施密特所倡导，并最终成为20世纪中期的通说。这种理论强调从社会意义上评价行为的重要性。较之自然行为论，其优点显而易见，具有社会意义的身体动静可以涵盖各种行为形态。

根据社会行为论，被害人的反应与行为人的行为也并没有太多的关系。但是，社会行为论的缺陷是明显的，比如它将人的意识从行为概念中排除，这就将许多没有刑法意义的行为也作为刑法的评价对象，比如说无意识行为、睡眠中的行为等，因此它并不符合刑法的区别功能。[82] 另外，社会评价与法律评价是相关联的，社会评价原则上先于法律评价。但是在有的时候，法律评价却决定着社会评价：比如对超速是否是正常的社会现象就取决于法律的规定，而这并不应该由行为概念加以回答，否则就混淆了行为与构成要件的界限。[83]

3．目的行为论

这种理论的代表人物是威尔策尔，他认为"行为就是人对目的的实现"。目的行为论的理论依据在于，人类可以根据对因果关系的认识预见行为后果，从而设立目的，并有计划为实现这一目的而努力。目的行为概念虽然没有为大多数刑法学家所接受，但是它却给犯罪理论本身带来了巨大的冲击。这一理论导致了大陆法系犯罪论体系的变革，过去人们一般认为，故意是责任论中的问题。而在目的行为论看来，故意并非是责任的内容，它是行为的组成部分并归属于构成要件，这些结论在理论上受到了广泛的支持。[84]

根据目的行为论，在性侵犯罪中，被害人的反应当然可能影响行为人行为的性质。当行为人对被害人的反应有所认识，那么就能够表明行为人的犯罪故意。被害人的反应使行为人认识到其行为的后果，如行为人仍然努力追求侵犯对方性自治权目的的实现，那就构成犯罪。显然，被害人反应对于行为目的的确定具有重要作用。然而目的行为论仍然存在重大缺陷，它很难将过失行为纳入目的行为概念中。以强奸罪为例，如果行为人没有认识到女方的拒绝，但是一般人能够预见，那么行为人的行为很难说具有法律上的目的。[85] 为了弥补这个不足，目的行为论认为过失行为与故意行为的目的是不同的。故意行为的目的针对的是构成要件结果本身，而过失行为的目的则针对的是构成要件结果以外的结果。比如在擦枪时走火伤人，虽然伤人不是目的，但是擦枪却是有目的的。而这种说法显然过于牵强，因为擦枪这种目的行为与刑法根本就毫无关系。

4．人格行为论

人格行为论认为行为是人格的外部表现。在这种理论看来，行为具有生物学和社会学的基础,它是在人格和环境的相互作用中根据行为人的主体性态度而实施的。[86]

人格行为论能够最大限度地实现行为的三种功能。第一,它能将不具有刑法意义的行为排除出行为概念之外。人类无法控制的痉挛、反射、意识丧失等行为显然与人格无关,因此不属于行为。另外,人的思想虽然与人格有关,但是由于没有表现于外部世界,因此也与行为概念无关。第二,人格行为概念是一种最中立的概念,它能最大限度地实现行为的连接功能。与社会行为论不同,它并不包含价值判断。第三,它具有非常强的分类功能,无论是故意、过失还是作为、不作为,各种犯罪形态都可以看成是人格的外部表现。因此,在各种行为理论中,人格行为论是迄今为止最为恰当的一种理论。

在人格行为论的审视下,被害人的反应当然与行为人的行为有关。被害人的不同反应决定了行为人的不同人格,如果行为人认识到被害人的不同意,或者具有这种认识的可能性,但是仍然与被害人发生性行为,那就能够表现出行为人的心理状态和不法人格,因而要接受刑法的评价。

行为概念不能脱离行为人的主观认识而存在,因为这种主观认识表明了行为人的人格。如果一种犯罪的成立直接依赖于被害人的反应,那么这种反应也就必然决定了行为人的主观认识,从而表明其人格。性侵犯罪妨害的是被害人的性自治权,只有在被害人不同意的场合下,这种权利才会受到侵犯,因此只有通过被害人的反应才能认定行为人的人格。当行为人使用的手段具有严重的强制性,手段本身能推定行为人具有对被害人不同意的认识,从而表明其不法人格;当被害人没有同意能力,如果行为人认识到或应当认识到被害人的身份,[87]那与具有这种身份的被害人发生性行为就表明了其不法人格;而当行为人所使用的强制手段不明显,那就更要通过被害人的反应才能让行为人认识到被害人的态度。在被害人拒绝的情况下执意为之,行为人的不法人格也就昭然若揭,其行为也就具备了犯罪性。

以性侵犯罪为视角,让我们对刑法的基本理论有一个重新认识,被害人的反应并非与行为人的行为毫无关系。在女性取得独立主体地位的今天,她对性行为的态度直接决定着行为人的行为是否构成犯罪。对于这种现象,只有人格行为论才能提供最好的解答,这恰恰说明人格行为论的妥当之处,从而实现了刑法基本理论的一种转化。

四、同意问题是性侵犯罪的核心

随着人权运动的发展,女性逐渐从附属于男性的财产转变为拥有权利的独立人格,性侵犯罪也从风俗犯罪演变为侵犯性自治权的犯罪。在这个大背景下,被害人对性行为的不同意也就开始成为性侵犯罪中的核心问题。对于这个论断我们可以从如下几个方面进行展开。

(一)同意问题的历史回顾与发展趋势

在女性附属于男性的年代,同意或不同意并非一个重要问题,它只是区分强奸与和奸的标准之一。在很多时候,即使在女方拒绝的情况下,强迫下的性行为也不构成犯罪:在相当长的一段时间内,男性主人对奴婢的强暴行为根本就不是犯罪，相反女方应该感激主人对她的宠信，如果由此为主人生产出继承人，那么她卑贱的地位反而能得到一定程度的改变。同时，对于主人的侵犯行为，奴婢基本上没有拒绝的权利。乾隆时期有一主人图奸仆妇，被割伤阴茎，拒奸之妇女因此被判流放；[88]另外，在清律中有所谓的"刁奸"条款，法律认为与人通奸的妇女被见者强奸，可以按照"刁奸"处理，不以强奸论处，[89]法律试图调动社会力量来严惩通奸妇女，女性的拒绝也完全为法律所忽视，女性所受压迫，可见一斑；至于婚内无奸的观念，直到现在还没有根除，婚姻中的性行为，即使妻子拒绝也很少被认为是犯罪。

虽然在某种程度上，不同意可以作为强奸与和奸的区分标准之一。女性的不同意可以作为她对和奸罪的豁免理由，但是传统的法律对不同意的认定标准规定得非常苛刻。在清律中，必须要有"强暴之状，妇人不能挣脱之情"，要"有人所闻"，被害人还必须要有"损伤肤体，毁裂衣服之属"才能表明不同意的存在，否则行为就不是强奸，被人强迫的女性要受到严厉惩罚。[90]在普通法国家，直到20世纪上半期，法律中仍然要求女性通过最大限度的身体反抗来表明自己的不同意。[91]与清朝的规定如出一辙，最大限度的反抗标准要求女性必须通过身体上的伤害或衣服的撕损来表明她的拒绝。这些规定无疑体现了女性的物化本质，女性只是男性的财产，"饿死事小，失节事大"，贞操价值高于生命价值，因此女性必须竭尽全力去捍卫自己的贞洁，即使牺牲生命，也在所不惜。

人权运动的发展终于迎来妇女解放运动的大潮，女性开始拥有了人的尊严，性侵犯罪逐渐实现了从风俗到自治的转变。在这个转变过程中，"拒绝"才真正成了性侵犯罪的核心问题。今天，大多数国家都废止对通奸的处罚,在同意下发生的性行为不再是犯罪。婚内无奸的观念也逐渐被许多国家的立法或司法实践所抛弃。同意与否开始成为性侵犯罪成立的唯一判断标准,许多国家都开始依据同意来重新设计性侵犯罪的构成要件,并不断深化着人们对同意问题的认识。

对于同意问题,我们必须放在人权运动的大背景,以发展的眼光予以看待。女人经历了一个从做人(男人)到做女人的发展过程。以往哲学上人的概念只包括男性,因此女性要求做人不过是向男性的标准靠拢,若要享受男人的特权,女人必须成为男人,女性必须以男性的价值准则来要求自己,同男人一样在社会领域里工作。但是,形式上的男女平等观念会抹杀男女的性别差异,它本身就是男性中心主义在妇女解放过程中的一种表现。[92]一些女权主义者认识到,法律面前的绝对平等并非总对女性有利,她们回想起亚里士多德的著名论述:公正不仅在于同类同等对待之,而且在于不同类不同等对待之。于是,从20世纪70年代下半叶开始,一些女权主义者开始正视男女的性别差异,她们认为追求平等同实际中的区别对待并不矛盾,甚至常常需要以实际上的差别来达到真正意义上的男女平等。她们试图从女性的立场来重新审视自身,开始以女性为中心来看待男女的差异,她们认为差异不是女性的弱点,而应该是可能形成女性力量的源泉。[93]

在新的时代背景下,我们必须从女性而非男性的角度重新审视同意问题。在性侵犯罪中,男女的性别差异体现得尤为明显。虽然在追求男女平等的运动中,许多国家对性侵犯罪采取了性别中立主义的立法,实现了男女的形式平等,但是这并不能否定在实践层面上,性侵犯主要是男性针对女性的犯罪,因此法律必须对处于弱势地位的女性予以特殊保护,从而达到男女的实质平等。在女性附属于男性的时代,女性的同意完全是根据男性的利益来定义的,因此女性必须通过最大限度的身体反抗来表明自己对性行为的不同意。随着女性主体性地位的取得,这种标准逐渐演化为合理反抗规则,但这依然是以男性的标准来评判女性的反抗是否合理,女性语言上拒绝或者哭泣等消极反抗形式仍然不能认为是对性行为的拒绝。但是,在最近30年来,一些国家和地区开始在同意问题上采纳"不等于不"标准,甚至肯定性同意标准。前者认为只要被害人说不,就应当认为是对性行为的拒绝;而后者则更是认为,只要被害人没有明确地表示同意,那么就要认为她拒绝发生性行为。显然,这些新的规则都充分考虑了男女的性别差异,试图从女性的立场重新阐释同意问题,[94]以落实对性自治权这种基本人权的保障。虽然法律不能激进地改变社会现实,但至少要在最低限度内有所作为。对于同意问题,我们要以历史发展的眼光研究中国问题,对性自治权予以充分的保护。

(二)不同意是性侵犯罪的本质特征

性自治权是性侵犯罪所侵害的法益,因此"拒绝"或说"不同意"也就成了性侵犯罪的本质特征。中国刑法学界曾有过声势浩大有关强奸罪本质的争论,从这些争论中,可以深化我们对上述结论的认识。

强奸罪的本质特征谓何?大致形成了如下观点。

1. 强奸罪的本质特征是强制手段以及违背妇女意志。[95]论者认为,强奸罪不仅要求在外部表现出来的犯罪手段,而且也包含了违背妇女意志这一内在特征。

2. 强制手段才是强奸罪的唯一特征。[96]论者认为，刑法对强奸罪只规定了"以暴力、胁迫或者其他手段强奸妇女的"，[97]并没有规定违背妇女意志这一要件，而且犯罪行为是犯罪分子的行为，应从犯罪分子的主观和客观方面去分析判断，不宜把被害人的主观意愿作为侵害者是否犯罪的条件看待。

3. 强奸罪的主要特征是违背妇女意志。不论行为人采用的暴力、胁迫手段的强度如何，只要根据当时的具体情况，说明是违背妇女意志的，就应定为强奸罪。[98]

4. 违背妇女意志和妇女不能抗拒是强奸罪的本质特征。论者指出，虽然违背妇女意志是强奸罪的最基本的特征，是区别强奸和通奸的界限。但是，被害妇女不能抗拒是强奸罪的又一基本特征，也是区别强奸罪和其他各种不正当男女关系的又一重要标志。[99]如果妇女能抗拒而不抗拒，则不构成强奸罪。所谓不能抗拒，是指妇女被害时为免受伤害而在客观上不能对犯罪者实行反抗。不能抗拒包括两种情况：其一是犯罪者以自己的行为造成妇女不能抗拒的状态。其二是犯罪者利用妇女处于不能抗拒的状态。

经过长期的争论，第一种观念取得了通说的地位，这也为司法解释所确认，1984年最高院、最高检、公安部的《关于当前办理强奸案件中具体应用法律的若干问题的解答》[100]（以下简称1984年司法解释）把法条的规定解释为"强奸罪是指以暴力、胁迫或者其他手段，违背妇女的意志，强行与其发生性交的行为。"如今，中国刑法理论普遍认为：强奸行为是以违背妇女意志为前提的。由于强奸行为违背妇女意志，所以行为人必须采取暴力、胁迫或者其他手段。如果行为人没有采取这些强制手段，即使其行为客观上违背妇女意志，也不成立强奸罪。[101]通说的立场与英美法系有关强奸的定义非

41

常相似。在普通法中,虽然强奸的定义有很多种表述,但其核心含义都认为强奸是在女性不同意的情况下,与她发生非法性交。"非法"这个术语的功能是把婚内强奸排除在犯罪之外。但是,那些根据普通法而制定的法律往往会增加一个要件,即性交是通过"强制手段"或"暴力"而实施的。[102] 于是在法律中,强奸就被表述为"在女方不同意的时候,通过强制和她发生性交"。显然,这种规定与我们的通说基本相同,它也要求从两个方面来考察强奸:一是着眼于男性,要求采用暴力、胁迫或者其他手段,即身体强制或精神强制(force or coerce);二是着眼于女性,要求有女性的不同意(nonconsent)。

从概念的表述上,"不同意"比"违背妇女意志"这种说法更具准确性和规范性。比如在女方昏睡时与之性交,这种行为俗称"偷奸",按照1984年司法解释,这也属于强奸。然而,在这种强奸行为中,性交也许没有违背妇女意志,但是至少该行为没有得到女方同意。[103] 另外,当被害人是青春型精神病人或者幼女,性行为的发生也许也没有违背其意志,但之所以认为这种行为构成犯罪,还主要是从保护弱势群体的社会利益出发,在法律上推定这类群体没有性同意能力。由于性行为没有得到女性的有效同意,即使在事实上没有违背女性意志,行为也构成犯罪。再者,"违背意志"一说不符合法学用语的规范性,它更多地带有心理学上的内容。如果纯粹从心理学考究,人类的很多行为都是被迫的,比如老师让学生在规定期限内交作业,父母逼迫孩子吃不喜欢吃的蔬菜,这些情况难道没有违背对方意志吗?所以有人所说,"违背意志"更多是一个心理学上的概念,它缺乏法律所要求的规范性。[104] 司法实践中曾有过这样的案件:青年妇女黄某陪同父亲从乡村到城市医院看病,因为经济拮据付不起住院费，被医院一勤杂工发现，将他们容留在家中住宿。一晚勤杂工向黄某提出性要求，黄某开始拒绝，但为了免于流落在外，又碍于收留之情，于是垂泪抱憾与勤杂工发生了性关系。[105] 纯粹从心理学的角度考虑，性行为是违背黄某意志的，但是在法律上它确实得到了女性同意。事实上，如果仅从心理学分析，人类中相当比例的性行为都"违背了妇女意志"。比如，女性由于经济压力而卖淫。有些女权主义者就激愤地指出，嫖宿就是强奸，她们甚至认为，人类之间一切异性性行为都是性侵犯，因为在这个男女不平等的社会，由于身份和地位的巨大区别，女方很难有真正的自主权，女方对于性行为的发生往往都是虚与委蛇的。但是这种论断，由于缺乏基本的规范性，所以并不能为刑法所接受。"意志"更多的是人内心中的感受，由于人类行为的复杂性，很多时候，内心的感受与实际的表现可能是不一致的，因而在法律上不加区分的使用"违背意志"一语，经常可能导致概念的混淆。相比较而言，"同意"与"不同意"这种概念则很少存在类似问题，它具有法律用语的规范性，而且也是在法律中被广泛使用的一个重要概念。以黄某案为例，由于经济压力，性行为的发生是违背黄某意志的，但是在客观上，她并没有拒绝性行为。因此，虽然性行为的发生违背了黄某的意志，但是由于客观上它得到了黄某的同意，因此这不是犯罪。有鉴于此，应该以"不同意"取代"违背妇女意志"这种说法。

然而，笔者并不准备接受通说的观点。在笔者看来，第三种观点才比较恰当，只不过应该用"不同意"取代"违背妇女意志"一说。

我们先来看通说的缺陷。

首先，强制手段只是女性不同意的一种外在表现。严格说来，它并没有实体上的意义，它只是证明女性不同意的证据，但是因为刑法在文本上对这种证据的确认，使得它具有了实体意义，但无论如何它只是为了说明不同意的存在。虽然在很多时候，强奸会伴随着强制手段的出现，尤其是那些公众所想象的典型强奸。但是，把强制手段作为强奸罪的必备要素是不恰当的，因为它并没有独立存在的价值，性行为中的强制本身并非是犯罪，而仅当它使女性屈从时，才是被刑法所禁止的。因此，它只是不同意的外在表现形式之一。[106] 这也是为什么普通法最初只把强奸定义为"在女性没有同意的情况下，与她发生非法性交。"只是后来在法典化过程中，为了在客观上更好地把握拒绝，才逐渐加入强制要素。

其次，在不存在强制手段的情况下，并不能必然推定性交就不是强奸。比如当被害人处于昏睡状态，或者由于心智原因而对性行为缺乏正常的理解，如果行为人与这些人发生性交，即使没有使用强制手段，也构成强奸罪。但是，这种行为构成强奸的关键，并非是因为强制手段，而是因为被害人没有同意能力，不能对性行为作出有效同意，因此虽然行为不具有强制性，行为也可能构成强奸。

再次，手段的强制性往往是依据被害人的拒绝来界定的。当某男把某女按倒在地，拨开她的衣服，甚至还掐住她的脖子，然后和她发生性交，行为人所使用的手段是否就是强制手段呢？不一定，如果性交是女性所接受的，那么这种手段就不是强制，而只是性行为所伴随着的强力。只有当性交没有得到女性认可，那么该行为才是一种强制手段。根据1984年司法解释，强奸罪是指以暴力、胁迫或者其他手段，违背妇女的意志，强行与其发生性交的行为。然而，在理解何谓暴力、胁迫和其他方法时，除了那些在典型的强奸案件中存在的严重危及人身安全的暴力、胁迫手段外，手段的强制性几乎都取决于女性的"不能抗拒、不敢抗拒和无法抗拒"，而这恰恰就是为了回答女性同意与否。因此，在确定强奸罪的本质特征时，强制手段和拒绝不能同时出现，否则拒绝实际上就出现了两次，一次是在认定何谓强制手段上，一次在回答自身上，这在逻辑上存在问题。既然一个要素的作用就是为了回答另一个要素是否存在，那么它们怎能并存呢？强制手段并没有独立存在的意义，它只是不同意的一种外在表现形式。

至于第二种观点，认为强制手段才是强奸罪的唯一特征。表面上看，这种说法非常契合法律的规定，在法律中，的确没有出现女性不同意或者违背妇女意志的字样。但是，无论对强制手段如何界定，在事实上它仍是为了对不同意问题进行回答。另外，把强制手段视为强奸罪的本质特征也会导致以下一系列问题。

第一，它可能混淆正常性行为与强奸行为的界限。在那些陌生人手持凶器，使用暴力手段的典型强奸案件中，以强制手段作为定罪的依据一般不会出现问题，因为手段的严重强制性足以推定女性的不同意。然而，在那些非典型的强奸案件中，双方当事人可能是旧识，行为人使用的手段强制性也不明显，如果把强制手段看成强奸罪的本质特征，那么法院就必须煞费心机扩张对强制手段的理解，有时甚至会把性行为本身所伴随的强力行为解释为强制手段，而这显然混淆正常的性行为与强奸的界限。1984年司法解释曾把"殴打、捆绑、卡脖子、按倒等危害人身安全或者人身自由，使妇女不能抗拒的手段"解释为暴力手段。然而"按倒"在大多数时候很可能是性行为中的一种正常举动，只有在它"使妇女不能抗拒"，让女性无法做出有效同意的时候，"按倒"才具有强制性，从而才能区别性行为本身所伴随的行为。在美国有些地方，由于强制手段是强奸罪的必备要素，法院有时为了表明存在强制手段，甚至把抚摩或者性交本身看成是一种强制手段。[107]

第二，这种做法也可能对被害人不公平。为了将性行为本身所伴随的行为与强制手段区别开来，一个可行的办法就是对强制手段作狭义理解，把它理解为严重危及人身安全的暴力或胁迫，也即在典型强奸案件中行为人所使用的手段，而这却不正当地缩小了强奸罪的范围，对被害人严重不公。事实上，在中国刑法学界也有过这种争论：法律所说"其他手段"是否应当和暴力胁迫的强制性相同，还是不限于这些强制手段。[108]如果对强制手段作狭隘理解，那它对被害人就太不公平了，因为行为人完全可以无须实际的暴力、胁迫而在女方不同意的情况下与之发生性交，比如当双方存在教养关系，上下级关系，又如被害人处于昏睡、麻醉状态，在这些情况下行为人很少会使用严重的强制手段。如果把这些强制不明显的非典型强奸排除在犯罪之外，那么女性的性自治权就根本无法得到保护。

第三，把强制手段作为强奸罪的唯一特征，有时会不正当地限制男女双方在性上的积极自由。并非只要存在强制手段，性自治权就受到了侵犯，只有在女性拒绝的情况下，男性使用强制手段与其发生性交，才会侵犯女性的性自治权。如果女性由于某种偏好，自愿放弃自己拒绝的自由，比如，在受虐癖的情况，强制手段就根本没有侵犯女性的性自治权，对这种行为进行惩罚显然是对公民的私人生活的过分干涉。

至于第四种观点，认为强奸罪的本质在于违背妇女意志（不同意）和妇女不能抗拒。这其实是对通说观点的修正，通过不能抗拒这个概念可以避免强制手段概念的狭隘性。因此，以不能抗拒作为确定强奸行为的依据，在某种意义上可以扩张人们对强奸的理解。这个概念不仅可以包括使用严重强制性手段的典型强奸，也可以包括强制手段不明显的非典型性强奸,甚至还可涵盖与精神病人、未成年人性交的非强制性的强奸行为。[109] 但是,与强制手段一样,不能抗拒这个概念的存在意义也是为了回答不同意是否存在,只不过对于这个问题的回答,它比强制手段这个概念更胜一筹。因此,它不过是通说的修正,也无法避免通说的局限,在逻辑上,不能抗拒这个概念也不能和不同意并列,因为它只是为了说明不同意是否存在。

总之,通过对以上四种观点的评析,使我们更加清楚地认识到:只有女性对性交的不同意才是强奸罪的本质特征,无论是行为人的"强制手段"还是被害人的"不能抗拒"都只是为了说明不同意是否存在,在逻辑上,它们都不能和不同意并列存在。由于强奸罪与其他性侵犯罪的主要区别只是性行为方式的不同,因此,可以说,性侵犯罪的本质特征是被害人对性行为的不同意。

(三)不同意问题的处理模式及我国的选择

被害人对性行为的不同意是性侵犯罪的本质特征,它直接描述的是性侵犯罪的法益——被害人的性自治权。在世界范围内有关性侵犯罪的立法中,对于不同意问题基本上表现为两种截然不同的立法模式。

一种是把"不同意"直接作为犯罪客观要素,这在普通法国家比较常见,比如英国2003年《性犯罪法修正案》将强奸定义为"行为人在他人不同意的情况下将生殖器故意插入他人的阴道、肛门或口腔……"该法还规定了另外两种性侵犯,一种是插入性攻击(Assault by penetration,故意利用身体的其他部位及任何物品插入对方的阴道、肛门或口腔),另一种是性攻击(Sexual assault,以满足性欲为目的，故意接触他人），这两种犯罪也必须是在对方拒绝的情况下实施的。

另一种是在法律中只规定行为人的行为，而不涉及被害人[110]的不同意。但在司法适用中，却要广泛借助"不同意"概念来衡量行为的过度性，这在大陆法系比较普遍，比如德国刑法第177条规定："以下列方式，强迫他人忍受行为人或第三人的性行为，或让其与行为人或第三人为性行为的，处1年以上自由刑：1.暴力；2.以对他人的身体或生命立即予以加害相威胁；3.利用被害人由行为人任意摆布的无助处境……"[111] 我国刑法显然采取的也是这种模式。在这种立法模式下，虽然"被害人的不同意"一般没有在法条中出现，但是在理解暴力、威胁等手段时，都不得不借助"不同意"这个概念。[112] 通常是要求这种手段要达到使被害人明显难以反抗的程度，[113] 显然这是为了说明被害人对性行为是否有同意。

在笔者看来，根据我国现有的立法规定，后一种立法模式更为可取。我国刑法第236条对强奸罪的定义是"以暴力、胁迫或者其他方法强奸妇女的……"，第237条对强制猥亵、侮辱妇女罪的定义是"以暴力、胁迫或者其他方法猥亵妇女或者侮辱妇女的……"在法条中并没有出现"不同意"的字样（违背妇女意志），而只是在司法解释中，才把强奸罪解释为"以暴力、胁迫或者其他手段，违背妇女的意志，强行与其发生性交的行为。"但正如我们上文所说，"暴力、胁迫或者其他手段"只是为了说明"不同意"（违背妇女意志）的存在，两者在逻辑上不能并列，司法解释对强奸罪的解释是存在问题的。这里可以比较我国台湾地区1999年新刑法的规定，该法第221条第1款把强制性交罪规定为："对于男女以强暴、胁迫、恐吓、催眠术或其他违反其意志之方法而为性交者"，[114] 台湾地区的规定显得就相对科学,"违背其意志"(不同意)并没有和强暴、胁迫等方法并列,而只是作为其他方法的内在尺度。在笔者看来,"不同意"作为强奸罪的本质特征,它虽然要通过一定的外在形式来表现自己的存在,但是只有通过"不同意"概念,我们才能准确地把握性侵犯行为的各种外在表现形式。总之,一方面,本质特征不能和外在形式并列存在,另一方面它也不应取代外在形式而独立存在,本质特征仅仅是外在形式的内在尺度。

如果脱离外在形式,把"不同意"本身看成性侵犯罪客观方面的要素,那就会导致司法操作的混乱。"不同意"看起来是一个单纯的抽象概念,被害人或者同意或者不同意,从抽象的角度来看不会存有疑问。但是在实际案件中,同意可能是含糊的或矛盾的。被害人可能不想发生性行为,但由于害怕而惊魂失措,最后表现出同意,或者为了避免伤害而非常理性地决定"同意",[115] 而那些潜意识想发生性行为的人们却可能由于害怕,或者出于内心的罪恶感而"不同意"性交。总之,由于人心理活动的复杂性,交流的含糊性都使不同意概念非常复杂。如果脱离外在行为,那么,"不同意"概念就很难把握。这也是为什么越来越多的普通法系国家和地区都逐渐认识到,应该在法律中明确规定不同意的外在表现形式,从而对司法部门提供明确的指导。在其他部门法中,法律中的不同意问题往往也是借助一定的外在形式才能得以说明。比如在民事法律中,合同的缔结必须得到双方当事人的同意,而这种同意必须是出于真实的意思表示,如果合同是在暴力胁迫、重大误解、显失公平的情况下缔结的,或者由于当事人缺乏民事行为能力,那么这些外在形式就可以推定同意无效,从而导致这些合同可被撤销。同样,在性行为中,如果行为人使用了强制手段,那么一般也可推定被害人对性交的不同意,具有受虐倾向的被害人毕竟极为罕见。当被害人处于昏睡状态,或者由于心智原因而无法对性交作出有效的同意,这些情形也可以表明不同意的存在。因此,在许多国家的刑法中,法律都对导致不同意的各种强制手段和被害人缺乏同意能力的情况做出了尽可能详细的规定。

第二章
同意的概念及不同意判断标准

一、同意的概念

同意是一个在很多部门法都使用的概念，但是有关同意的内涵，却存在很大的争议，人们经常在不同的语境下使用"同意"一词。在语言上，同意至少有心理上的同意、事实上的同意、规范上的同意等多种含义。比如女方表面上拒绝性行为，但其内心中却希望与男方发生关系，这是一种心理上的同意；又如13岁的女孩同意与某人发生性关系，但这种同意无效，显然这就混杂了两种含义的同意，前面的"同意"是一种事实上的同意，而后面"同意无效"中的同意则是一种规范上的同意。

从各国的立法和司法实践来看，性侵犯罪中的同意问题大致可分为三种形式：其一，行为人所使用的手段具有严重的强制性，因此导致被害人的同意无效。这是一种典型的性侵犯行为；其二，被害人由于年龄或身体原因缺乏有效的性同意能力，行为人与之发生性行为就构成犯罪；其三，对于成年健康的被害人，行为人所使用的手段不具有明显的强制性，"这种行为一般很少使用暴力或者没有身体伤害，威胁也没有用语言表达出来，当事人双方以前还可能认识，性行为可能在卧室发生，双方起初可能因为约会而见面，女方虽然说不要但是却没有身体反抗……"[1] 这类性侵犯的同意问题，最为突出。

在这三类性侵犯行为中，同意与不同意的界限都可能非常模糊。在第一类行为中，同意与否的界限貌似非常清晰，但如伴随一些特殊因素，又可能导致界限模糊。比如1992年美国的威尔森案（Ms.Wilson），该案曾震惊全美。威尔森是位25岁的女艺术家，一天凌晨被告瓦尔德（Valdez）持刀闯入房间，欲行不轨，威尔森逃到浴室，紧锁房门，并拨打报警电话，但被告破门而入，并将电话线割断，命令威尔森褪去衣物。威尔森害怕反抗会招致伤害，同时也害怕传染艾滋病，于是同意与威尔森发生关系，但前提是请其带上避孕套。被告照办后与威尔森发生性关系。瓦尔德后被诉强奸，在审判过程中，法官先提请陪审团就事实问题进行裁决，孰料陪审团却认为瓦尔德不构成强奸，其理由是威尔森让被告带上安全套，这其实是对性行为的同意。[2]

在第二类性侵犯中，同意与不同意的界限分歧集中体现在被告不知女方真实年龄的情况下，如果女方未达同意年龄，但却状若成年女性，被告往往很难判断对方的真实年龄，此类案件是否存在同意有很大争议。

在第三类案件中，同意与否的界限更是模糊。比如美国的People v. Barnes案。Marsha和被告人Barnes认识了将近4年。她偶然地从他那买了点大麻，1982年5月27日，被告人打电话让女方去他家，Marsha说不确定，但被告随后又打来数次电话，不得已Marsha同意到被告家去，当Marsha来到被告家的前门，遇见了被告。被告邀请她吸大麻，开始她拒绝了，但是随后还是吸了……被告开始拥抱

Marsha，她推开了。她证实她把他的行为当成开玩笑。当他继续时，她说她准备买些大麻然后离开。Marsha说了声再见于是准备离开房间。但是，当她走到前门时……被告突然变得很生气，并说："不，你不能走……"随后被告向她咆哮并和她争吵，说她的行为让他觉得自己像个强奸犯。Marsha让被告把门打开，但被告暴跳起来，这使得Marsha认为被告要打她。接着男方说，他必须穿鞋送她走。于是他走到房间后面，Marsha跟随着他。穿完鞋后，被告站起来，对她说："我是个男人……"，而且开始展示自己手上的肌肉。随后，他抓住Marsha的运动衣领口，说他可以用一只手把她扔出去。为了离开他的房间，Marsha提议被告到她家去。于是，被告开始拥抱她，并向她道歉，说自己不该为小事发火，对让她惊慌感到抱歉，随后又开始亲密的行为。接着，他让她脱衣服，她拒绝了……被告说这让他感到很心烦。他再次做了一个手势，这使得Marsha认为被告要打她。于是她脱了衣服，两个人发生了一个小时的性关系。Marsha证实，她像一个参与者一样地发生了关系，因为她想离开。后来，两人休息了一两个小时。当Marsha醒来后，她离开了并且向医院报告了这个事故，第二天Marsha报案了。[3]

显然，同意并非单纯的事实，它存在一定的社会评价。同意是一种规范性的构成要件要素。规范性构成要件要素是和描述性构成要件要素相对的一个概念，前者是一种精神上的理解，而后者只是一种感性的表象。对于描述性构成要件要素，司法者不需要借助其他规范评价，而对于规范性构成要件要素，立法者只是提供了评价的导向，或者说只是赋予了价值的形式，具体的评价需要司法者根据一定的标准完成。[4]比如故意杀人罪中的"杀"与"人"就是描述性的构成要件要素，司法者与行为人都不需要借助任何规范，就能认识到开枪射击的行为是"杀人",但是行为人所贩卖的是否是"淫秽物品",司法者必须通过一定的社会观念、文化价值进行判断,因此"淫秽物品"就是一种规范性的构成要件要素。

当然,规范性的构成要件要素和描述性的构成要件要素的界限并不是绝对清晰的。严格说来,描述性的构成要件要素也可能存在价值判断,比如故意杀人,无论是"杀"还是"人",这两个要素都是存在价值评判的。采用不作为方式致人死亡是否属于"杀"人,"人"的终止标准能否采用"脑死亡说"?这都存在价值判断,但是这种价值判断并不是由司法者来完成的,而是在司法者进行评判之前已经由立法者完成了。如果立法者认为不作为杀人与作为杀人具有等价值性,[5]人的生命终止采取脑死亡说,那么司法者就只能遵循立法者确定的价值观念进行裁判。但是关于什么是"淫秽物品",何种情况属于"同意",即使立法者已经有过明确的定义,但是它的内涵还是有一定的模糊性,因此司法者必须在立法者的指示下,基于社会习俗、生活经验、文化价值、主流的世界观等进行规范判断。从这个意义上来说,描述性的构成要件要素其实是一种封闭的构成要素,而规范性的构成要件要素则是一种开放的构成要素,有待司法者通过一定的标准进一步填补空白。[6]

规范性的构成要件要素可以分为以下三类。

一是法律的评价要素。司法者必须根据相关的法律、法规作为评价,比如重婚罪中的"婚姻"、泄露国家秘密中的"秘密"、冒充军警人员抢劫中的"军警",这些要素就必须根据婚姻法、保守国家秘密法、人民警察法、军事法规等进行判断。

二是经验法则的评价要素。司法者需要根据经验法则作出评价,比如破坏交通设施罪中的"足以使交通设施发生倾覆、毁坏危险"，拔掉铁轨上的几根铁钉是否构成此罪，这就需要以一定的事实为基础，根据社会生活经验作为评价。

三是社会的评价要素。司法者需要根据社会的一般观念或社会意义作为评价，比如抢劫罪中的"暴力"手段、入户抢劫中的"户"、盗窃罪中的"数额较大"的财物[7]就属于此类。这是一种最难判断的规范性构成要件要素。[8]

性侵犯罪中同意至少混合了法律评价与社会评价两种规范性要素，法官在对同意进行认定时，不仅要参考其他法律有关同意的一般理论，而且还要从文化价值、社会观念等方面进行综合判断。本书把同意定义为"主体通过明示或默示方式对正在发生的性行为给予的真实认可"，对于这个定义，要注意以下问题。

1. 同意必须是当事人自己做出的，他人不能替代做出。现代社会已经抛弃那种把女性的性利益看成他人财产的陈腐观念，因此从性自治权观念出发，他人显然不能代替当事人对性行为做出同意。比如丈夫邀请别人与妻子发生性关系；又如父母让别人与自己的呆傻儿性交，这些情况显然都不能认为存在有效的同意。

2. 同意的可认识性。同意不能仅仅是一种心理举动，它必须能为人所认识，同意的表达方式可以是明示的，也可以是默示的，人们可以通过明确的语言，也可以通过默示的身体举动来表明自己的同意。

3. 同意必须针对正在发生的性行为。如果被害人起初对性行为表示同意，但是在性行为发生前，或者在性行为发生中表示拒绝，那么都不能认为存在同意。[9]同理，如果被害人最初进行反抗，而在实际的性行为发生前同意了，那么这不是犯罪。其次，事后给予的同意是没有意义的，因此在性侵犯发生后，当事人双方事后私了的行为并不妨碍犯罪的成立。乘人昏睡与其发生性关系,虽然被害人醒后对先前的行为表示同意,但这种同意也不能排除先前行为的犯罪性。再次,即使男女双方曾经保持过长期的性关系,也不能因此就推定被害人会同意以后的性行为。对此,1984年司法解释指出,"男女双方先是通奸,后来女方不愿继续通奸,而男方纠缠不休,并以暴力或以败坏名誉等进行胁迫,强行与女方发生性行为的,以强奸罪论处",这种规定是完全正确的。但该司法解释同时指出:"第一次性行为违背妇女的意志,但事后并未告发,后来女方又多次自愿与该男子发生性行为的,一般不宜以强奸罪论处。"对此,有学者指出,对于先强奸后通奸的案件,对于强奸行为不以犯罪论处,既缺乏充分的理论依据,也没有相应的法律根据,而且在司法实践中还会带来一定的消极影响。在这种案件中,先前的强奸行为作为一个客观现象已经独立存在并被固定。它既不能改变继起的通奸行为,继起的通奸行为也不能消灭先前已存的强奸事实。[10] 在笔者看来,同意并不包括对以往性交的事后追认,女性事后意志的改变并不能影响以前行为的犯罪性。被害人的意志不能左右国家的追诉权。只要某次性行为符合强奸罪的犯罪构成,该次性行为就构成强奸罪,而不论双方原先或后来的关系如何。当然,如果女方在男方强奸后,出于某种原因,主动积极与行为人再发生性关系,虽然不能否定先前行为的犯罪性,但是在量刑时可以适当减轻甚至免除处罚。

4. 同意者必须对所同意的事项具有理解能力。同意是有同意能力者的同意,由于未成年人和心智不全者不能理解性行为的意义,不能自由支配自己的性利益,故无同意能力,即使性行为得到她们的同意,这种同意也是无效的。

5. 同意必须是主体真实的意思表示，在被强制、欺骗或者无意识的情况下，行为主体显然也无法作出有效的同意。

6. 经同意所实施的行为不能超越同意的范围，比如对方只是同意猥亵但不同意性交，无视对方拒绝的行为也构成犯罪。[11]这里要特别注意对行为的同意并不必然推定对行为所伴随风险的同意，比如同意约会，而约会可能会有发生性行为的风险，不能因为女方同意与男方约会，就必然推定女方同意与男方发生性行为。当然，行为与行为所伴随风险有时很难区分，人们同意进行某种活动，同时他会知道这种活动存在一定的风险，如任何人参加体育运动中，都会知道有被伤害的风险。[12]这里区分的关键在于风险是否合理，是否为社会生活所允许，如果风险是合理的，为社会生活所允许，那么对行为的同意就可以意味着对其伴随风险的同意，如果这种风险是不合理的，是社会生活所禁止的，对行为的同意也就不能推导出对其伴随风险的同意。

二、不同意的判断标准

同意的反面是不同意，它们是一个问题的两个方面，作为性侵犯罪的本质特征，不同意是行为人行为过度性的内在尺度，这个尺度本身不能含糊不清，它必须是某种可以操作的标准。对于不同意的判断标准，在世界范围内都存在争论。对这些争论进行回顾与总结，将有助于我们寻找出解决问题的最佳方案。

（一）中国刑法有关不同意标准的争论

在中国刑法学界，曾经有过一场如何理解性侵犯罪[13]中"不同意"[14]争论。大致形成了七种不同的学说。

1. 违背妇女关于性行为的意志，也就是说妇女不愿发生性行为而强行与之发生。

2. 由于犯罪分子的强制行为，迫使被害妇女在发生性行为时，处于不能抗拒，而违背妇女意志所发生的性交行为的心理状态。

3. 指犯罪分子使用强制手段与妇女发生关系时，妇女处于违背自己意愿，但又不能反抗，不敢反抗或失去反抗能力的一种状态。

4. 凡是违背共产主义道德准则，违背具有责任能力的妇女以自己的愿望、要求、目的，支配、制约自己的性行为的自由权利而强行发生的性行为。

5. 违背妇女不愿发生非法性关系的意志。

6. 在妇女没有发生性行为的目的，并且不愿意与合法配偶以外的任何男子实行这一目的的情况下，强行与之发生性关系的行为。

7. 强奸罪主体强行的违背妇女不同意与之非法性行为的意志。[15]

为了讨论的方便，我们暂时不考虑婚内性侵犯这一复杂问题，那么能够对不同意问题提供具体判断依据的，也就无非是行为人的"强制手段"或者被害人的"不能反抗"。然而正如上文所言，强制手段虽然在很多时候可以表明不同意的存在，但是在没有强制手段的时候，却不能必然推定被害人对性行为是同意的。如我们曾提过的偷奸行为，行为人虽然没有采用强制手段，但是昏睡之中的被害人对性行为显然没有同意。因此，通过强制手段作为不同意的判断标准存在明显缺陷。那么剩下的就是通过被害人的"不能反抗"[16]来确定不同意了，对此刑法学界曾有过激烈争论。

一派观点认为,应当以被害人是否反抗作为认定不同意的标准。在性交过程中,如果被害人能抗拒而不抗拒,则不构成强奸罪。[17] 所谓不能抗拒,是指妇女被害时在客观上不能对犯罪者实行反抗,以免受侵害。不能抗拒包括两种情况:其一是犯罪者以自己的行为造成被害人能抗拒的状态;其二是犯罪者利用被害人处于不能抗拒的状态。论者特别指出,对抗拒必须全面准确地理解。不抗拒是以不能抗拒为前提的,抗拒则是以能抗拒为前提的,如性交时女方能抗拒而不抗拒,或者不做真正的抗拒,则是通奸。在使用暴力和胁迫方法进行强奸的情况下,如果这种情况严重到一般足以制服被害人时,则不能要求该被害人抗拒。因为在这种情况下,客观上是不可能抗拒的。但是如果犯罪者使用的暴力或者胁迫手段不是很激烈,或者威胁不大,例如拖拖拉拉,强解衣服,死抱硬求或者以断绝友谊相威胁等,一般不足以制服被害人时,则该人必须抗拒,否则就是通奸;在强奸处于熟睡、酒醉、患病状态下的被害人时,被害人必须真正处于不能抗拒的状态,才构成强奸罪。如果性交时已苏醒,能抗拒而不抗拒,任其奸淫,则不构成强奸罪;在犯罪者利用权势,奸污处于从属地位的被害人时,要判明被害人能否抗拒,就不仅要分析犯罪者奸淫时的手段,而且要考虑到这种权势本身对被害人意志的影响。因为这种权势容易使被害人不敢反抗。所以往往用同样的威胁方法,对一般人而言,不一定足以使其不能抗拒,但对处于从属地位的被害人,则可能足以使其不能抗拒。因此处理这类强奸案件,不应强求被害人抗拒。实践中认定是否不能抗拒是个复杂的问题,既不能单凭被告人的口供,也不能轻信被害人的陈述,而必须仔细查明案件的全部情节,如实施犯罪的时间、地点、周围环境、手段、经过、后果、被害人与被告人往常的关系等。[18]

另一派观点则针锋相对，他们认为不能以被害人是否反抗作为认定不同意的标准。他们认为，性侵犯罪的手段有暴力、胁迫和其他方法，强制程度的不同，被害人的反抗表现也会不同。而且有些案件，如被欺骗或者由于存在上下级关系或其他利害关系，被害人很可能不会反抗，如果把这种情况视为双方自愿行为，或者责备被害人抱有个人目的，以并无反抗为由不予认定，是错误的。其次，被害人在性格、体力上的差异，对犯罪行为表现出的反抗形式是不同的，因此也不能简单地以是否有过真正的反抗区别罪与非罪。[19] 持此观点的另外一些学者指出：虽然在性侵犯案件中，判断行为人是否违背被害人意志往往要通过行为人的手段和被害人的反抗表现来寻找答案。但被害人是否反抗，以及反抗的程度只是办案人员判断事实的重要情节之一，而非定性的依据。判断行为是否构成了性侵犯，着重点是研究行为人的犯意和用什么手段在违背被害人意志的情况下强行发生了性行为，而不能着重研究被害人是否反抗，更不能把它作为一个必备要件。[20] 反抗因人而异，必须具体问题具体分析，如果要求被害人反抗，对被害人过于苛求，不利于打击犯罪分子。[21]

在笔者看来，两派对于一些基本的概念并没有达成共识，因而很难说他们形成了真正的交锋。赞同者通过抗拒表现来判断不同意的论者对于"抗拒"的理解是扩张式的，而反对者对于"抗拒"的理解则比较狭隘，所以反对者会指责赞同者对于被害人过于苛求。如赞同者所言：正是因为人们对于"抗拒表现"理解的比较狭窄，或者是对"要求被害人有抗拒表现"解释得过于绝对化，才会误认为赞同说会使那些"没有抗拒表现"或者"抗拒表现不明显"而内心实非情愿的被害人含冤受屈，不利于打击犯罪。在赞同者看来，

61

抗拒不能被理解为单纯的体力上的拼搏、扭斗、挣扎或高声呼救等过于狭小的表示，而应把"抗拒"理解为一种仇视、排斥犯罪侵害的心理状态的外在表现，这种表现的具体形式很多。可以是体力上的拼搏，也可以是语言上的拒绝、斥责、呼救，还可以是怨恨的表情或姿态，甚至是意图避免侵害而使用的劝说、哀求等。[22] 另外，由于两派对概念的理解不同，因而对相同的事例，大家会得出不同的结论。如反对者认为，当双方存在上下级关系时，被害人很有可能不反抗，而性行为的发生被害人实际上是不同意的，因而，以是否反抗来认定其主观意志对于被害人不公平。而在赞同者看来，在这种情况下被害人可能恰恰无须反抗，因为权势本身影响了被害人意志，而使得被害人不敢反抗。换言之，反对者列举了诸多情况，并指出其中被害人根本无法反抗，因而不能用是否反抗来认定不同意。而在赞同者看来，被害人在这些场合无须抗拒，因为"不抗拒是以不能抗拒为前提的，抗拒则是以能抗拒为前提的。对抗拒必须全面准确地理解"，当存在客观条件使被害人不能抗拒，被害人当然不须抗拒。根据行为人的行为和事件发生的具体环境等因素，推定被害人没有同意。[23]

学术上的争论导致1984年司法解释在这个问题上也颇为矛盾，一方面它原则上认为"认定强奸罪不能以被害妇女有无反抗表示作为必要条件。对妇女未作反抗表示，或者反抗表示不明显的，要具体分析，精心区别"，这似乎表明它采取了反对说的立场。然而，在衡量行为人手段的强制性问题上，它又借助了被害人的反抗，它认为"所谓暴力手段是指犯罪分子直接对被害妇女……使妇女不能抗拒的手段……胁迫手段是指犯罪分子对被害妇女威胁、恫吓，达到精神上的强制的手段。如：扬言行凶报复、揭发隐私、加害亲属等相威胁……不敢抗拒……其他手段是指犯罪分子用暴力、胁迫以外的手段,使被害妇女无法抗拒。"显然,借助被害人是否反抗来界定行为手段的强制性,其实质还是为了认定不同意问题。从这个意义上来说,司法解释似乎认为被害人的反抗对于认定不同意具有至关重要的意义,尤其是在确定"其他手段"的范围上,唯一能够提供操作依据的就是"被害妇女无法抗拒"。因此,在行为手段问题上,司法解释好像又倒向了赞同说的立场。

然而,两派争论却在一个问题上针锋相对,那就是面对相同的情境,被害人的不同反应,其法律意义是否相同。换言之,在相同的环境下,有的被害人会表现出反抗,而有的被害人不会反抗,那么是以被害人自身的主观心态,还是以一般人的反应来判断被害人是否同意呢?如果一般人在该情境下会反抗,而被害人没有反抗,那么在法律上被害人对性行为是同意还是不同意呢?

对此问题,赞同者显然倾向于客观说,即被害人的反应必须达到一般人的要求。如果一般人会反抗,而被害人没有反抗,那么在法律上就是同意发生性行为。但反对者则认为应该以被害人本人主观心态为基准进行判断(主观说),不能因为被害人没有达到一般人的标准就认为她是同意的,因为"反抗因人而异,必须具体问题具体分析。"显然,在这个问题上,赞同者认为反抗可以作为认定不同意的客观标准,而在反对者看来,反抗充其量是在具体案件中具有个案判断的意义,并不能作为衡量不同意的一般标准。对此问题,1984年司法解释似乎摇摆于客观说与主观说之间。一方面,它认为对于被害人没有反抗的案件,要具体问题具体分析,这似乎是倾向于主观说的观点;另一方面,在衡量何谓强制手段时,它分明又认为必须借助被害人的"不敢抗拒、不能抗拒和无法抗拒",而

63

对于被害人的反应是否应该符合一般人的反应，司法解释没有给出答案，那么对此是采客观说还是主观说也许就见仁见智了。

从中国学界有关不同意问题的争论，给我们提出了如下问题。

其一，如何看待被害人的抗拒行为，它是否是不同意的唯一判断标准？

其二，应该以客观的立场还是主观的立场来看待被害人的反应？

(二) 英美法系有关不同意标准的争论

1. 最大限度的反抗标准（utmost resistance）

对于不同意，普通法最初采用最大限度的反抗标准，[24] 它甚至要求女性应采取危急其生命安全的反抗措施，尤其是在熟人之间的强奸中，女性更应如此。这种标准来源于普通法对女性深深的不信任，因为这有着16世纪黑尔爵士（Hale）的著名警告：强奸是一种很容易被指控但却很难被证明，而被告也很难抗辩的案件。[25] 因此，在性侵犯案中，真正受审判的并非是被告而是被害人，她必须有充分的证据表明其不同意。在最大限度的反抗标准下，必须是她身体上的伤害或者衣服上的撕损才能表明她的不同意。

1906年美国威斯堪星州的布朗案（Brown v. State）就是一个要求女性尽最大限度反抗的经典案例，它所确定的原则在20世纪被广泛适用。被害人16岁，是个处女，在去祖母家的路上遇见了被告布朗（20岁）。被告是她的邻居，意图不轨。他把被害人绊倒在地上，强压在她身上。被害人当时尽可能地想逃走，努力地时刻想爬起来，尽可能地大叫。被告于是用手捂住被害人，被害人感到了窒息。但只要他一移开手，被害人就重复地大叫。陪审团认定被告人构成强奸罪。在上诉时，法院并没有以构成强奸的强制要素不足为由推翻原判，也没有认为被告人缺乏足够的犯罪心态，而是认为被害人没有足够地表现出她的不同意，因此认为被告无罪。法院认为，女性不仅仅要有不同意的主观心态，而且还必须在其能力之内进行最激烈的身体反抗以抗拒对方的插入，这个反抗一直要到袭击结束。因此，被害人并没有达到这个标准：她仅仅是说让她走；她的尖叫也不能被认为完全表达了自己的意思；她也没有用手和腿反抗被告人的不可抗拒的强制，因此对被告的有罪判决不能成立。事实上，法官对被害人是否反抗感到怀疑，因为如果女方没有衣服的撕破或身体上的伤痕，那么她的话根本不能被相信。[26]这种标准的确定与当时社会对于女性贞操的态度是一致的。当时，女性的贞操被认为是高于其生命价值的，女性并没有独立的人格，对女性贞操的侵犯在很大程度上是对夫权或者父权的侵犯。另外，采取这种苛刻的标准也是因为当时存在通奸罪，法官非常担心女方为了豁免其通奸罪责，而谎称被强奸，因此为了证明不是通奸，女方必须要尽最大可能进行反抗。显然，法律并不保护女性的性自治权，因为行使性自治权本身就可能是一种犯罪。[27]

2．合理反抗标准（reasonable or earnest resistance）

随着女性地位的崛起，女性生命的价值逐渐被认为要高于其贞操价值，通奸罪逐渐被废止，性自治权的观念开始进入法律。最大限度的反抗标准慢慢为合理反抗标准所代替。[28]这种标准可以避免女性牺牲自己的生命或重大的身体健康去防止性侵害。

最著名的案件如美国纽约州的道舍案（People v. Dorsey），1979年8月，41岁的被害人（高5英尺高，重130磅）[29]下午六点下班回家，到达公寓后，她乘电梯上楼，随后被告人道舍（15岁，高5.7英尺，

65

重200磅)[30]也进入电梯。后来电梯停住,被害人发现并非自己所到楼层,而是在两楼层间停住,但电梯报警器没有工作。被告人当时站在电梯按钮旁,操控着电梯。接着被告要求被害人把衣服褪去,被害人没有反应,被告又重复了自己的请求,被害人于是屈从,在随后的15分钟内与被告人发生了性行为,被告人后离开现场,被害人报警。被害人证实自己在整个事件中都没有企图喊叫,因为她认为电梯外没有人能够听到,同时被告人在事件发生前及其过程中都没有使用明显的身体暴力,除非是性行为本身所固有的强力。唯一的威胁是在完事之后,被告离开电梯时对被害人说,如果发生什么事情,他的朋友会修理她。纽约州当时的刑法对于不同意采取的是"合理反抗规则",它需要"综合考虑各种因素,来判断拒绝性行为的被害人的反抗是否合理"。换言之,在本案中,焦点问题就是根据所有的情境因素,被害人的不敢反抗是否是合理的(是否因为被告人的暴力或暴力威胁而使其不敢反抗)?法官认为,虽然被告人没有明确使用暴力或暴力威胁,但是考虑到当时的情境,这存在默示的威胁。被害人面对一个高大的年轻人,两人体型相差悬殊,而且被害人困于电梯之中,无处可逃,也无从获得他人的帮助,因此法官认为被告的默示威胁,使被害人因为害怕受到严重身体伤害而不敢反抗。法官同时认为,被告人虽然没有殴打被害人,但其操控电梯,并让它停在两层楼之间的行为就是一种针对被害人的暴力行为,再加上性行为本身的强力,两者合在一起,就是一种排除被害人合理反抗的暴力。[31]

相似的案件再如瓦刃案(People v. Warren),被害人推着自行车上山,遇到被告,被告与其攀谈,并陪其一起上山,当被害人准备骑车时,被告用手抚摸了被害人的肩膀,而被害人对他说"不,我必须要走了",而被告说"这只要几分钟,我女友满足不了我的需要",被告还对被害人说自己不会伤害她。被告随后将被害人抱到森林,将其放在地上,并让被害人脱掉裤子,而被害人也照办了。被告然后脱掉自己的衣服,被害人为其实施了口交。被告人证实被害人曾问他"够了吧",而被告人回答说是。被害人随后报警。一审法院认为被告人构成犯罪,而二审法院推翻了原判,其理由是被害人并没有进行合理的反抗。被害人主张:她没有逃跑是因为在森林中间,害怕逃跑会遭到杀害;她看见旁边有人,但没有呼喊,理由是觉得别人离她太远,呼喊会对其不利。但二审法院认为,被害人有能力反抗,有能力表达出自己意愿,但却没有作为,因此被告人不构成犯罪。[32]

合理反抗标准对最大限度反抗标准的替代是一个进步,然而,它并没有真正保护女性的性自治权,曾经有过一系列运用合理反抗标准的案件引发学术界甚至社会公众的广泛批评。儒斯克案(Rusk v. State)就是其中一个典型:被害人佩蒂(Pat)在酒吧遇见被告人儒斯克,他们之间聊了会。然后佩蒂要走,而被告请求搭顺风车,于是女方把男方送回家。被告请佩蒂到家坐坐,女方拒绝了。当他再次要求,女方再次拒绝。随后被告走过来一把把车钥匙拿走,佩蒂只能跟着他走到房间。进屋后,被告去了洗手间,但女方没有离开。随后,被告让女的脱掉裤子和衣服,女方照做了……他们都脱掉了衣服,接着发生了性关系。在法庭中,佩蒂诉称,她当时对男方说:"只要你想,你可以把许多其他的姑娘带来,"而男方说:"不。"……女方在法庭中称:"……后来我确实感到恐惧,我问他是否在做了他想要的事后,就能放我走,而不杀我。因为那时我不知道他将要做什么。我开始哭泣,而此时,他把手放在我的脖子上,开始轻轻地掐我。当我又问他，完事后，是否放我走。而他回答道：'是的。'于是，我和他发生了关系。"这些证词为法庭所确认。发生性关系后，被告人陪着女方走到车前还问她，两人是否可以再见面……

对于该案应当如何认定呢？这并非典型的强奸，其中强制并不明显：眼神、让人感到轻微的窒息（这是女方的认为，而男方却认为这只是抚摸）、把一个成年女子的钥匙拿走能构成强制吗？这个案件在马里兰特别法院和上诉法院都进行了审理。特别法院认为无罪而上诉法院认为有罪。在所有的21名法官中，有10名法官认为被告人有罪，但11名认为无罪。上诉法院的大多数法官认为被害人是一个正常人，因此不能认为真诚地害怕就可以认定被告有罪。他们认为，当女性在一个陌生的地方没有了车钥匙，并面对一个使她惊恐的男人，合理的女性应该用身体进行反抗，而不能仅仅是语言上的拒绝。[33]

总之，合理反抗标准虽然不再要求妇女尽最大限度去反抗，但女方不能仅仅说"我真的是恐惧"来表明自己的不同意。她应当遵循一个自尊的妇女反抗的自然本能，而不仅仅用语言来拒绝他人的性要求，当被告人没有使用身体强制的时候，尤其如此。在那些认为被告无罪的法官看来，佩蒂不是一个合理的被害人，或根本就不是一个被害人。她只是哭而没有还击，她默认了对她的侵犯，而没有保护她的贞洁，她事实上参与了她所抱怨的性行为，她实质上是个奸妇。[34] 很多学者对该案提出了强烈的批评，认为法律中所要求的合理反抗标准并非是以女性的立场来看待女性，因为在这种案件中的合理的女人其实根本就不是女人，在这些法官看来，一个合理的女人是不能轻易恐慌、不能有弱点、不能消极被动，必须还击而不是仅仅哭泣的女人，合理的女人，不能像学校的孩子一样胆小，她根本就应该是一个真正的男人。[35]正如苏珊教授所指责的,法律依然没有从女性的角度来理解"不同意",它依据的仍是孩童的打架规则:当他打我时,我必须还击。[36]如果女性只是哭泣或者在语言上的拒绝,那么在这种没有其他证人,而女方身体上又无伤痕,衣物也完好无损的情况下,很难想象法官会作出对被告人不利的判决。

类似的案件还有很多,其共性都是行为人所使用的强制不明显,而被害人的反抗也没有达到法官所认为的合理反抗标准。这里要提醒大家注意以下两点。

其一,在发生这些争论的时候,美国大多数州都把强制作为性侵犯罪的构成要素之一,那么大都要求被害人反抗,[37]因为强制和反抗是一个硬币的两面,[38]衡量行为人的强制是否为法律所禁止,只能依据被害人的反抗。具体而言,在过去是最大限度的反抗标准,而现在则是合理女性的反抗标准。但是,法律并没有从女性的角度来理解反抗,它采取的是一种如苏珊所批评的孩童的打架规则,即我打你,你必须还击,而不能仅仅是哭泣和沉默。

其二,美国司法部门对反抗的理解和中国刑法学界有关反抗的争论不太一致,无论是最大限度的反抗标准还是合理女性的反抗标准,它都强调反抗标准的客观性,这种客观性一般要求是身体上的反抗,而语言上的拒绝或者由于害怕而哭泣则一般认为没有达到合理标准,因而不是反抗。但是,我国在反抗问题的争论中,无论是赞同说所强调的以被害人反抗作为认定不同意的唯一标准,还是反对说的具体问题具体分析,都认为反抗并不限于身体上的搏斗,语言上的拒绝、斥责、呼救,怨恨的表情或姿态,甚至意图避免侵害而使用的劝说、哀求等都可以认为是反抗。[39]

3．几种改革的思路

许多学者批评反抗规则是以男性的要求来评价女性，这对女性不公平，要求女性反抗可能会让她们遭到更大的伤害，而且反抗规则也使得审判的重点从行为人的行为完全转移到了对被害人行为、品行甚至性史的审判，[40] 这将使得女性在法庭中受到无穷不尽的刁难，让她们在遭受不幸之后又受到第二次伤害，显然无助于提高被害人的报案率这种刑事政策的实现。作为这些指责的回应，从20世纪70年开始，美国开展了轰轰烈烈的性侵犯罪改革运动，试图对传统的做法加以变革。

一种做法是集中于被告人，不再考察被害人是否反抗，而是通过强制要素完全取代不同意要素。密歇根州就是这种进路的代表者，该州刑法认为，性行为本身不是犯罪，而是强制要素使它成了犯罪。强奸并非性犯罪，而是一种暴力攻击型犯罪。因此，被害人没有必要反抗被告人，强制的存在本来就表明了被害人的不同意。因此，公诉机关也没有必要证明被害人的不同意。[41] 该州刑法把性行为区分为性插入和性接触，并根据不同情况规定了四级重罪。该法规定："对于一个正常人而言在下列情况下，非法性插入构成了一级重罪，非法性接触构成了二级重罪：在实施任何其他重罪的时候实行了性插入；行为人被一个或一个以上的人教唆……通过身体强制或精神强制实施了性插入；行为人使用武器或其他的让被害人合理地以为是武器的物品；行为人造成了被害人的身体伤害或使用了强制去实施性插入。"其中强制包括但并不局限于下列情况：行为人通过事实上的身体强制或身体暴力（physical force or physical violence）征服被害人；行为人通过威胁对被害人使用强制或暴力，而被害人有理由认为行为人有此能力而屈从；行为人通过威胁在将来报复被害人或其他人,而使得被害人屈从,而被害人相信行为人有此能力。此处的报复包括身体惩罚、绑架、敲诈等威胁;行为人对被害人进行医学上的治疗或检查,但其目的在医疗上被认为是不合伦理的和不可接受的。行为人造成被害人身体伤害,而行为人知道或者有理由知道被害人有心智缺陷、心智丧失或身体上无助。如果被害人是一个正常的成年人,三级重罪和四级重罪仅仅依赖于上述强制或暴力的展示。对于上述所有的犯罪,被害人的证词不要求确证,被害人也没有必要反抗行为人。[42] 在密歇根州的立法模式下,被告人的强制或者暴力成了关键的要素,被害人无论是身体上还是语言上的拒绝都不再需要考虑,这在很大程度上使得审判的重点开始转向于对被告人行为的考察。

乍看来,这种规定与大陆法系的立法十分相似,然而,两者仍然有些本质上的区别,密歇根州式的做法明确排除了对被害人反抗的考察,而大陆法系虽然在法条中避而不谈不同意问题,但是在司法适用时,仍然需要考虑被害人是否抗拒。

在传统的法律中,同意是一种辩护理由。而密歇根州则取消了这种辩护,其根据在于:强制与性行为是不相关的,强制的性是被禁止的,而不论性行为是否被同意。合法的性行为不应该有强制,否则就是危险的和不道德的,在强制情况下的同意是没有意义的。由于在法律中完全排除了对被害人不同意的考察,因而它对强制的理解非常狭隘,因为如果过于宽泛地理解强制,而被害人的同意又不再是辩护理由的情况下,显然会极大地扩大刑罚的打击范围,对行为人明显不公平。另外,密歇根州保留了传统的与心智不全者发生性关系构成犯罪的规定,但是为了解释这种行为是一种强制,它把性行为本身看成会造成被害人身体伤害的强制,而这显然过于牵强。因为法律对这种行为加以禁止并不是因为性行为本身,而是因为被害人没有性同意能力,从而所发生的性行为才是错误的。

把性侵犯视为一种强制犯罪,可以清楚地认识到法律并不试图禁止所有的性行为,实施强制行为的行为人应当被认为存在性异常,因而要剥夺其危害社会的能力。但是问题在于,在强制不明显的情况下,行为人也可以在被害人不同意的情况下与之发生性关系,比如权力。因此这种做法可能强化了对暴力强制类性行为的处罚,但是其成本却是忽视了那些没有身体强制的被强迫的性行为。因而,有学者所批评道,这种做法所采用的强制概念仍然是传统概念,它并没有扩大我们对强制的理解,在本质上也是对传统的不同意要素的替代,因此它的范围过于狭窄。比如,该法规定的强制包括对被害人使用或威胁使用暴力伤害,但如果威胁杀死被害人的保镖或孩子或其他人则不属于法律规定的强制。另外,报复的威胁,除了身体伤害、绑架、敲诈,还有很多,比如男性以解雇或破坏被害人财产或名誉相威胁这些并没有为强制定义所包括。[43] 在无数的非传统型的性侵犯中,如果行为人没有使用传统的强制,而又未经对方同意实施性行为,采取密西根式的做法显然是无能为力的。另外,如果个体对性行为中的暴力持一种欢迎的态度,密歇根州却认为这种暴力也是被禁止的,而这显然是对个体在性上的积极自由做了不恰当地限制。

第二种做法是美国《模范刑法典》的做法,它走的是平衡路线,采取完全的客观规则,试图对合理反抗标准进行拓展。《模范刑法典》[44]对美国的性侵犯立法有重要影响,许多州的法典都受到它的影响,它试图在保护被害人与保障被告人之间取得平衡。

首先,它肯定了被害人的不同意是使性行为成为犯罪的关键,

"如果法律认为女性有能力同意,那么在她同意的情况下,性行为就不是犯罪",这是法典的前提性规定,无论男方行为是否具有攻击性,只有女方同意,就不构成犯罪。而且,"即使存在一些过于夸张的证据,被害人同意的可能性也不能被忽视。"[45]

其次,它对导致同意无效或者不存在的情况作了具体规定。但是特别之处在于,它根据行为人行为强制性的大小以及女性的身体和年龄状况的不同分别规定了两种犯罪。

一种是强奸,这是传统法律都认为是严重侵犯女性性自治权的罪行。如"通过针对任何人实施的暴力或以立即的死亡、严重的身体伤害、极端的痛苦或者绑架相威胁;在女方不知道的情况下,为了防止女方反抗而使用毒品、麻醉物品或采取其他方式在本质上减弱女方的控制和辨认能力;女性在无意识的情况下;女性不满10岁"。这种罪行一般是二级重罪,但如果造成严重身体伤害,或者双方以前没有社会关系,并且也没有发生过性关系,那么就是一级重罪。[46] 在这种罪行中,由于手段的严重强制性或者被害人的特殊情况本来就能推定不同意的存在。而且处于这种情况下的被害人显然也缺乏反抗能力,因而在实践中,对于这种罪行的无须考虑被害人是否反抗。

另一种犯罪是性强制罪(gross sexual imposition),法典规定:"男性在下列情况下与妻子以外的女性发生性交构成三级重罪:通过可阻止具有通常决心女性反抗的威胁;他知道女方有精神疾患而不能辨认自己行为的性质;他知道女方没有意识到性行为正在发生或者他知道女方的屈从是她误认为他是其丈夫。"对于这种罪行,除了女方自身客观原因而不能给予有效同意的情况外,而那些强制不明显的威胁,则完全要根据被害人的反抗来确定,具体而言,要看这种威胁是否能使大多数女性放弃反抗。

这种做法的优点在于：它完全根据客观的立场来考虑不同意问题，从而避免了我们在后文将要谈到的主观标准的随意性。在严重的强奸罪中，行为人强制以及被害人的特殊情况一般就能够推定被害人的不同意。但是，与密歇根州不同的是，《模范刑法典》并不否认在某些特殊情况下，被害人可能对严重的强制手段持同意态度，从而排除行为的犯罪性。其次，在性强制罪中，法律提出了一个"阻止具有通常决心的女性反抗"的概念，要求根据客观标准来评价行为的过度性。再次，对被害人是否需要反抗这个问题，《模范刑法典》也清晰地表明了自己的立场：在存在严重的强制手段和被害人缺乏同意能力的情况下，被害人客观上无法反抗，因此不再需要考虑被害人反抗；当强制手段不明显，那么被害人则应当通过反抗来表明自己的不同意，而且反抗的程度要符合一般女性的反抗标准。这显然是试图在保护女性性自治权的同时又防止对男性过分苛求，在客观上它把那些过于遥远的或细微的威胁排除在犯罪之外。事实上，《模范刑法典》只不过是把司法判例中的合理反抗规则予以明确化，要求根据一般女性的标准来衡量被害人的反应是否合理。

然而，它仍然存在两个问题：第一，在威胁发生时，可能确实有些女性由于过分胆小而没有到达一般女性的标准，根据《模范刑法典》的规定，行为人不构成犯罪，但这显然可能放纵了那些利用特定女性胆小的犯罪人；第二，具有通常决心的女性反抗标准也并不认为语言上的拒绝或者哭泣是合理反应。因此，《模范刑法典》对反抗的态度并没有比司法判例中的合理反抗规则走得太远，它依然根据男性的标准来要求女性，即遇到攻击，必须进行身体反抗，而不能仅仅是说不和哭泣。[47]

第三种做法走得更远，它完全取消了强制要素和抵抗要素，而直接将不同意作为性侵犯罪的关键性实体要素，这种改革思路在英联邦国家比较普遍。比如英国《2003年性犯罪法》将强奸定义为"行为人在他人不同意的情况将生殖器故意插入他人的阴道、肛门或口腔……"该法还规定了插入性攻击罪和性攻击罪，这两种犯罪也必须是在对方不同意的情况下实施的。

但是在如何理解被害人的不同意问题上，在英联邦国家中仍然存在争论。

一种做法是完全从被害人的立场出发，要求个案分析不同意问题。其中最具代表性的是英国Olugboja裁决所确立的原则：它认为同意与否并非法律问题，而是事实问题，[48]应当由陪审团根据被害人的不同情况进行个案裁决。这其实是以被害人的主观立场来判断其是否同意。该案被告人实施性行为时，被害人没有反抗，因为她害怕被告的朋友会继被告之后强奸她。该案主审法官Dunn指出，同意和屈从的界限非常难以划分，因此其界限应当由陪审团"在该案中综合运用他们的善良意识、经验以及对人性和现代在该案件相关事实情况下举止的认识"进行综合判断。[49]根据这个裁决，被害人是否需要反抗也就要依据其本身遭遇的情境具体问题具体分析，反抗因人而异，不能根据法律中假设的一般人概念来评价特定个人的反抗或不同意问题，因而在实际层面上也就废除要求被害人反抗的一般性规则。

这种做法可以被称为主观标准，因为它完全根据的是被害人自身的立场来评价她的主观意志，即使被害人对某种情境的反应没有达到一般人的要求也不能武断地认为她对性行为就是同意的。表面上看起来,这似乎有助于充分保护被害人的性自治权,然而事实却并非如此。由于不同意成了事实问题,它由陪审团依据被害人的主观感受进行个案分析,因此当被告人主张对被害人的心态出现了认识错误,在缺乏法律约束的情况下,对于这种辩护理由,陪审团往往很难拒绝,从而导致对被告人过于仁慈,这显然会对被害人不公平。另外,在法律中回避不同意问题,而把它交于司法个案分析,也可能对行为人不公平。失去了法律的确定性和稳定性,相同的案件在不同的司法部门,行为人得到的刑罚待遇可能是不一样的。因此,这种做法在英国招致越来越多的指责,英国刑事法修改委员会就认为,把如此关键的问题作为事实问题让陪审团裁决是不明智的。[50]

另一种做法是在对Olugboja裁决的批判过程中逐渐形成的。它认为同意与否是一个法律问题,而非事实问题,因此有必要对同意加以明确定义,同时还应该在法律中具体规定导致同意无效的各种情况,从而对陪审团提供明确的指导。英联邦的许多地方采取了这种做法。如加拿大法律规定,同意是指自愿同意与被告人发生性行为。澳大利亚的北部领地以及维多利亚州法律也分别对同意进行了定义。同时他们还都规定了一些不存在同意的情况。英国法律委员会最初认为对缺乏同意的各种情况进行定义很难操作,因此法律只应当简单的规定何种威胁和欺诈可以否定同意,而在其他方面应当保持沉默。但是随后在它的政策报告中,其立场却有所改变。它开始认为法律应当定义同意。《2003年性犯罪法》采纳了这种建议,该法第74条对同意进行了定义,"本法所称的同意是指在有选择的自由和能力的情况下,自愿给予的同意"。[51]

(三）大陆法系有关不同意标准的争论

大陆法系的刑法规定与中国刑法相似，"不同意"甚至根本没有在法条中出现，在法律中性侵犯一般被定义为使用暴力、威胁等手段与被害人发生性关系。[52]因而，司法中主要讨论的问题是如何理解暴力、威胁等手段。

一种做法是在法律中明确规定暴力、威胁等行为必须达到被害人不能抗拒的程度。我国台湾地区1999年以前的刑法把强奸罪规定为："采取强暴、胁迫、药剂、催眠术或他法，致使不能抗拒"。[53]对于法律中的不能抗拒，理论上仍然存在着主观说和客观说的争论。主观说认为应当以被害人的主观状态为基准，而客观说则认为应当以一般人的主观状态为基准，只有暴力、威胁等手段足以导致一般人不能抗拒，才能构成性侵犯。

另外一种做法比较普遍，它对暴力、威胁等行为的程度没有明文规定，这与我国相同。于是，学术界就不得不探讨暴力、威胁等行为的含义究竟应如何理解。一种观点认为，暴力、威胁等行为应当从狭隘的角度进行理解，它与抢劫罪中的暴力、威胁等行为一样，必须达到压制被害人反抗的程度。这其实与普通法系国家的最大限度反抗规则相似，虽然考虑问题的出发点不同，但结论殊途同归。这种做法从行为人行为的角度出发，要求行为必须达到压制被害人反抗的程度，只有那些具有严重强制性的暴力、威胁才可能压制被害人的反抗，所以这种观点对强制行为的理解非常狭隘，它要求行为的强制性等同于抢劫罪的暴力或威胁行为。而普通法系的最大限度反抗规则则从被害人角度出发，要求被害人必须进行最大限度的反抗，才能认定行为人的行为构成性侵犯罪，其结果也是将行为限制在具有严重强制性的暴力或威胁行为；第二种观点则认为，只要存在暴力、威胁等行为，无须考虑其程度，都构成性侵犯罪中的强制行为。这种观念基本上类似于普通法国家的主观说，因为在司法操作中，要判断性行为中的暴力或威胁是否为法律所禁止，而对暴力、威胁又没有程度上的要求，那实质上就只能根据被害人的主观状态来进行判断了。第三种观点认为，这种暴力、威胁等行为只需要达到使被害人明显难以反抗的程度就可，至于如何判断，应当根据社会一般观念进行客观判断，这种观点是通说，[54]它基本上类似于普通法系的合理反抗规则。

虽然大陆法系对于性侵犯罪的规定并没有像英美法系那么明显地突出不同意问题的重要性，但其对性侵犯行为的具体规定，无一例外都是为了说明不同意问题。无论是通过强制行为本身，还是借助被害人的反抗，这都是为了对不同意这个复杂问题寻求解决方案。

大陆法系许多国家和地区在性侵犯罪[55]中一般都对不同意的外在表现形式做了非常详细的规定。以德国刑法为例，它把性侵犯行为细分为"对被保护人的性交""对犯人、官方拘禁之人和医院中病人的性交""利用职权所为之性交""利用咨询、治疗或照料关系所为之性交""对未成年人的性行为""强奸"。[56]而这里所说的"强奸"必须通过"暴力、对他人的身体或生命立即予以加害的威胁、利用被害人由行为人任意摆布的无助状况"的强制性交行为，显然，这里所说的暴力、威胁是最狭隘的暴力、威胁，它和抢劫罪中的强制行为基本相似，而其他强制不明显的行为则分属其他性侵犯行为。显然，所有的性侵犯行为，其本质都在于被害人没有同意或者同意无效（不同意）。如果和美国《模范刑法典》对比，我们会发现德国刑法中强奸罪与《模范刑法典》的强奸罪的规定非常相似，它指的都是最严重的性侵犯行为,因而其刑罚也是最重的,而德国刑法中的其他性侵犯行为(除对未成年人的性交外)[57]则与《模范刑法典》所规定的性强制罪也有神似之处,即大都是强制不明显的非传统型的性侵犯行为,其刑罚评价也相对较轻。虽然对于这些性侵犯行为,德国刑法没有像《模范刑法典》一样,在法律中明确规定行为人的行为必须"阻止具有通常决心的女性反抗",但是在司法中判断这些行为是否属于法律所禁止的强制行为时,都普遍认为应该根据社会一般观念来衡量行为人的行为是否让被害人难以反抗,这其实也就是合理反抗规则的翻版。

根据行为强制程度的不同而将对成年人实施的性侵犯行为分为轻重不等的两种犯罪,这在大陆法系并非特例。比如奥地利刑法第201条性侵犯罪的规定,即那些具有严重强制性的性侵犯行为——"以对其实施严重的暴力或立即严重伤害其身体或生命相威胁,强迫他人实施或容忍性交或与性交相似的性行为的……麻醉视同严重的暴力……",其基本刑为1年以上10年以下。在第202条中,法律规定了强制性并不明显性侵犯罪行,其刑罚相对较低——"除第201条规定的情形外,以暴力或危险的威胁,强迫他人实施或容忍性行为的,处3年以下自由刑。"当然,奥地利刑法也对与未成年人性交做了专门规定,其基本刑与严重的强奸行为相同。[58] 又如瑞士刑法在第187、188、190、191、192、193条也对性侵犯行为做了非常具体的规定,除与未成年人发生性行为的犯罪外,[59]其大致也分为两种情况,一是严重强制性的行为,这包括第190条规定的"强迫妇女容忍性行为,尤其是行为人对其进行威胁、使用暴力、施加心理压力或使其无反抗能力……",第191条规定的"明知被害人为无判断能力人或无反抗能力人,而与之为性交行为、与性交相似的

79

性行为或其他性行为的。"这些严重的性侵犯行为，基本刑都为10年以下重惩役；二是强制不明显的其他侵犯行为，这包括第188条规定的与被保护人的性行为，第192条规定的利用职权与病人、犯人、被告人发生性关系，第193条规定的利用他人的困境或工作关系或以其他方式构成的从属性，对其实施性行为或使其容忍性行为的。[60]对于这些行为，其刑罚都比较轻，为监禁刑，即最高不超过3年，最低为3天。[61]

（四）几种最新标准

在最近十几年，伴随着人权运动的进一步发展，西方学术界开始试图从女性的角度来重新思考不同意问题，这就产生了"不等于不"标准以及肯定性同意标准。

1."不等于不"标准

"不等于不"标准认为，女性语言上的拒绝应当看作是对性行为的不同意。法律应当尊重女性说不的权利，只要女性有过语言上的拒绝，那么在法律上就要认为她对性交持不同意的态度。[62]这种规则最初由女权主义者倡导，她们认为在传统的法律中存在对女性的偏见：这些法律往往认为女性在性行为中并不知道自己想要什么，她们也不理解自己语言的真实含义。很多时候，她们"说不其实就是想要"，因此，法律并不认为单纯语言上的拒绝就是对性行为的不同意。因为，在女性说不的时候，很多男性并不知道对方的真实愿望，他们可能会真诚地认为，女方是同意的，说"不"只是一种半推半就。但是，在女权主义者看来，法律恰恰应该抛弃"不等于是"这种花花公子式的哲学。[63]为了真正的保护女性的性自治权，必须赋予女性说不的权利，法律应当尊重女性语言上的拒绝权。

根据"不等于不"标准，如果行为人发生了认识上的错误，认为被害人语言上的拒绝实际上只是一种明拒暗迎的举动，那么这种认识错误并不妨碍犯罪的成立，行为人必须为自己的错误认识承担刑事责任。对迈克·泰森（Mike Tyson）这位著名的拳击运动员的审判就是"不等于不"标准的经典实践。泰森被指控于1991年7月强奸了德斯雷·华盛顿（Desiree Washington）。当日，华盛顿受泰森之请，与其共同驾车游玩，途中曾与泰森亲吻。次日凌晨她与泰森一起进入泰森在旅馆的套房。他们看了会电视，然后华盛顿起身去了洗手间。当她从洗手间出来的时候，泰森已脱光了衣服，并把华盛顿按倒在床上。当时，华盛顿在语言上对性行为表示拒绝，但泰森没有理会，于是在对方的哀求声中与她发生了性行为。出事25小时后，女方到当地一家医院的急诊室做了检查。检查结果表明，女方的子宫颈口上有两处被磨损的伤痕。几天之后，华盛顿正式向当地警察局报案：控诉泰森强奸。在审理过程中，初审法院的12名陪审员一致裁定，泰森罪名成立。上诉法院也维持了原判。[64] 对此案件，采取的就是"不等于不"标准。在泰森看来，一位年轻女子接受其邀请驾车游玩，同意亲吻，并于凌晨回到旅馆与其独处本身就是对性行为表示同意的意思表示，因此在性行为发生过程中，语言上的拒绝其实只是一种象征性的反抗。但是，根据"不等于不"标准，女性在语言上的拒绝应当受到尊重，泰森的这种错误认识，即使是真诚的，也是不可原谅的。

2．肯定性同意标准

这种标准认为，在没有自由的、肯定性的表达同意的情况下，性行为就是非法的。如美国加利福尼亚州1990年在修改刑法时，就认为同意是指"依照自由意愿而自愿给予的肯定性的合作"，（positive cooperation...pursuant to an exercise of free will...freely and voluntarily given）[65] 威斯康星州1998年刑法也把同意定义为对于性行为，"通过语言或行为表现出的自愿赞同"。[66]

美国新泽西州1992年著名的M.T.S.（State in the Interest of M.T.S.）案就适用了这个标准。该案发生在两个未成年之间，被告是位17岁的男孩，被害女子15岁，男方寄居在女方家中。两人曾经有过亲吻等亲昵的举动，一晚男方未经女方同意与其发生了性行为。一审法院认定被告人构成犯罪（性攻击罪，二级重罪），但二审法院推翻了原判，认为男方并未适用暴力，因此不构成犯罪。该案后被上诉到新州最高法院。新泽西州刑法对性攻击罪（sexual assault）的定义是"使用暴力或强制对他人实施性插入行为"，法律对"性插入"和"暴力或强制"都没有明确的限定，初审法院认为在被害人不同意的情况下，性插入本身就是一种身体暴力，而二审法院却认为除了性插入行为，还需要其他暴力行为才能构成犯罪。新州高院认为，只要没有肯定性、自愿给予的同意，那么就构成犯罪，换言之，如果没有肯定性同意，性行为本身的身体举动就可以解释为暴力。[67]

三、标准的确认

对于各国立法和学说的介绍并非单纯对他史的探讨，而是希望根据人类的总经验，从中找出在不同意问题上的最佳解决方案，为司法部门提供一个处理性侵犯案件的上上之策，并最终希望将来改革性侵犯罪时，我们不至于再走弯路。

从上述介绍我们可以发现，中外各国关于不同意问题无非有以下几种做法。

第一，主观标准，根据被害人的主观感受来判断不同意问题，如英国的Olugboja裁决以及我国学界有关反抗问题争论中的反对说。虽然在学说的讨论中，它是与被害人的反抗是联系在一起的，即根据被害人的主观感受判断她是否应该反抗，但这其实取消了被害人反抗的作用，因为反抗因人而异，需要具体问题具体分析，因此它也就并不属于真正的反抗规则。

第二，客观标准，即以一定的客观依据来判断被害人对性行为是否持不同意态度。大多数国家和地区都具体规定了不同意的各种外在表现形式，以更好地约束司法和指导司法。在各国的立法和司法实践中，在客观标准上又有如下几种做法。

（1）以强制手段替代不同意问题。这如美国密歇根州的做法，它拒绝考虑不同意问题，完全以强制要素取代不同意问题。

（2）反抗规则。这包括最大限度的反抗规则与合理的反抗规则。当今的大多数国家都抛弃了最大限度的反抗规则，转而采取合理反抗规则。它们或者在立法上明确规定，行为人的行为必须达到"阻止具有通常决心的女性反抗"，或者在司法中借助社会一般人的观念来判断行为人的行为是否让被害人难以反抗，从而决定行为是否属于法律中的暴力、威胁等强制行为。1984年司法解释规定的"认定强奸罪不能以被害妇女有无反抗表示作为必要条件。对妇女未作反抗表示，或者反抗表示不明显的，要具体分析，精心区别"，具体而言，衡量行为人的行为是否属于强奸罪中的"暴力、胁迫或其他手段",应看行为是否使妇女"不能抗拒、不敢抗拒、不知抗拒",其实也就是看女方是否有过合理反抗,只是合理反抗的具体标准,司法解释没有规定。

(3)"不等于不"标准。这种标准肯定被害人语言的拒绝是对性行为的不同意,因此只要被害人对性行为说不,那么就要认为存在不同意。

(4)肯定性同意标准。这是一种最激进的客观规则,它完全从女性的角度出发,认为除非性行为得到被害人肯定性的同意,否则就要认为被害人不同意性行为的发生。

总体上说,在世界范围内,有关不同意问题的判断标准,主要存在下列问题:是按照被害人的主观感受还是通过客观标准来判断不同意问题?如果采取客观标准,那是否必须借助被害人的反抗来确定不同意的存在?如果需要,那么对于反抗应当如何认定,语言上的拒绝和哭泣是否是一种合理反抗?

(一)主观标准或客观标准

不同意问题应当采取主观标准还是客观标准?

笔者倾向于以客观标准认定不同意。应该说明的是,采取主观标准的做法是非常具有吸引力的,它可以在法律中回避不同意这个棘手的问题,而留待司法具体问题具体分析。主观标准完全依据被害人的立场来评价她们的意志,似乎能充分保护她们的权利,比如当一位女性在面临男性朋友求欢表示时,没有丝毫包括语言在内的拒绝表现,而男方也没有粗暴的举动,女方在性交时甚至还假装达到了高潮,在绝大多数人看来,该女性同意了性行为的发生,但是如果女方是出于害怕而没有拒绝,这是同意还是不同意呢?根据被害人的主观心态，显然这是不同意。然而，正如在对Olugboja裁决的批评意见所说的，这种做法将导致法律稳定性和确定性的丧失，相同的案件可能在不同的法院受到不同的对待，不仅对行为人不公，也可能对被害人不公。

对于被害人的主观感受，行为人很有可能出现认识错误。如果完全否认这种认识错误的存在，显然对行为人不公平。但是如果考虑这种认识错误的话，在缺乏法律约束的情况下，难免会有部分司法人员对被告人过于仁慈，而对这种辩护理由不加考虑地全盘接受。[68]然而，在性侵犯罪中这种辩解又是最普遍的，因而主观标准很可能在实践中又会与保护性自治权的初衷相背。

在笔者看来，法律要保护性自治权，但绝不能以完全牺牲被告人的利益来达到这一目标，法律应该兼顾双方当事人的利益。因此，法律应当在合法与非法的性行为间划出一个尽可能清楚的界限，给公民提供合理的警告，也为司法部门提供解决疑难问题的客观标准。所以，法律应当规定不同意存在的各种外在表现形式，其中最主要的就是行为人采取严重危及人身安全的暴力、威胁等强制手段以及被害人由于某种原因而没有同意能力的情况。至于强制手段不明显的情况，同意是否无效（不同意）这个问题则比较复杂。行为人的过度行为导致了同意无效，这种过度行为的强制性只能根据被害人的反应才能得到确认，也即被害人能否反抗，是否反抗？反抗的程度，不能由司法部门任意裁判，而必须有一个可以依据的客观标准。必须承认，这种做法很可能会造成少数女性的性自治权得不到刑法的有效保护，但是它却可能充分保护被告人不受冤枉。应当认识到：司法资源是有限的，刑法是社会防卫的最后防线，刑法不可能对所有侵犯性自治权的行为都进行打击，它只能惩罚那些最严重行为。而主观标准显然不能实现这些目标，因此，客观标准就成了一个最不坏的选择。

（二）反抗规则

既然在不同意问题上采取客观标准是一种不错的做法，那么首先要考虑的就是能否根据被害人的反抗来认定不同意。从上文关于各国在不同意问题上的立法和司法实践，可以看出对待被害人的反抗无非两种态度：一种是完全不考虑被害人的反抗，通过强制手段代替对不同意问题的考察，只要存在强制手段则成立强奸，而无须考虑被害人是否反抗，被害人的同意也不是辩护理由，其突出代表是密歇根州。但是，这种做法并不可取。强制手段只是不同意的一种外在表现形式，它并不能完全代替被害人的不同意。另外，在被害人同意被告使用暴力强制手段的情况下，对此行为认定为性侵犯，显然过分干涉了公民的私人生活，不正当地侵犯了人们在性上的积极自由。另一种是既考虑行为人的强制手段又考虑被害人的反抗。采取这种做法的有诸多变种，但笔者大致赞同《模范刑法典》对于反抗问题的态度。《模范刑法典》不回避反抗问题，它基本上是通过行为强制程度的不同来表明被害人反抗的作用。当行为人的行为具有严重的强制性或者被害人本身缺乏同意能力，那么就无须考虑反抗问题，因为要求被害人反抗是不现实的，而且也会增加她们受到严重伤害的可能性。但是在强制手段不明显的情况下，被害人的反抗对于认定行为的强制性则至关重要，如果被害人的反抗没有达到一定的客观标准，那么就不能认为她对性行为是不同意的。

1. 有关反抗规则的批评

在正式讨论反抗规则之前，笔者想总结一下对反抗规则的批评。这些批评主要集中于以下四点。

其一，反抗规则对于女性不公平，它使得性侵犯罪受到了独特地对待。在其他犯罪中，同意也是辩护理由之一，但是却并不需要被害人的反抗来表明她的不同意，唯独在性侵犯罪中，需要反抗来证明被害人的不同意，这显然是歧视女性，也不足以保护女性的性自治权。[69]女权主义者进而指出，反抗规则是男权主义时代的残余。很长一段时间以来，性侵犯都是针对被害人丈夫或父亲的犯罪，法律并不是为了保护被害人自己，要求女性反抗就是男权主义在现代社会的残余。根据这种观点，法律从表面上看是为了保护女性的，而实际上是服务于男性的利益，[70]反抗规则是为了保护那些受人尊敬的男性的利益（比如说法官），法律害怕男性会受到错误的强奸指控，并且试图确保这些受人尊敬的男性具有攫取女性性利益的特权。因此，为男性所控制的立法和司法体系创造了这个概念以确保通常的有侵略性的男性实施的性行为并非是犯罪，而只惩罚那些陌生人间的性侵犯。[71]

其二，要求女性反抗，将使得审判的重点从被告人的行为转向被害人行为，因此法院会考虑大量与案件没有关系的情况，比如说女性的品行、性史，这将使得女性在法庭中受到第二次伤害，将无助于报案率的提高。[72]

其三，要求女性反抗还会增加女性受到严重伤害的可能性。[73]

其四，反抗规则不符合当前的法律实际。这种理论对反抗规则的历史进行了回顾，指出在过去之所以要求被害人反抗，是因为通奸和乱伦是犯罪。因此，主张被强奸的女性并不仅仅是控告男性强奸，也是在为自己潜在的犯罪行为提出辩护理由，也就是说，她试图证明她是基于强迫而实施通奸和乱伦行为的，因此反抗规则也就是一种评价这种辩护理由是否可信的严格标准，而这种目的在今天显然是失效了，因为通奸和乱伦已很少被认为是犯罪。另外，还有些学者指出，在历史上，反抗规则的出现是因为那时强奸罪的刑罚很重，往往要处以极刑，因此必须有严格的标准防止被告人被冤枉，而当前的刑罚更为灵活轻缓，因此采用反抗规则不合时宜。[74]

对于这些指责，笔者准备分别进行辩驳。在辩驳之前，笔者想再次重申讨论的前提：反抗是以被害人可以反抗为前提的，因此当行为人使用的手段具有严重的强制性以及当被害人由于身体、年龄等原因而缺乏反抗能力，显然是不需要考虑被害人是否反抗的。只有在行为人所使用的强制手段不明显，被害人也是正常的成年人才可能需要考虑被害人的反抗。只有借助被害人的反抗，才能衡量行为的过度性。其次，此处所说的"可以反抗"，不能完全从被害人主观感受进行判断，而应该有一定的客观标准，否则无异于取消反抗规则，无助于对司法权力的有效约束。

在这个前提下，笔者试图证明，上述的四点指责或多或少存有偏颇。

第一，性侵犯当然是一种独特的犯罪，无论是否采取性别中立主义的立法，它都无法改变性侵犯主要是男性针对女性的犯罪，因此必须平衡处于法律对立面男女双方当事人的利益。反抗规则并非在任何场合下都要求女性反抗，它仅仅是当强制不明显，行为人行为合法与非法的界限模糊不清的情况下才考虑被害人的反抗。在其他犯罪中，虽然被害人的同意也是辩护理由之一，但是它不像性侵犯罪那样，被害人的不同意是犯罪的本质特征，因此性行为得到被害人的同意也就成为被告人最经常使用辩护理由。所以，对于不同意这个最关键的问题，必须有一系列的规则来指导法官，而在其他犯罪中则没有这种必要。其次，由于性侵犯罪主要涉及男女双方当事人，因此要在被害人的性自治权和保障被告人的权利的两极中寻求平衡，不能为了保护性自治权而完全牺牲被告人的利益。在任何犯罪中，都要坚持疑罪从无的原则，如果没有超出合理怀疑的证据表明犯罪的存在，那么被告人在法律上就是无罪的，这是刑事司法的一个基本理念。在性侵犯罪中当然也要坚持这个原则，当行为人所使用的强制手段并不明显，法律要求被害人通过反抗来表明自己的不同意，就是害怕会出现冤枉无辜的情况。如果说法律对女性不公，存在男权主义的偏见，那也是因为在刑事司法中必须服膺于对存疑案件作有利于被告人推定的铁律，这一铁律并不因被害人的性别而有所不同。

第二，适用反抗规则的前提是行为人强制手段不明显，因此考虑被害人的反抗并不会使得审判的重点从被告人的行为转向被害人行为。当行为人使用了严重的强制手段或者当被害人由于年龄、身体原因无法反抗，显然不需要考虑被害人是否反抗的。有些人认为，在性侵犯罪中主要应该考虑行为人的行为，而不能考虑被害人的行为。因为刑法规范的是行为人的行为而非被害人的行为，不能因为被害人的行为而影响行为人的罪责。然而，正如我们在上文所指出的，这种说法并不完全恰当。在性侵犯罪中，当行为人使用的手段并不具有明显的强制性，只有依据被害人的反应才能正确评价行为人的主观心态，反映出行为人的人格。被害人的反抗可以给行为人提供一个明显的警告，让他注意到其行为已经过界。其次，在强制不明显的情况下，考虑被害人的反抗也并不能否认法律主要关注的仍是行为人的行为。因为反抗和强制手段是一个问题的两个方面,被害人的反抗与行为人的强制手段密不可分。当强制手段并不明显,被害人也是健康的成年人时,那么只能通过被害人的反应才能表明行为人手段的过度性。再次,不同意是性侵犯罪的本质特征,即使不考虑被害人的反抗,司法机关也要通过其他方法判断被害人的不同意是否存在。最后,性侵犯罪涉及男女两性,因此必须平衡双方当事人的利益,决不能为了保护一方当事人而彻底牺牲另一方当事人的利益。所以司法机关对被害人的语言和行为进行审查,这并非是对女性的偏见,因为在任何犯罪中,司法机关都需要对被害人举止进行考察。当然,如果法院考虑大量与案件没有关系的情况,比如说被害人的品行、性史,那的确会使得女性在法庭中受到第二次伤害,无助于报案率的提高。但是这个风险是可以避免的,法律可以做出一般性的规定防止被害人受到不合理刁难,比如排除被害人性史证据的可采性。事实上,如果缺乏这种规定,即使废除反抗规则,被害人也不可避免地会受到法庭或者辩护律师对其品行和性史的询问。因此,二次伤害问题与是否考虑被害人反抗并没有直接关系。它是在性侵犯罪审理中普遍存在的问题,需要通过其他方法进行解决。

第三,至于反抗可能造成被害人受到更大的伤害的观点,乍一看,似乎很有说服力。但是有关反抗与伤害具有正相关性的结论一般都发生在陌生人所实施的性侵犯中。即使我们不考虑相反的调查结论——认为在陌生人的性侵犯中,反抗也不比不反抗更危险[75]——单就正相关性的说法,我们也能发现,在陌生人所实施的性侵犯中,其实反抗问题一般是无须考虑的,因为被害人的不同意很容易推断出来。在这种情况下,行为人所使用的手段一般都具有严重强制性,反抗可能导致被害人受到更大的伤害。事实上,这正好属于笔者所说的无须反抗的情况。当然,我承认在极其偶然的情况下,陌生人也可能通过不明显的强制手段达到和被害人发生性交的目的,那么在这些情况下是否需要被害人反抗呢?比如在电梯中,只有行为人和被害人,双方并不相识,男方试图和女方发生性行为,女方始终没有反抗,因为害怕在孤立无援的情况下反抗会受到更大的伤害。[76] 这种情况当然也符合我们所说的反抗规则。在强制不明显的情况下,被害人应该反抗,这种反抗应该达到一定的客观标准,或者是一般人标准,或者是合理的女性标准。无论根据那种标准,面对陌生人的性要求,女性由于害怕而不敢反抗都是人类的正常举动。因而在陌生人所实施的性侵犯案件中,根本无须考虑被害人的反抗。所谓反抗与伤害的正相关性的结论无论对错,都并不能推翻反抗规则。

问题在于大多数性侵犯发生在熟人之间,[77] 如果他们所使用的强制手段并不明显,那么就必须考虑被害人的反抗。在日常交往中,比如说约会,面对男性的性要求,如果女性不加反抗,那么她对性行为的"不同意"很难为男方所知道,因此事后她对男方犯罪的控诉也很难让人信服。对于熟人的求爱举动,如果女方并不愿意,那么她们大多会选择反抗,反抗本身也往往可以打消男方继续侵犯的念头。[78] 在熟人性侵犯中,几乎半数以上的被害人不会害怕对方要伤害她们。因为她们清楚地了解对方,认为他们不会伤害自己。[79] 另外,还有学者指出,在反抗和伤害的相关性问题上,并非像多数人理解的那样,是因为反抗增加了行为人报复的可能性。事实的真相是因为行为人的暴力行为导致被害人的身体反抗。如果这个结论——暴力引起了反抗,而非反抗引起了暴力——是正确的,那么即使在陌生人实施的性侵犯中，反抗也并不一定会增加伤害的可能性。[80] 所以，在大多数案件中，反抗导致更为严重伤害的结论并不能令人信服。

第四，至于历史主义的观点，即使是合理的，也不能作为取消反抗规则的论据。一项法律制度可能存在多年，而其目的可能经常变化，相同的规定完全可以服务于不同的目的。正如古代对性侵犯的禁止是为了维护男性的财产权利，而在今天，法律的目的则在于捍卫人的性自治权，显然不能因为法律目的的变迁，而认为对性侵犯罪处罚是不合理的。因此，反抗规则在过去也许是作为豁免被害人通奸、乱伦罪责的辩护理由而存在的，但在今天完全可以用来衡量被害人对性行为的态度。另外，当前刑罚的灵活轻缓化的趋势也不能作为取消反抗规则的理由。无论刑罚的惩罚力度有何不同，它都是对犯罪行为的一种最严厉的否定评价，不能因为惩罚的轻微而对人任意治罪。

还想说明的是，虽然在法律中一般不会出现陌生人性侵犯和熟人性侵犯的区分，但是在我们考虑反抗规则作用时，可以引入这种分类。这是因为，性侵犯罪的独特之处就在于它大多数发生在熟人之间，这与人们的惯常思维恰恰相反。一般说来，陌生人实施的性侵犯都会采取暴力或暴力威胁的强制性手段，因此很容易对不同意问题进行回答。但在熟人性侵犯中，尤其是当行为人使用的强制手段不明显，其中的不同意问题则非常麻烦。为了有效地约束和指导司法，必须有一个可以操作的客观检验标准。为此，在这种情况下，应当要求被害人以一定程度的反抗来表明自己的态度，也许这不是解决不同意问题的最佳办法，但至少是一种最不坏的办法。事实上，许多发生在熟人之间的犯罪，如果行为人没有使用严重的强制手段，在认定行为人主观心态的时候，一般都要考虑被害人的反抗，比如说侵犯财产类犯罪：一人当着你的面把财产拿走，如果双方当事人素不相识，取财行为本身就能够推定行为人的主观恶意。但如果此事发生在熟人之间，若行为人也没有采用暴力或暴力威胁手段，那么行为人以对方并未表示拒绝为由提出辩护，则并非不合情理，一个当着熟人面把财产取走，却没有遇到任何阻拦，很难说财产所有者对取财行为持不同意的态度。

2．反抗规则的优点

大体说来，在强制手段不明显的情况下，以被害人的反抗来衡量过度行为的强制性，具有如下好处。

（1）确证功能

和强制手段一样，反抗可以确证被害人不同意的存在，并且表明行为人具有可责的主观心态。当然，这里所说的确证并非是证据法上的确证规则，而是在实体法中约束法官自由裁量权的一种实体规则。

性侵犯是一种在被害人不同意的情况下发生的性行为，对于被害人的不同意，行为人必须有一定的主观认识或认识的可能性。如果行为人使用了危急人身安全的暴力、威胁等强制手段或者被害人由于年龄、身体等原因缺乏同意能力，那么这些客观事实本身就能够推定被害人对性行为的不同意。但是当行为人所使用的强制手段不明显，被害人也是正常的成年人，那么如何区别合法与非法的性行为则十分复杂。性侵犯是一种非常独特的犯罪，在这种犯罪中，犯罪者所实施的暴力行为在其他场合下可能是被害人所欲的，因此，有必要在犯罪行为和亲昵行为中划出界限。然而这种界限的划定是非常困难，因为在性行为发生时，除了当事人双方，一般没有其他证人，而且当事人的情感也会随着时间而改变。由于行为人和被害人的主观心态很难判断，因此必须通过他们所表现出来的客观行为才能予以确定：当行为人使用的手段具有严重的强制性，行为本身就能推定被害人的不同意，以及行为人对这种不同意的主观心态；而当强制手段不明显时，从行为本身很难推断行为人有这种主观认识，那么也就只有借助被害人的反应，才能确证行为人了解或应当了解对方的态度，被害人也只有通过一定的客观表现，才能让司法机关对她的控诉表示信服，否则，在强制不明显的情况下，就很难将强制行为与正常的性行为区别开来。比如当行为人把被害人按倒在地，然后发生了性行为，而"按倒"很可能是正常的性行为中所伴随的一种举动。单从"按倒"本身，司法机关无从确知行为人具有对不同意的主观心态，也不能断定被害人的不同意客观存在。因此，"按倒"是否具有强制性就完全依赖于被害人的反抗。当然，反抗是以能够反抗为前提的，当"按倒"伴随着严重危及人身安全的暴力或威胁时，则无须考虑反抗，因为暴力或威胁表明了行为的强制性和行为人主观上的可谴责性。而当"按倒"并非严重强制手段所伴随的，比如男方威胁说，如果不和他发生关系就分手，随后把女方"按倒"在地发生了性行为，那么这里的"按倒"是强制手段吗？显然，判断的关键只能根据女方的反应，如果女方反抗了，那么"按倒"也就具有了强制性，否则，它就只是性行为中的正常举动。女方的反抗可以让行为人知道对方态度，如果他仍执意冒犯，那么其行为就越过了法律的边界而要受到惩罚。因此，在强制不明显的情况下，由于当事人主观心态的含糊性，事实认定上的复杂性，必须诉诸被害人的反抗，才能尽可能地避免发生错误判决。

在其他犯罪中，为了解决行为人主观心态的含糊性，法律中也可能会出现类似的确证规定。比如在侵占罪中，为了表明行为人具有非法占有的犯罪心态，行为人必须有"拒不退还"的情节。[81] 行为人拥有某人的财产本身并非犯罪，而只有当"拒不退还"时，才能表明他具有非法占有的主观心态，从而这种财产的拥有状态才具备违法性。在非法侵入他人住宅罪中，只有当被害人要求行为人离开，行为人的滞留行为才可以表明他具有侵入他人住宅的犯罪故意。又比如最高人民法院、最高人民检察院1992年对传播性病罪的"明知"的解释中，也认为如果行为人曾到医院就医，被诊断为患有严重性病的，那么就可以推定他对自己患有性病存在明知。[82] 相似的还有刑法总则对于精神病的规定，它对于行为人责任能力的考察既要求从心理上看他是否缺乏意志能力或控制能力，又要从医学上加以确证，也即有关机关的法定鉴定。

实体法上的确证规定主要是为了防止司法部门自由裁量而可能造成的不公正。在强制不明显的情况下，借助反抗规则可以减少性侵犯案件在事实认定上的困难。在涉及罪责成立的关键问题——被害人是否同意——我们不能完全由法院自由裁量，必须对法院的裁量权加以适当的约束和引导。为了公正地对待行为人，只有当他具备对不同意的主观心态，才能对他进行处罚。而在强制不明显的情况下，如果不考虑被害人是否反抗，那么就很难认定行为人的主观心态，因为这些强制行为与正常的性行为并没有严格的界限，因此当他辩称自己不知对方不同意，那看起来就总是合情合理的。[83]

（2）平等对待的功能

相似的罪行应当受到相似的对待，这是刑法面前人人平等原则在司法适用上的体现。在强制手段不明显的性侵犯案件中,只有通过考虑被害人反抗才能确保相似的被告人受到平等的对待。[84] 如果不考虑被害人反抗,那么司法机关就势必要根据被害人的其他具体情况进行个案分析,这也就是我们上文所说的主观标准。而这种做法赋予了法官太大的权力,在审理案件的过程中,他们往往会考虑大量与案件没有直接关系的要素,比如双方以往的交往状况、双方的职业、地位、受教育状况等,那么很有可能相似的被告人在不同的司法区域会因为法官的立场不同(甚至由于某种偏见)而获得不同的司法待遇。笔者并不否定法官必须拥有一定的自由裁量权,但是这种权力不能太大,尤其是像不同意这种含糊不清但却至关重要的关键问题,法律必须有一个起码的客观标准来对法官进行必要的约束。因而,只有在法律中规定,对不同意问题应该在客观上考虑被害人是否反抗,才能对法官的自由裁量权做必要的约束,从而使得相似的被告人获得平等的对待。

(3)筛选功能

性侵犯罪属于严重的犯罪,严重的刑罚只能施加于那些严重侵犯性自治权的行为,否则就是一种刑罚资源的浪费。刑罚是有代价的,它不能没有节制,刑法的补充性、谦抑性都要求刑罚只能惩罚那些最值得惩罚的行为。在强制不明显的案件中,要求被害人反抗就是因为刑罚并不试图打击所有不当的性行为,它只是对其中最严重的侵犯行为进行打击。在这些案件中,行为人所使用的手段本身并无严重的社会危害性,行为人的人身危险性也不明显,只有当被害人进行反抗才使这些行为具有了危害性,也让行为人具有了可谴责的主观认识。如果被害人没有反抗,行为人将很难认识到其行为的危害性,也缺乏人身危险性,因而没有惩罚的必要。当然,要求被害人反抗确实会造成部分女性的性自治权得不到刑罚的充分保护,但是刑罚并非保护性自治权的唯一工具,对于其他并不严重的侵犯行为,私下协商、民事手段、行政处理都可以用来保护性自治权,而没有必要动辄上升为刑事问题。

(4)界限功能

人们有必要知道合法和不合法行为的界限,对于严重犯罪尤应如此。当行为人使用了严重的强制手段,行为本身就为性侵犯罪和正常的性行为划出了界限。而当强制行为不明显时,如何让行为人知道其行为的过度性,他所冒的风险是否为社会所允许?一个很好的办法就是借助被害人的反抗。被害人的反抗是一种给行为人的警告,告诉他行为具有了强制性,应当立即停止不当行为,否则就可能要受到法律的制裁。在法律的分析中,一个人或者同意或者不同意,模棱两可不是法律上的概念。但是作为法律概念的不同意却并非主观意志的同义词,主观意志经常是意义含糊的,人们可能在某种意义上想要一些东西,但是在另一种意义上却不想要。比如,女友对于性交的同意,很可能是因为想与男友保持他们的关系,或者为了避免争吵,甚至是厌倦了重复拒绝而带来的麻烦,虽然她在内心深处并不情愿。面对性行为,人类经常会有一些矛盾的感觉,肯定性的和否定性的情感会混杂在一起,犹豫不决、突然决定、改变心态都非常普遍,甚至在决定发生关系时,人的感情也可能是冲突的,它可能伴随着冲动、悔恨等种种矛盾情绪。[05]因此,纯粹把不同意看成是对被害人主观意志的描述(主观标准),显然是过于简单化了,它并没有充分考虑被害人情感的复杂性和变动性。

纯粹从主观上捉摸被害人意志是徒劳无功的,因此必须有一定的外在标准来使不同意这个法律概念摆脱心理学上无穷不尽的纠缠。被害人的反抗就是这样一个客观标准，它可以让不同意具有法律上规范性，而不再是那种无法捉摸的玄学标准。这种外在标准可以让行为人知道自己的行为何时以及为何逾越了界限。在性侵犯案件中，被告人的主观心态通常有三种可能：一种是有意识想要去强迫对方；另一种则有意地避免强迫；而在大多数熟人性侵犯案中——绝大多数性侵犯案件往往发生在熟人之间——行为人的主观心态则界于有意无意之间，他们追求被害人，对于被害人是否同意并未深思熟虑，当被害人反抗，他们中有的会继续不当行为，从而构成犯罪，而有的则会放弃。

在其他法律中，对于同意与否的问题，法律也经常采取类似做法，需要借助一定的外在标准来确定当事人的真实意志。只有当具备这些外在标准，当事人的意志才具有了法律上的意义，也即法律上的同意或不同意。比如在赠与合同中，只有赠与人交付了标的物才是赠与的真实意思表现，交付这种外在标准确保了当事人对赠与是真实的。而在交付之前，无论赠与人如何向受赠人许诺，这种意思表示的真实性也值得怀疑，因而并非法律上的同意。[86]

3．可供选择的其他客观标准

在强制手段不明显的情况下，判断健康的成年人对于性行为是否同意应当依据一定的客观标准，反抗规则就是这样一种客观标准。然而问题在于，是否还存在其他客观标准更能平衡两性的利益，并在最大限度上捍卫个体的性自治权呢？

在世界范围内，除了用强制手段完全代替不同意问题的办法外，那么有关不同意问题的客观认定标准就主要还有"不等于不"标准和肯定性同意标准，兹分述于下。

（1）"不等于不"标准

"不等于不"标准认为，个体语言上的拒绝是对性行为的不同意，法律应该抛弃"不等于是"这种男权主义的哲学，赋予女性说不的权利。[87]

"不等于不"标准其实是对行为人施加的一种特殊义务，要求行为人尊重对方语言上拒绝权。如果行为人没有履行这种义务，比如错误地认为被害人语言上的拒绝是半推半就，那么他必须为这种错误认识付出代价。主张"不等于不"标准的学者认为：有些男人对性行为有不同理解，他们对特定情境的理解与女性不同。他们认可了"在性行为中，男性积极女性消极的观点"，因此认为"不等于是"。然而，如果在审判中采纳这种男性的观点，那会对女性造成严重的伤害，并将极大地妨碍保护性自治权这一目标的实现。因此有必要在法律上施加要求行为人理性行为的义务。如果违背这种义务，行为人就要受到处罚。行为人应当把对方视为有理性的人，在进行性行为之前，应当有义务睁开自己的眼睛和使用自己的大脑，不要试图读懂对方的心，而是要给她说出自己意愿的权利。和一个没有意图表示的人发生性行为完全是把对方当成了客体，如果还无视对方语言上的拒绝，那行为人显然是在已有的伤害上又添侮蔑。这种非人性的行为加深了对对方人格和自治权的否定，因此必须承担刑事责任。[88]

"不等于不"标准主要是一种学术理想，在司法实践中运用的十分有限。这是因为性本身就是一个充满矛盾和争议的问题，不同的人对于性行为有不同的态度和反应。长期以来，各国的文化似乎都默认了性行为中男性主动女性被动的观点。因此，对于"不等于不"标准，存在激烈争论也就可想而知。

99

在20世纪五六十年代，普通法国家主流的观点认为：女性并不知道自己想要什么，她们也不理解她所说的。她们往往把身体反抗作为一种性刺激而且感到很享受。作为性伴侣，她们的心态是矛盾的，她们不知道自己想要什么，她们的语言并不能真正代表自己的意思，在她们渴望性交的时候她们会说不要，她们往往会在事发后撒谎诬告男方。因此对于那些认为女性"说不其实就是想要"的男性而言，惩罚他们是不公正的。

《斯坦福法律评论》的一篇文章认为：对于一位很想性交的女性而言，传统上她们可能会说"不不不"，然而她的真实想法是"要要要"，并会期待男性成为一个攻击者。在强奸案中，确定女性是否真的不愿意总是一件很难的事情，女性的态度是矛盾的……她经常会面对三难选择，故作正经、挑逗或安逸地躺下。而且，女性可能不会排斥男性残忍的性格，并认为这对她有吸引力。为了解决不同意问题，女性必须反抗，这种反抗的标准必须足以保证反抗是真实的，当然这种标准不能太高而出现死亡或严重身体伤害的结果，否则，忽视女性语言表示的代价就太高了。总之，必须通过反抗表现出某种确定性，即女方的态度不是矛盾的或无意识地顺从以及她的控诉不是来自道学的事后控诉。[89]

《耶鲁法律评论》的一篇被广泛引用的文章指出：甚至正常的女性在面临性的时候也会疑惑和矛盾。她的行为并不总是她真实意图的反应，事实上，当女方对身体反抗很享受的时候，她可能表现出反抗……当她的行为看起来像反抗的时候，然而她的态度则是同意的，那么女方随后对男方的指控可能就会出现不公正。许多妇女，都把男性的侵略性的行为看成爱情戏剧的一个前奏。经常要通过伴随着身体上的奋争，她们的性欲才能得到强化和满足。在性行为中,轻微的咬人是很平常的,虽然这也是一种伤害攻击,而这种伤害却能够支持随后的指控……如果女性对性矛盾,那么惩罚那些并未完全违背妇女意愿的男性是不公平的……当这种矛盾的心情存在的时候,女方会有抓打、逃离或象征性的哭泣,而这些却成了司法机关认定女方不同意的证据。这显然对男性不公,因为他并没有违背女性明确表达出来的意愿。[90]

根据这种观点,对于性行为女性根本就不具有正常的理性,她们事实上并不知道自己想要什么,或者不理解自己所说的,至少当她们说"不"的时候,更是如此。因此,女性必须表现出足够的身体反抗才能表明自己的不同意,只有通过身体反抗才能表明女性能够合理地理解自己的行为。虽然男性可以忽视女性的言语,但是足够的身体反抗却明确表明了她的不同意,于是男方的行为也就越过了界限。根据这种逻辑,在普通法国家,法官最初认为女性必须反抗到死以捍卫她的贞洁,否则就无法让男性知道其行为不当。但是后来,最大限度的反抗标准逐渐为合理反抗标准所取代。法官逐渐认识到,贞洁诚可贵,生命价更高,合理的反抗标准可以避免女性牺牲自己的生命或重大的身体健康去防止性侵害。但是,对于很多法院而言,说不或者哭泣这种消极的反抗,仍然不能被认为是合理的反抗,在法律上也就不足以表明女性的不同意。

对于象征性反抗,虽然实证上调查不完全一致,但总体上,各种调查都显示,尽管性风俗有变化,但有些女性仍然不愿意对性行为表现的过于随便,因此象征性反抗这种现象是存在。[91]美国学者Muehlenhard和Hollabaugh在1988年做过一项调查,他们让受访者想象这样一个情景:当一位男性想和你发生性关系,而你也有此意。但由于某种原因你表现出不想和他发生关系,虽然事实上你是愿意的。也就是说，你说"不"而实际却意味着"是"。有610名女性完成了调查问卷。调查报告显示：其中32.5%的人有过一次象征性反抗；45.6%的人有过2—5次象征性反抗；11.2%的人有6—10次象征性反抗；7.8%的人有11—20次象征性反抗；2.9%有过20次以上的象征性反抗。在所有受访的女性中，85.2%的人说自己在确实不想发生关系时会说"不"；68.5%的人说自己在矛盾时会说"不"。而在有过性经验的女性中，60.8%的人有过象征性反抗，在没有性经验的女性中，只有11.9%的人有过类似行为。最后的研究结果指出，有39.3%的女性，其中大部分是有性经验的，有时当事实上她需要性时会假装她不想要，其中四分之三的女性至少有过5次象征性反抗。[92] 其他的研究也得出了相似的结论。[93] 研究表明，造成女性象征性反抗的原因主要有三种：其一是出于对某种禁忌的担心（inhibition-related reasons），比如说感情上、宗教上或道德上的担心；其二是女方自己可控制的原因（manipulative reasons），比如说出于游戏的态度，或者对伴侣恼火，或者为了控制对方等原因；其三是对某种后果的担心（practical reasons），比如害怕说同意会表现的像个荡妇，又如对于对方感情的不确定，再如害怕会被传播上某种疾病。[94]

象征性反抗现象的客观存在再次说明了不同意是一个非常复杂的问题。笔者不禁有甩开这个概念的冲动，就如密歇根州那样，闭口不谈反抗问题，不再理会不同意问题。完全根据行为人的行为来厘定性侵犯罪的构成要件不啻是一个美好的愿望，只要行为人的行为符合法定构成要件，那么这种行为就具有过度性，而在司法中完全无须考虑不同意问题，这该有多好啊。

然而，正如笔者在上文所批评的，这种做法实是饮鸩止渴，它将动摇性侵犯罪存在的根基。性侵犯罪的本质特征是不同意问题，无论它多么复杂，我们也绝对不能逃避。希望根据行为人的行为来界定刑罚界限的想法，不是像大陆法系那样：法条上避而不谈不同意问题，但在司法中却仍然与不同意问题藕断丝连；就是像密歇根州那样，完全打断不同意与行为人行为的联系，把性侵犯罪看成一种暴力犯罪。这虽然有利于处罚暴力强制类的犯罪，但其成本显然是忽略了大量没有身体强制，但却仍然侵犯个体性自治权的犯罪。更何况，它还完全排除了得被害人同意这一在绝大多数犯罪（即使是在暴力强制类的故意伤害罪）中都存在的辩护理由，从而与整个刑法理论不相匹配。或者我们还有一个绝招，那就是具体规定性行为的各种步骤，扩大对暴力强制的理解，甚至把性交本身看成一种强制，而这显然更不恰当，因为现代社会要求法律不要过多的干涉私人生活，法律要确保人类在一定的私人领域内的自由，更何况是性行为这种人类最私密的行为。如果性行为也任由刑法说三道四，那么人类就会失去起码的尊严和自由。笔者不反对法律对使用枪支、武器等暴力手段或暴力威胁甚至通过欺诈等方式攫取性利益的行为进行禁止，对这些行为，由于行为本身具有过度性，因而一般可以推定被害人的同意是无效的，但是对于性行为本身所伴随的咬人、鞭打或者拉扯等行为，如果不考虑被害人是否同意而一律禁止，则显然不太妥当。[95]

总之，不同意这个核心问题是无论如何也不能回避的。因此，"不等于不"标准所引起的争论正好可以深化我们对于不同意问题的理解。严格说来，"不等于不"标准和反抗规则并不存在根本性的矛盾，因为语言上的拒绝或哭泣这些消极的反抗也是一种反抗。然而，由于象征性反抗情况的存在，因此"不等于不"标准所面临的最大问题就在于,它是否是一种合理的反抗?如果可以把它视为一种合理的反抗,那么采用"不等于不"标准不仅没有推翻反抗规则,反而使得该规则得以升华。

消极的反抗是否是一种合理的反抗呢?它能否合理地表明个体的真实意愿?要回答这些问题,我们必须从两个方面来进行讨论。

第一,"不等于不"标准可以给行为人提供一个合理的警告,告诉他们自己行为过界了。它也可厘定可以接受的诱惑行为和被禁止的侵犯行为的界限。笔者不否认确实存在一些男性,他们真诚地相信在性行为中,男性应该积极主动,女性语言上的拒绝、哭泣甚至身体上的反抗都只是一种假象,是为了掩盖自己急于求欢的真实意愿,那么这种认识错误能否定行为人的罪责呢?严格说来,这属于下文所要讨论的罪过问题。[96] 此处,笔者还想从另一个角度对这种认识错误进行说明。我们知道,在评价行为人的行为时,行为人的动机或曰其潜意识的意愿在定性上是没有太大价值的。动机并不影响犯罪行为的成立,最多只在量刑上有一定的意义。基于满足女方性欲的错误动机而强奸他人同样也是强奸。在评价行为人的行为时,被害人做出某种行为的动机或潜意识就更非法律要考虑的对象。法律所关心的是行为而非导致行为形成的意识流。即使像一些男性所认为的,某些女性可能幻想着被人性侵,但这种潜意识的活动对于犯罪的成立没有任何意义。只要她在语言上对性行为表示拒绝,那么这种语言上的表示就要获得法律的尊重,因为这是一个正常人的理性表示。至于这种理性的表示出于何种动机,被害人的内心过程有过如何复杂的矛盾冲突,法律都不应该理会。无论男人还是女人都会有一些幻想,其中不乏一些邪恶可怕的幻想,但只要这种幻想没有付诸实践,那么它在法律上就没有意义。男人的性梦并不代表男人的性现实，女孩的性幻想也不等于她们真正的愿望。尽管有些男性日复一日地幻想女性希望被性侵，但只要他没有将其幻想转化为实际行为，那么这种想法就不具有可谴责性。然而，当他无视女性语言上的拒绝，在自己错误动机的支配下，用行动来实践自己的幻想，那显然要接受法律的制裁。同样，对于女性而言，即使她们曾经幻想被人性侵，但只要在客观上她们没有将这种想法表露出来，那么他们客观上的拒绝就要获得法律的尊重。

我们不能以男性的幻想和偏见来要求女性，即使所有的男性都认为女性的消极反抗只是装模作样，这种错误认识也不能为法律所纵容。虽然法律不能激进地改变社会习俗，但是法律至少要在最低限度上推进男女平等的理念，实践对基本人权的保障。法律应当倡导男性对女性的尊重，不要把女性视为纯粹泄欲的工具，要把她们看成有理性有尊严的人。要求行为人尊重对方语言上的反抗权并非是对男性施加过多的义务，如果法律的本意真是为了保护女性的性自治权，那么没有理由认为：为什么简单而清楚地说"不"不足以表示女方的不同意；如果认为妇女有性自治权，那么她应当知道自己想要什么和知道自己在说什么。妇女想要性的时刻会说"是"，不想要时会说"不"，这些语言上的表示应当被尊重。女性语言上的拒绝或者哭泣是一个明显的信号，告诫行为人要注意自己的行为有从诱奸变为强奸的危险，而在此时，行为人至少负有询问的义务。这对他来说是十分方便的，因为被害人就在他旁边，他没有理由仅凭自己的推断就看出对方的心思，而连问都不问。他应该确认自己的想法是否正确，而如果他连这么容易履行的义务都无暇顾及，那么他就必须为自己的错误付出代价，因为他的这种错误会对她人造成了足够大的伤害。因此，法律绝对不能按照"不等于是"的偏见来要求被害人，因为这会对被害人造成严重的伤害，法律应该让行为人谨慎行为，行为人的错误应当受到惩罚。任何人都不应该从自己不当行为中获益，否则就是对法律的污蔑，要求行为人尊重对方的语言并非过分要求，这不过是要求行为人在行为时遵守人类交往的一般规则。

第二，女性能否理解自己消极反抗的意义？笔者的观点是肯定的。从实证调查中，大部分（60.7%）女性从未有过象征性反抗。当然，我们承认象征性反抗客观存在，但是这并不能表明女性不能理解性行为。严格从心理学、精神分析学的角度出发，人类的许多行为的含义都是模糊不清的，有时甚至无法用理性来说明，然而在法律中，我们却会认为这些行为是人类在理性的思考下做出的。正如在合同缔结过程中，当事人一方由于缺衣少食，虽百般不愿但仍将祖上房产出卖，他在合同上签字在法律上就是对交易行为的同意，难道我们还需要从心理上去分析它的意愿吗？法律科学要求规范性，这也正是它区别于心理学等非规范科学的一个重要标志。在刑法学中，笔者赞同古典学派所倡导的意志自由理论，即行为人有选择的自由，他的犯罪是在意志自由的支配下实施的，从而对他施加惩罚是正当的。虽然从犯罪学的角度来思考，由于环境、遗传等各种因素，人有时是没有选择自由的。因此近代学派会反对意志自由理论，倡导决定论的观点。然而今天的刑法理论主要还是建立在意志自由理论基础上的。同样，从法学规范的角度，如果我们认为女性和男性一样都是有理性的生物，那么必然要承认她们能够理性地理解和控制自己的性行为。对于那些有过象征性反抗的女性而言，如果她们的真实愿望是同意与男方发生性关系，那么她们事后很少会去控告男方犯罪。然而，一直以来，司法部门对于性侵犯的被害人都表现出了一种深深的不信任,他们害怕女性撒谎、报复而使男性受到冤枉。虽然没有经验统计表明性侵犯罪的虚假报案率是最高的,但人们还是会担心,女方会诬告被告。许多人认为,性侵犯的报案率至少有50%是虚假的,很多性侵犯案件都是女性出于愤怒而报复,或者是担心未婚先孕受到社会歧视而对男性进行诬告。但是有相当比例的人认为这种担心是多余的。[97]性侵犯案高得离谱的虚假控告率鲜有实证资料予以支持。相反在美国却有研究表明,性侵犯罪的虚假报案率从来就被高估了,只有5%的强奸案是虚假的,而其他案件的虚假报案率则是2%,这并不比其他案件多多少。而且,如果使用女警察的话,则只有2%,最近的调查也支持2%的虚假报案率的结论。[98]

因此,笔者认同消极反抗也是一种合理的反抗。我们不能以男性的错误想法来要求女性;换句话说,即使所有的男性都认为女性不理解性行为的意义,我们也不能以这种所谓合理的男性标准来要求女性,而只能根据女性自身的理解来评价她的反应,而这就是一种合理的一般人标准,因为男女平等是法律追求的目标。即使再多的男性认可男尊女卑的社会现实,但是也不能说在就业、劳动、薪酬、升学等社会生活中对女性进行歧视就是正当合理的,合理的一般人标准要求男性平等地对待女性,在性行为中也不例外。既然在法律上我们认为女性能够理性地理解性行为,而且也没有足够的证据说明性侵犯案件的虚假报案率高于一般案件,因此象征性反抗的客观存在也并不能否认消极反抗是女性不同意的一种客观表现,至少对于那些报案的女性,情况更是如此。

然而,存在的另外一个问题是,如果被害人在说不之后又明显改变了意愿,比如女性在傍晚说不,但在深夜与男性发生了性行为,或者在性行为中，对男方的抚摩起初反对，但态度随后又发生改变，这些情况应如何处理呢？[99]苏珊认为，男性不应该试图改变女性的意图，因为重复性要求本身就具有强制性。她以警察审问犯罪嫌疑人的米兰达规则进行类比，认为根据米兰达规则，如果嫌疑人保持沉默，那么他的这种拒绝说话的权利要受到尊重，警察不应该试图去改变嫌疑人的心态，否则随后的坦白将被认为是非自愿的。[100]但是，苏珊的这种类比显然有点不伦不类，因为米兰达规则是在嫌疑人处于监管状态下实施的，而"不等于不"标准主要处理的是熟人犯罪，它一般发生在约会之后。大多数男女之间的约会行为显然与警察的审讯室的情境是不相同的。更何况，即使是嫌疑人也可以放弃自己沉默的权利。因此，我们不能否认女性有可能在拒绝后又改变自己的意愿，正如在民事交易中砍价还价就是一种不断进行拒绝——同意的博弈。在性行为中，女方的态度当然是可能改变的。当然这种改变不能因为男方的强制，这并不是女方的心态没有改变，而是这种强制下的同意在法律上是无效的。

被害人对于性行为的态度有可能改变，"不等于不"标准对此很难进行解释，这恰恰说明了它无法替代反抗规则。相反，反抗规则却可以在包容"不等于不"标准的同时对此现象加以很好的说明：根据反抗规则，通常不意味着不，如同身体反抗，语言上的拒绝可以清楚地对行为人警告，并在实体上确证不同意的存在。但是如果"说不"和性行为的发生之间还有一段时间差，那么在多数情况下，面对行为人的恳求，主张不同意者应当再次拒绝，或者通过语言或者通过身体形式。这不能被看成是让女性承担过多的法律义务。因为人类经常改变自己的主意，在拒绝之后，面对行为人的再次恳求，合理的反抗规则要求被害人重复自己的拒绝，而不能仅仅是保持沉默。行为人的这种纠缠行为十分粗鲁并令人生厌，但仅仅因此就把他送往监狱也许就过于苛刻了，除非他对于被害人的再三拒绝仍然强力为之。对于被害人而言，面对行为人的恳求，她们除了再次拒绝之外，最好的解决办法是选择离开（前提是有离开的可能），而没有必要将自己陷于危险的境地。

（2）肯定性同意标准

肯定性同意标准认为，在没有自由地、肯定性地表达同意的情况下，性行为就是非法的，这种规则更多的还是一种学术理想，在司法实践中的运用非常有限。

肯定性同意标准的优点是明显的，主要体现如下。

首先，它可以和其他法律相协调。根据肯定性同意标准，如果被害人没有通过语言或行为给予肯定性的同意，那么她的沉默在法律上就要看成是对性行为的拒绝，这显然与民事法律有关意思表示的原则相一致。在民事法律中，如果没有法律的特别规定，那么沉默就是一种拒绝的意思表示。因此，如果采纳肯定性同意标准，那么就可以实现民事法律和刑事法律在不同意问题上的协调一致。

其次，肯定性同意标准具有反抗规则所具有的确证功能、平等对待功能、界限功能：它可以确证不同意的存在，在未得到被害人肯定性同意的情况下，就应该推定被害人对性行为是不同意的；这种客观化的规则可以确保司法操作稳定性和统一性，从而保证被告人在审判时获得平等对待；另外它也对行为人提供了一个清楚的警告，为他们的行为划定了界限，如果缺乏被害人的肯定性同意，其求欢行为就是被法律所禁止的。

再次，这种规则与"不等于不"标准相比，更体现了对女性的尊重。它要求行为人应礼貌地尊重女性的意愿，如果她表示同意，无论是通过语言还是行为，那么他就可以继续。如果没有，那么他或者应该停止自己的不当行为或者应等待女方改变态度。根据这种规则，当女性在语言上表示拒绝（不等于不），显然也缺乏肯定性的同意，因此认为女性不同意性行为；在女性既没有表示出同意也没有表示出拒绝的情况下，也即对男性的性要求保持沉默，这也要认为她不同意发生性行为。

第四，它能很好地解决司法实践中的迷奸、偷奸案件，当男方利用女方的酒醉、昏迷或熟睡等状态攫取性利益，由于女方没有肯定性意思的表示，按照肯定性同意规则，这些行为都可视为犯罪。

最后，这种规则也可以避免"不等于不"标准无法解决被害人不能改变心态的困窘局面。

然而，与反抗规则和"不等于不"标准相比，肯定性同意标准很难获得社会风俗的支持。毋庸置疑，肯定性同意标准的提出反映了社会性观念的变化，它倡导一种更加开放的性观念：女性在想要性的时候，应该大胆地说出来，而不要犹抱琵琶半遮面。然而，这种性观念或多或少带有超前性。在当下中国，即使是夫妻，女性也很少和丈夫谈论自己的性愿望，公开谈论性事在道德层面上更是不被允许的。虽然中国的性风俗正逐渐从封闭走向开放，[101] 但是，多数人仍然认可对于性行为的"许做不许说"的原则。那些敢于公开言说自己性事之人不是被视为异端就是先锋，更不要说那些在性事中处于相对保守地位的女性了。因此，如果采纳肯定性同意标准，至少在很长一段时间会使得刑法与社会风俗严重抵触。

一般说来，刑法与社会风俗相抵触的情况往往出现对行为人有利的场合下，比如说对于卖淫、通奸、乱伦的非犯罪化规定。而在对行为人不利的情况下，刑法则很少与社会风俗矛盾，这是因为刑法的惩罚性直接来源于社会风俗的支持，如果失去了这种支持，不仅会使法律缺乏可执行力，而且也会造成大量不知法而犯罪的情况，而在这种情况下，如果行为人缺乏道德上的可归咎性，对于他们进行惩罚则可能不公平。很少有人通过学习法律来了解自己的法律义务，他们往往是从习惯和道德中获得这种认识的。因此，在刑法的改革中，一种惩罚性的规定不应该过分偏离于社会习俗的规定。而在当前社会，女性的沉默是社会风俗所广泛认可的一种同意的意思表示方式，法律显然不能贸然改变人们的这种认识，尤其是通过最严厉的惩罚方式——刑罚——来改变这种认识。因此，即使在刑法中规定肯定性同意标准，其法律效果也值得怀疑。再次提醒大家注意的是，不能为了某种公共政策的需要而牺牲了被告人的自由，捍卫个体的性自治权并不比在特定案件中追求正义更为重要。法律不能以完全牺牲男性利益的方法来实现对女性性自治权的保护。如果我们认同刑法的补充性、歉抑性并希望每个被告人获得公正处理，那么试图激进地改变社会风俗而进行的理想主义实践就是不能被接受的。[102]

也许若干年后，社会风俗对于女性会更加开放和宽容。那时，也许大多数女性不仅敢于在大庭广众下公开讨论性事，而且还敢于积极主动向男性求欢，要求在性行为中得到对方肯定性同意的做法会深入人心。肯定性同意标准也就自然而然会被法律所采纳，然而，至少在今天我们不应该做后天的事情。

4．一种新的合理反抗规则

对于不同意，我们必须通过一定的客观规则进行判断。经过比较分析，我们发现反抗规则具有相当的合理性，它可以平衡男女两性的利益。当行为人行为具有严重强制性以及被害人由于年龄、身体等原因缺乏同意能力，很容易推定被害人的不同意，因此无须考虑被害人是否反抗。在本章最初谈及的威尔森案中，被告以严重的身体暴力相威胁，本身就足以压制被害人的反抗，被害人无须进行最大限度的反抗，她在语言上已经明确表示了拒绝。虽然女方为了避免感染性病，让男方采取防护措施，但这并非对性行为的同意。这正如杀人犯百般折磨被害人，被害人只求速死，这也绝非对死亡的同意。事实上，暴力胁迫下的同意本身就是无效的。

但是，当行为人的行为强制性不明显，那么就应该通过被害人的反抗表明这种行为的过度性，风险是否为社会允许。

被害人的反抗当然应该达到一定的客观标准，这种客观标准既不能脱离社会实际又不能对陈腐的社会风俗过于妥协。法律与社会风俗之间不能产生太大的鸿沟，因此虽然肯定性同意标准有种种优点，甚至很有可能是时代发展的趋势，但贸然用法律形式肯定这种过于理想化的规则显然过于激进。但是，对于过于落后的社会风俗，法律不能苟且甚至纵容，法律至少在最低限度上应当有所作为。笔者并不指望，当前法律会把被害人的沉默看成拒绝，但至少被害人语言上的明确拒绝或者哭泣要获得法律的尊重，法律必须抛弃"不等于是"的偏见。因为这种偏见是对男女平等原则的公然践踏，也越来越为变迁中的社会风俗所不容。因此，语言上的拒绝和哭泣这种消极反抗也应该被视为反抗的一种形式，对于那些无视被害人消极反抗的行为人甘冒社会所不允许之风险，对其惩罚具有道德上的正当性。然而，人类的态度有可能变化，如果消极反抗和性行为的发生之间有一段时间差，那么行为人试图改变对方态度的做法也就合乎情理。面对不断纠缠着的行为人，反抗规则要求曾经不同意的被害人再次拒绝,在可能的情况下选择离开。同时,反抗规则是以被害人存在反抗能力为前提的,因此反抗规则也可以包容肯定性规则的合理部分,当被害人处于酒醉、昏迷或熟睡状态,由于被害人本身缺乏反抗能力,因此它无须反抗,这种状态本身就可推定她对性行为的拒绝。总之,这种客观标准综合考虑了男女两性对性的不同看法,并根据人类经验的总和来确定被害人的反抗标准是否合理,在吸纳"不等于不"标准、肯定性同意标准的同时弥补了它们的不足,我们把这种综合性的反抗规则称为新的合理的反抗规则。[103]

需要说明的问题是,在强制不明显的情况下,被害人之所以放弃反抗是因为害怕,根据合理反抗规则,这种害怕应该是一种合理的害怕,也即一般人会因此而放弃反抗,从而让行为人认识到被害人的不同意。对于绝大多数人而言,面对熟人的索吻、抚摩之举都不至于因为害怕而不敢反抗。然而,特别要指出的是,如果被害人过分胆小而放弃反抗,虽然她没有达到一般人反抗标准,但是如果行为人恰恰就是利用被害人这种胆小的弱点来攫取性利益,那么被害人反应虽然并非合理反应,然而因为行为人对于被害人态度心知肚明,因而对其进行惩罚也是正当的。[104] 但是,如果被害人过分胆小,而行为人并不知情,[105] 那么因其无法预知被害人的不同意,则没有必要对其进行惩罚。这可以看作是对合理反抗规则的适当补充。事实上,对于不同意问题,除了借助客观上的合理反抗规则外,而且还要结合行为人的主观心态综合考察,对此我们在下文会重点讨论。

113

第三章
不同意的表现形式

一、表现形式的分类

不同意是性侵犯罪的本质特征，如果不考虑婚内性侵犯这种复杂情况，那么其表现形式大致可分为三种，它们都应该符合合理反抗规则：其一，行为人所使用的手段具有严重的强制性，导致同意无效，行为人行为的严重过度性决定了被害人无须反抗；其二，被害人由于年龄或身体原因不能理解性行为的意义，因而无性同意能力，并且由于欠缺反抗能力而无须反抗，行为人实施性行为就是一种犯罪行为；其三，对于成年健康的被害人，如果行为人所使用的手段不具有明显的强制性，那么在判断其行为是否具有过度性就必须依赖于被害人的反抗，这种反抗应当达到合理反抗标准，否则就不值得刑法保护。

对于这三种不同的犯罪行为，其刑罚不能等量视之。一般说来，前两种犯罪行为纯粹把被害人视为发泄欲望的客体，对被害人会造成严重的伤害，行为人在道德层面上具有极强的可谴责性，一直以来这些行为也是性侵犯罪最主要的惩罚对象，因此其刑罚相对要重。至于第三种情况，虽然也侵犯了被害人的性自治权，但行为人在道德上的可谴责性相对较弱,他对被害人的伤害也相对较轻,在历史上和学说上对于这种行为是否应该惩罚在认识上也不太统一,因此对其规定相对较轻的刑罚是恰当的。

如果不考虑被害人无能力的情况,那么行为人所使用的强制手段就可以分为两类,其中一类具有严重的强制性,而另一类的强制性并不明显,必须通过被害人的反抗表明行为人行为具有过度性。但是1984年司法解释对强制手段的规定显然没有这种区分,因此司法部门在具体配刑时,也就很少区别这些不同性质行为。如司法解释认为"暴力手段"是指行为人直接对被害妇女采用殴打、捆绑、卡脖子、按倒等危害人身安全或者人身自由,使妇女不能抗拒的手段。而像"按倒"这种行为本身就无法区别于正常的性行为。至于其他的危害人身安全或者人身自由的暴力手段,司法解释也没有在强制程度进行区分。根据这种司法解释,陌生人拳脚相加与亲密朋友之间的拉扯推搡的法律意义是相同的。又如司法解释对"胁迫"的解释,以"扬言行凶报复相威胁"与"利用迷信进行欺骗""利用职权以及孤立无援的环境条件进行挟制"同属"胁迫"行为,但两者的强制程度显然有质的区别,前者的威胁具有对人身伤害的严重性和紧迫性,因而行为人的行为本身就具有了惩罚上的正当性,而且也不需要考虑被害人是否反抗。而后者的威胁并不具有这种严重性和紧迫性,其强制性并不明显,要根据合理反抗标准来衡量被害人是否需要反抗以及这种反抗是否达到了法律的标准,威胁的过度性取决于被害人的反抗。

虽然在学界很少有人对这些不同的犯罪行为进行细分。然而,在有关"其他手段"是否需要具有和暴力、胁迫相同的强制性质的讨论中,却让人看到了些许曙光。有学者指出其他手段并不限于强制手段，并认为应该修改刑法，用新的罪名来概括那些不具有手段强制性的行为，比如有人指出，奸淫女精神病人……以及利用职权、教养关系奸淫妇女的案件由于不具备强奸的本质特征，手段上的强制性。因此对刑法应当修改，增加专门的犯罪。如奸淫女精神病人罪，利用权势奸淫妇女罪。[1] 还有人指出，应当设立诱奸罪，以区别使用强制方法的强奸罪。[2] 在罪刑法定原则确立不久，有学者甚至指出,1984年司法解释关于其他手段的解释是违反罪刑法定原则的。乘机奸淫只有奸淫行为而并没有使用暴力、胁迫等方法。普通的强奸罪与乘机奸淫不能为一个罪名所包括。[3] 这些看法无疑触摸到了问题的关键，试图区分不同性质的犯罪行为，其学术的努力方向无疑是应该肯定的。

在笔者看来，如果法律真的试图在捍卫性自治权这种基本人权上有所作为，那么对于性自治权就必须达到和财产大致相同的保护力度。性作为一种个体可以控制的利益，虽然不能和财产完全类比，但至少要获得和财产一样的尊重。既然法律禁止使用暴力、胁迫、敲诈、窃取、欺骗等方式侵占他人财产，那么使用类似手段攫取他人性利益的行为同样也要受到法律的惩处。因此，在对三种不同性侵犯行为进行讨论的时候，我们试图借助法律对财产犯罪的有关规定，并根据合理反抗规则，推进我们对性侵犯罪的理解。当然，为了对当下的司法实践有所帮助，我们应该尽可能地对现有的法律用语加以重新诠释，并促使罪刑法定的明确性原则得以贯彻，在笔者看来，既然刑法把强奸罪、强制猥亵、侮辱妇女罪的手段分为暴力、胁迫、其他手段，那么可以将暴力、胁迫理解为最严重的强制手段，而其他两种性侵犯行为则可为"其他手段"所包括。

二、严重强制手段与同意

当行为人使用的手段具有严重的强制性,那么由此而得到的同意是无效的。面对严重强制性的手段,要求被害人反抗可能会增加她们受到伤害的可能,因而在这种情况下也就无须考虑被害人是否反抗。

严重的强制手段包括暴力和胁迫两种形式。

(一)暴力

行为人通过暴力强迫对方同意,这种同意显然是无效的。暴力本身就表明了行为的过度性。为了区别于性行为本身所伴随的行为,此处的暴力应做狭义理解。也就是说,这种暴力必须是当场实施的严重危及人身安全的暴力,足以排除被害人的反抗。因此只要行为人使用了暴力,就无须考虑被害人是否反抗。当然暴力并不一定要造成实际上的严重伤害,只要它具有造成严重人身伤害的危险,从而使得被害人放弃反抗。暴力所针对的对象不仅仅限于被害人,也可以针对第三人,事实上,这里的暴力应当理解为和抢劫罪相同的暴力水平。

(二)胁迫

1984年司法解释对胁迫的理解非常广泛,它既包括严重强制手段下的威胁,也包括强制不明显的威胁。它认为,强奸罪中的胁迫手段"是指犯罪分子对被害妇女威胁、恫吓,达到精神上的强制的手段。如:扬言行凶报复、揭发隐私、加害亲属等相威胁,利用迷信进行恐吓、欺骗,利用教养关系、从属关系、职权以及孤立无援的环境条件，进行挟制、迫害等，迫使妇女忍辱屈从，不敢抗拒"。显然，这里的胁迫范围十分广泛，它不仅仅包括抢劫罪中的胁迫手段，还包括敲诈勒索罪中的威胁和要挟方法，甚至还有诈骗罪中的诈骗手段。而这所有的手段，如果其侵害对象是财产而非性利益时，其刑罚则有很大区别。以强奸罪为例，其基本刑为三年以上十年以下，这与抢劫罪的基本刑相同，而敲诈勒索罪与诈骗罪的基本刑则为六个月以上三年以下。既然用诈骗手段、敲诈手段获得财产利益与通过暴力、胁迫类的抢劫手段获得财产利益在刑罚上有明显区别，那么为什么诈骗手段、敲诈手段和抢劫手段获得性利益的刑罚评定却大同小异呢？这显然不符合罪刑均衡原则。可见，笼统地理解性侵犯罪的胁迫手段，显然无法公正的分配刑罚，也无法和其他犯罪相协调。因此对胁迫应当作限制性理解，这种胁迫是指行为人以当场使用严重危及人身安全的暴力相威胁，显然这种威胁本身就足以压制被害人的反抗，因此也就无须考虑被害人是否反抗。

三、能力瑕疵与同意

当被害人缺乏同意能力，与其发生性行为显然是要受到谴责的。这是因为性自治权的关键就是保护人们免受非合意的性行为。当被害人由于年龄、疾病、昏睡或者被酒精、毒品等麻醉而无法作有效同意之时，行为人与之发生性行为显然是把对方当成纯粹满足性欲的客体，其行为必须受到法律的严惩。以下，我们对这些情况分别予以讨论。

（一）年龄与同意

未成年人是民族的未来，因此必须对其进行特殊保护。过早的性侵害会对未成年人的生理和心理造成极大的伤害，为了民族的利益，未成年人的性同意能力要受到限制。因此世界各国通常都认为与一定年龄以下的未成年人发生性行为，无论未成年人是否同意，都构成犯罪。

对同意年龄，世界各国并不统一，但通常是划定某个固定年龄界限，在这种界限以下的未成年人在法律上没有性同意能力，在我国，这个年龄界限为14岁。需要注意的是，在确定年龄界限的时候，要综合考虑人的性成熟期、社会的性开放程度和国家的司法控制能力。但是，年龄界限与性成熟期并不完全相同。法律对同意年龄的规定在很大程度上只是一种法律拟制。事实上，在大多数普通法系国家，通常都把与未成年人发生性行为的犯罪称之为法定性侵犯罪。[4]

曾有人认为，对同意年龄标准不能机械理解，而要视其发育是否达到性成熟程度灵活掌握。对此，我国学者指出，未成年人是否发育成熟无科学标准，在目前医疗条件下要科学地做出准确界定很困难。而且这种犯罪有不少是事过较长时间才发觉的，要鉴定未成年人被侵犯时是否性成熟，就更加困难了。所以刑法的法定年龄标准是不可动摇的。[5]这种论断应该说是比较恰当的，法律对于同意年龄的规定，只是一种为了民族利益的法律拟制。如果以性成熟与否来判定是否有同意能力，这不仅会导致司法上的无所适从，而且还无法实现对民族利益的特殊保护。

对于幼女年龄，[6]明清以及民国初期，法律上都规定为12岁。但考虑这个年龄界限过低，为了保育民族健康，并迎合西方国家的立

121

法趋势，1928年出台的《中华民国刑法》将此年龄界限提高到16岁。[7]随后在修改刑法过程中，多数人认为16岁太高，"根据通常女子发育程度，及表示同意之能力而言，似觉太严"，该年龄界限只适合乡村但不符合都市的实际情况。于是在1933年颁布的《中华民国新刑法》又把年龄界限降至14岁。[8]

在世界范围内，围绕着同意年龄，有自由主义与保守主义两个派别的争论，前者主张降低同意年龄，赋予未成年人更多的选择自由；而后者主张提高同意年龄，加大对未成年人的保护力度。大多数国家都试图在这两种立场中进行平衡，既要保障个体在性上的选择自由，又要满足社会对维护其正常运作而对个体的义务期待。[9]

当前世界各国在同意年龄[10]问题上有一个明显的趋势，那就是提高性同意年龄，之所以如此，主要是考虑到人的性生理发育与性心理发育是不一致的。人类的性成熟更多表现在性心理的成熟。个体在性生理发育成熟的过程中，与之伴随的是性心理的形成和发展。研究表明，性心理的初步形成期是在15—17岁，其表现就在于早恋现象的出现。到18岁以后，性心理才逐渐发育成熟。人们才能正确认识男女两性的关系，形成正常的性情感和性意志，能够自觉按照社会道德规范和法律要求，主动控制自己的性冲动和性行为，这才是个人性成熟的基本标志。[11]考虑到性成熟并不单纯依赖于生理上的成熟，而那些生理刚刚发育成熟的女性往往更容易成为男性的性欲对象，因此许多国家都提高了性同意年龄，把保护对象扩大到少女。这正如Parsons v. Parker一案所指出的，"法律之所以要规定法定强奸罪，是因为当女性进入青春期，法律认为她们没有控制其羞耻心的自由意志，因此要保护她们不受男人的性侵犯。法律认为她们没有同意能力……她们不是性欲满足的对象，因此如果男性用她们来满足一己欲望要受到惩罚。"[12]

在普通法系国家,最初同意年龄为10岁,但是,各地在进行法典化改革中,很少有保留如此低的年龄规定的。从20世纪以来,许多国家和地区的立法机构都把同意年龄提高到16或18岁。如美国,一般是认为16—18岁以下的女性没有完全的性同意年龄;[13]英国则规定,不满16周岁的人没有完全的性同意年龄;加拿大和澳大利亚的同意年龄与英国相同。印度在19世纪作为英国殖民地时,同意年龄最初也是10岁,1891年提高到12岁。独立之后,又将同意年龄提高到16岁;在东南亚,由于不少地区法律并未禁止卖淫,因此出现大量境外游客规避法律的性旅行现象,[14]不少国家纷纷提高同意年龄,泰国的同意年龄最初是13岁,1987年同意年龄提高到15岁,1996年,以性交易为目的的同意年龄提高到18岁;菲律宾的同意年龄在1992年从12岁提高到18岁。[15]

需要说明的是,大部分国家很少会规定一个单一的同意年龄,通常都会根据刑事政策的需要规定数个不同幅度的同意年龄。这主要有以下三种情况。

第一,将未达同意年龄的未成年人分为非常年幼的未成年人和相对年长的未成年人年两个层次。与前者发生性关系是非常严重的犯罪,而与后者发生性关系刑罚则相对较低。在美国,只有极少数州只规定了一个单独的关键年龄,而大多数州采取两分法,比如缅因州规定,与不满14岁的女性发生性行为最高可以判处终身监禁,但是与14—16岁之间的少女发生性行为则是相对较轻的重罪。还有少数州甚至采用三分法,如纽约州把没有同意年龄的女性分为不满11岁、11—14岁、14—17岁,与这些女性发生性行为都是犯罪,并应处以重轻不等的刑罚。[16]美国《模范刑法典》采取的也是两分法,它规定了10岁和16岁两个关键年龄,与不满10岁的女性发生性行为是二级重罪,而与10岁到16岁之间的女性发生性行为则是三级重罪。[17] 英国《1956年性犯罪法》也采取了相似做法,它把与不满13岁的女性发生性行为规定为可以判处终身监禁的犯罪,而与13以上不满16岁的女性发生性行为,最高刑则为两年监禁。[18] 采取性别中立主义立法之后,普通法国家同样保留了这种区分,如英国《2003年性犯罪法》规定了对不满13岁的未成年人(男童及女童)实施的强奸、插入性攻击及性攻击罪,同时还专门规定了与未成年人发生性行为罪,其对象是不满16岁的未成年人。[19]

第二,将同意年龄区分为对普通人的性同意年龄与对具有信任关系之人的性同意年龄。不少国家认为,如果行为人与被害人存在教养、监护、教育等特殊的信任关系,性同意年龄应当高于普通的性同意年龄。比如如英国《2003年性犯罪法》规定:滥用信任关系与18岁以下的人发生性行为要处以5年以下的监禁刑,但是,该国的法定性侵犯罪则包括与不满13岁的未成年人发生性关系和与13岁以上不满16岁的未成年人发生性关系种罪行,普通人的性同意年龄为16岁;[20] 又如美国《模范刑法典》规定了10岁和16岁两个同意年龄,与不满10岁的女性发生性行为是二级重罪,与10岁到16岁之间的女性发生性行为则是三级重罪,但同时又在第213条第3款规定:"男性与并非自己妻子的女性发生性行为……如果具备下列情况,构成犯罪……被害人不满21岁,而行为人是对方的监护人或对他福利负有通常的监督职责之人……"[21]

第三,根据性行为的不同方式区分不同的性同意年龄。这主要是在英联邦国家,比如,英国《2003年性犯罪法》规定的强奸罪包括三种性交方式(阴道交、口交和肛交),但却认为对前两种性交方式的同意年龄为16岁，但对肛交的同意年龄为18岁。加拿大也采取了类似的立法例。[22] 这种立法受到同性恋群体和女权主义者的批评，认为这违背了性别中立主义所彰显的平等保护原则。

上述三种区分，对中国都有着重要的借鉴意义，鉴于中国还未采取性别中立主义立法，所以本书主要考虑前两种区别，暂不涉及第三种区分对我国的借鉴意义。

此处，我们先考虑第一种区分的作用，下文会专门讨论第二种区分的意义。

第一种分类方法最重要的作用就是在刑罚上区别对待，与幼童发生性行为的社会危害性明显高于与相对年长的未成年人发生性行为，因此，其刑罚也要更重。另外，这种分类方法对年龄的认识错误在处理上也有所区别。普通法系的大多数地方一般都认为与非常年幼的未成年人发生性关系，年龄上的认识错误不是辩护理由，对于年龄要素实行严格责任。但是如果被害人是相对年长的未成年人，年龄上的认识错误则可以作为辩护理由，对于这种年龄要素应实行疏忽责任。[23] 如《模范刑法典》第213条6款1项规定："在本条所规定的各种犯罪中，如果犯罪所针对的对象是不满10岁的未成年人，那么行为人以不知道对方年龄，或者合理的认为对方已满10岁，都不能作为辩护理由。如果犯罪所针对的对象是10岁以上的未成年人，那么行为人如果能够提供优势证据证明他合理地相信对方在这个关键年龄以上，则可以作为辩护理由。"该法第1.13(16)对"合理地相信"进行了定义，认为它实质上是一种疏忽责任。[24]

两分法的做法是比较恰当的，它能在保护孩子不受行为人的恶意侵犯与保障被告人的合法权利之间达到平衡。

首先，非常年幼的孩子，她们显然不能对性行为给予任何有意义的同意，她们也不能成为性满足的对象。与她们发生性关系的行为人显然严重触犯了人们普遍遵循的基本道德规范，是一种非常严重的犯罪。

其次，对于相对年长的孩子，她们已进入青春期，对性有基本了解甚至有某种欲求，但是她们对性行为的社会、心理、感情甚至生理后果的了解十分有限。因此，至少当行为人是成年人时，把这些孩子视为性侵犯的被害人是切合实际的。然而，与非常年幼的未成年人相比，和这些孩子发生性关系的社会危害性相对较小。有时，这些孩子有时还会主动诱惑行为人，那这就更应该减轻行为人的责任了。[25]

最后，在与未达同意年龄的人发生性行为的犯罪中，被告人最经常提出的辩护理由就是"我不知道对方的真实年龄"，如果一概否认这种辩护理由的存在，显然对被告人不公平。两分法的区别对待显然考虑到了这个问题，它试图在保护未成年人权利的同时兼顾被告人的权益。与非常年幼的孩子发生性关系，无论被告如何狡辩说自己不知对方年龄，也很难让人相信。因为他们根本不合适性交，对于行为的严重悖德性，行为人心知肚明。因此对年龄要素适用严格责任是恰当的，也很少会出现对被告人的不公平。但是，与相对年长的未成年人发生性关系，由于被害人在生理上可能发育成熟，甚至初通风月，主动引诱行为人，[26]因此行为人有可能出现年龄上的认识错误。十三四岁的女性完全有可能被误认为十七八岁，如果这种认识错误是合理的，是一个一般人可能犯下的错误，那么豁免行为人的罪责也就合情合理。

显然，两分法的立法模式有诸多可取之处，它值得我们学习。虽然我国刑法在奸淫幼女行为、猥亵未成年人中只单独规定了14岁这个关键年龄，但是在司法实践中，有关年龄上的认识错误以及具体的刑罚裁量，都可以借鉴两分法的做法，对此笔者在下文将做进一步的论述。

（二）心智不全与同意

心智不全之人，一般缺乏对性的理解能力，因而不能对性行为作出有效的同意。为了保护弱势群体的特殊利益，并防止有人利用被害人心智缺陷来攫取性利益，因而与这类群体发生性行为，各国刑法一般都将其视为一种严重的犯罪。如日本刑法第178条："乘人心神丧失或不能抗拒或使之心神丧失或不能抗拒而为猥亵行为或奸淫之者"，按强制猥亵罪或强奸罪处罚。我国刑法典对此情况虽未明文规定，但是1984年司法解释规定，"明知妇女是精神病患者或者痴呆者（程度严重的）而与其发生性行为的，不管犯罪分子采取什么手段，都应以强奸罪论处。"同时，《中华人民共和国残疾人保障法》第52条第5款也规定："奸淫因智力残疾或精神残疾而不能辨认自己行为的残疾人的，以强奸论。"残疾人保障法的这种规定可以看作是一种附属刑法。需要说明的是，我国刑法在讨论心智不全这种特殊被害人的时候，往往都习惯于使用"缺乏性防卫能力"这个概念，当然这个概念本身可以反映出被害人反抗概念的重要性。然而，正如反抗规则是为了说明不同意这个本质特征，"缺乏性防卫能力"同样也是为了说明在这种情况下被害人的同意是无效的。也就是说因为被害人心智不全，缺乏性防卫能力，因而无法反抗，从而她对性行为的同意是无效的。因此用"缺乏同意能力"这个概念来取代"缺乏性防卫能力"更为精确。

与心智不全之人发生性行为构成犯罪，并不要求行为人使用暴力、胁迫等强制方法。这再次表明了性侵犯罪的本质特征是不同意而非强制方法。正是因为被害人缺乏做出有效同意的能力，因此与其发生性关系才构成犯罪。非强制的性行为成为犯罪的前提必须是被害人缺乏对性的同意能力，从而无法给予有效的同意。一般说来，法律不应该干涉人们在私生活上的自由，除非某人自由的行使妨碍了别人的自由。法律所保护的性自治权是一种拒绝与他人发生性行为的消极自由，当被害人由于心智不全而不能正确理解性行为的意义，无法有效地对性行为表示同意，那么与之发生性关系显然就侵犯了她们在性问题上的拒绝权。但是，法律在对心智不全者进行特殊保护的同时也干涉了她们在私生活上的积极自由。与心智不全者发生性行为可能受到法律的惩罚，这实际上限制了这些人的性权利，然而法律的目的并不在于干涉或剥夺心智不全者的性权利，而是为了保护弱势群体的利益不受他人的掠夺。因此，如果与心智不全者发生性关系之人没有利用她们的弱势地位，那么就谈不上性自治权受到侵犯一说。法律对这种私人生活也就不应干涉，否则就是对心智不全者正当权利的剥夺。这正如民法认为精神病人无民事权利能力一样，法律也并非剥夺精神病人的权利，而是害怕有人会利用精神病人的缺陷造成交易的不公平。因此，当交易行为对精神病人有利，那么这种交易行为则可能是有效的。总之，法律不应该完全禁止心智不全者的性权利，否则就是通过保护来剥夺她们的自由。只有那些利用心智不全者缺陷的人才应当受到惩罚，也只有那些确实不能理解性行为意义没有性同意能力的病患才值得法律的特殊保护。

那么如何理解性同意能力呢？心智不全者是否一律没有性同意能力？对此，残疾人保护法把缺乏性同意能力的对象限定为智力残疾或精神残疾,并要求这种残疾要达到不能辨认自己行为的程度。而1984年司法解释则认为,心智不全而缺乏性同意能力的人只限于精神病患者或痴呆者(程度严重的)。另外,间歇性精神病患者在未发病期间有性同意能力,与其发生性行为,如果得到她同意,不构成强奸。这里要说明的是,司法解释在表述上存在明显的歧义。我们既可以把它理解为程度严重的精神病患者或程度严重的痴呆者没有性同意能力,也可以理解为精神病患者或程度严重的痴呆者没有性同意能力。有学者就是根据后一种理解,从医学角度,对程度严重的痴呆者做了进一步细分,认为痴呆者可以分为鲁钝、痴愚、白痴。对于第一种痴呆法律一般没有必要进行特殊保护,但是对于第二和第三种痴呆者,则应该特别保护。[27] 显然,残疾人保护法与司法解释存在明显的区别。前者对于性同意能力有两个判断标准,一是医学标准,即要求被害人是智力残疾或精神残疾,当然这也可以用司法解释的痴呆或精神病人的用语所取代;二是心理学标准,即要求被害人由于残疾而不能辨认自己行为。但是1984年司法解释显然只有医学标准,而无心理学标准。另外,司法解释中的医学标准更高一点,因为残疾人保护法并没有"程度严重者"的限定语。这里需要注意的是,虽然残疾人保护法和1984年司法解释对心智不全者的称谓并不相同,但在医学上,无论是精神病人还是痴呆或者说精神残疾和智力残疾,他们都属于精神疾病。根据1994年5月,第一届中华医学会精神科学会通过的《中国精神疾病分类与诊断标准》第2版的规定,痴呆(智力残疾)属于精神发育迟滞,它是一种特殊的精神疾病,[28] 因此为了和医学标准相统一,应该使用精神病人这个概念,它既包括司法解释所说的精神病患者(精神残疾)也包括痴呆(智力残疾)。[29]

在笔者看来，精神病人之所以会缺乏性同意能力，主要是不能正确了解性行为的意义。然而，精神病人由于患病程度不同，他们并不必然缺乏对性的理解能力。精神病人的成因很复杂，但一般可以归结为大脑某个部位的器质性损坏或发育不足。但是由于疾病成因和表现的复杂性，许多精神病人虽然在某些方面存在缺陷，但是在另外一些方面则完全可能是正常的，甚至还有可能优于一般人。[30] 另外，有些精神病人虽然在其他方面正常，但很有可能在性问题上缺乏正常的理解能力。因此，不能一律认为精神病人就缺乏性理解能力，更不能纯粹从医学上来看待性同意能力问题。从这个意义上来说，残疾人保护法的做法更为可取。事实上，大多数国家和地区对于心智不全者的性同意能力都采取这种做法。比如美国《模范刑法典》把心智不全理解为"有精神疾患而不能辨认自己行为的性质。"[31] 密歇根州刑法把心智不全定义为"由于精神疾患，而暂时或持续性的不能判断其行为的性质。"纽约州则把心智不全定义为"被害人由于患精神病或有心理缺陷而不能理解他行为的性质。"[32]

笔者认为，应当结合医学标准和心理学标准综合判断被害人的性同意能力。这也可以和我国刑法有关刑事责任能力中有关精神病人的判断标准相协调。

首先，从医学上来看，相当一部分精神病人可能缺乏对性问题的正常理解能力，因而把由于心智不全而缺乏性同意能力的被害人限定在医学上的精神病人中具有相当的科学性，并且也方便司法操作。

其次，在医学标准的基础上，还要对被害人附加心理学上的判断。对于心理学上判断的具体标准，各国做法不太相同，但大致形成了如下观点：①被害人是否能够表达出自己对事情的判断；②她是否能理解行为的道德属性；③她是否能理解性行为的性质（性行为这个事实本身以及性行为与其他行为完全不同）以及可能的后果；[33]④她是否能够理解性行为的性质。[34]

显然，第一种标准范围太小，只有当被害人患有非常严重的精神疾病（包括智力发育非常迟钝）才可能在说"是"时不能表达自己的判断，这个标准会导致大量轻度的精神病人无法得到法律的保护，因此它不可取。事实上，这种标准也为大多数国家所抛弃。

第二种标准则与前者完全相反，它的范围过宽。它强调被害人是否能确定性行为的道德属性，这考虑的是被害人是否有正常的价值判断。虽然大多数人在通常情况下会形成正常的价值观，能够知道性行为的道德属性。但如果被害人的成长环境不佳或者曾受到反社会的教育，因而不能充分理解社会对性行为的道德规范，不能认识到性行为的道德或伦理的意义，那么根据这种标准来确定行为人的罪责则不太合理。设想一下，某人从小就在肉欲的享乐主义环境下耳濡目染，她也许并没有认识到自己的性观念在一般人看来是不道德的，因此以这种标准来惩罚与之发生性关系的男性显然不公正。

第三和第四种标准则采取的是一种中间路线，它缩小了精神病人的范围，但又并不限于最严重的精神病人，同时它还避免了价值判断标准可能导致的不公平。当然这两种标准之间还是有细微的区别。根据第三种标准，没有性同意能力之人不仅不能理解性行为的性质，也缺乏对这种行为后果的认识。而根据第四种标准，只要无法理解性行为的性质，那么就可以认定被害人没有性同意能力。因此如果某人由于精神疾患，不清楚性行为的性质，但是却清楚地知道这种行为会导致她怀孕或感染性病。根据第三种标准，她有性同意能力，而根据第四种标准则无性同意能力。笔者认为，第四种标准更为可取。只要被害人由于精神疾病而不了解性行为的性质，就应该受到法律的特殊保护，如果还要附加对行为后果的认识，要求被害人对即刻行为的遥远后果有进一步的认识，显然无法实现对弱势群体的充分保护。需要注意的是，法律对精神病人的特殊保护是防止有人利用她们的弱势地位攫取性利益，而非完全剥夺她们性的积极自由。因此，如果行为人没有利用被害人的弱势地位，那么这种非强制的性行为就不应该受到法律的干涉。根据这一结论，至少可以形成如下两个推论。

第一，行为人必须在一定的犯罪心态的支配下与精神病人发生性行为，才存在利用对方缺陷的可能，而如果根本无法知道对方是精神病人，那么也就不存在处罚的前提。[35] 当然，至于这种主观心态应该界定为故意还是过失，则有待研究。

第二，与精神病人在婚姻内发生的性行为一般不应该看成犯罪。[36] 一般说来婚姻内所发生的性行为不存在利用对方缺陷的情况，因而没有侵犯对方的性自治权，所以不具有惩罚的正当性。具体说来，这又可以细分为如下几种情况：被害人婚前患有精神病，而行为人不知，在结婚之后才发现对方有精神病，但仍然与之性交，性交的发生并没有利用对方精神缺陷，因此刑法对这种私人生活不应该干涉；被害人在婚后患上精神疾病，病后夫妻双方仍有性行为的发生，对此情况，也不能以犯罪论处；行为人知道对方是精神病人，但仍然与之结婚，婚后与之发生性关系。[37] 这种情况与前两者不同，婚姻的成立利用了对方缺陷，性行为的发生自然也利用了对方缺陷，因而对精神病人的性自治权有一定的侵犯。但是如果用刑罚手段加以制裁，反而会使精神病人无人照料，对被害人更为不利。另外，性与人的精神疾患往往有很大关系。希波克拉底曾经指出，歇斯底里（这是希腊文Hysteria的音译，而Hysteria意为子宫）是妇女特有疾病，其发病原因与子宫有关，治疗此病的最好办法是结婚。而在中国民间，老百姓也往往用"冲喜"，即让精神病人结婚的办法来治疗精神障碍。[38] 因此对于这类行为，虽然可以犯罪论处，但是对行为人应该免于刑事处罚。

（三）身体无助与同意

当被害人由于疾病、昏睡，或者被酒精、毒品等麻醉，处于身体上无助的状态，显然无法作出有效的同意。如果行为人利用了对方这种无助状态，把对方当成满足性欲的客体，那显然严重侵犯了被害人的性自治权，因而行为人的行为应受惩罚。1984年司法解释曾规定，"犯罪分子……利用妇女患重病、熟睡之机，进行奸淫；以醉酒、药物麻醉……对妇女进行奸淫"，都可以强奸罪论处。

一般说来，身体上无助包括两种情况，一种是被害人处于无意识状态，比如说被害人昏睡，或失去知觉；另一种是被害人无法有效地表达自己的拒绝，比如说被害人瘫痪，或者由于药品麻醉而无法正确表达自己的意识。

对于前者，需要注意的是，只要行为人利用了被害人的无意识状态，就具有惩罚的正当性，被害人的无意识状态没有必要是行为人造成的。另外，无意识状态本身就表明了被害人无法对性行为作出有效同意，被害人事前对性行为的同意并不表明她会同意无意识状态下的性交。实践中曾经发生过这种案件，卖淫女同意和行为人发生性交，但行为人在女方不知道的情况使用麻醉药品，将卖淫女迷倒，然后发生性交。[39] 对这种情况，女方虽然同意发生性交，但是并没有同意在无意识状态下发生此种行为。人们对性行为的同意，并不等于对任何形态性行为的概括性同意，人们完全还可以在性行为发生前，发生中改变自己的意愿。将女方迷倒，让其处于无意识状态，显然是剥夺了女方在性行为过程中所拥有的拒绝自由，当然是对性自治权的侵犯。

对于后一种情况，被害人并没有失去意识，但是却缺乏在语言或身体上表示拒绝的能力，而行为人利用其缺陷，显然也剥夺了她们拒绝发生性行为的自由。

利用被害人身体无助，在实践中最常见的是利用毒品或麻醉物品来减损或剥夺对方的辨认能力或控制能力，从而获得性利益。这种情况在我国俗称"迷奸"，随着毒品的泛滥，"迷奸"行为越来越成为一个社会问题，因而有必要专门研究。对于这类案件，要注意如下一些问题。

第一，被害人必须由于毒品或麻醉物品而失去辨认能力或控制能力。这既包括被害人由于毒品或麻醉物品而处于无意识状态，也包括被害人无法有效地表达自己的拒绝，比如被害人在药品的作用下，虽然能够意识到行为人试图不轨，但无法表示出自己的拒绝；再比如行为人使用性兴奋剂使被害人无法控制自己的行为，而无从拒绝。值得注意的是，在被害人由于毒品或麻醉物品而部分丧失辨认能力或控制能力的时候，她并没有完全丧失拒绝能力，没有完全失去辨认能力或控制能力，那么使用毒品或麻醉物品行为本身并不足以推定被害人对性行为的不同意，如果被害人没有达到合理的反抗规则的要求，那么在法律上也并非是对性行为的不同意。

第二，如果被害人自愿服食毒品或麻醉物品，那么一般不应该追究行为人的刑事责任。酒精或麻醉物品会造成人的能力丧失，但是在求爱的时候，这两种东西往往是必不可少的。人们经常借助美酒或大麻来缓解压力，表达感情，这些东西如果滥用，当然很可能使人麻醉而失去意识。但如果服食行为是在双方同意下发生的，那么由行为人对后果承担全部责任显然不公平的。"酒后乱性"，人们在醉酒之后，容易做出乱性之事，自愿陷入醉态可以看成是对这种风险的认可，因此当被害人同意服用毒品，自愿陷于危险境地，对于后果的发生也难辞其咎，因此，不宜追究行为人刑事责任。当然，如果行为人故意利用被害人自愿服用毒品或麻醉物品的无助状况，比如男方劝女方服食，但自己不用，待女方神志不清，于是与之发生性交，这当然构成犯罪。

四、强制不明显与同意

被害人在强制不明显情况下的不同意，要根据合理反抗规则予以判断。为了和财产犯罪相协调，笔者将这些情况分为如下几种。

（一）威胁

这里的威胁是指强制不明显的威胁。如果和财产犯罪相比较，那么它基本上相当于敲诈勒索罪所使用的威胁手段，而有别于抢劫罪中的胁迫。与敲诈勒索罪略有不同的是，这种侵犯行为是通过一定的威胁手段当场获得性利益，而敲诈勒索罪则存在事后取财的情况。在这类犯罪中，行为人所使用的威胁手段即使具有暴力强制性，也无当场实施的可能，比如以将来的伤害相威胁。更多的时候，行为人往往通过非暴力类的威胁，比如说揭发隐私，损害人格、名誉等相威胁,这种威胁更不具有当场实施的可能。因此被害人并非像第一类性侵犯行为那样,完全失去了反抗的可能,所以在判断这种威胁行为是否剥夺了被害人的拒绝自由,要遵循合理反抗规则,诉诸一般人的常识来判断被害人的反应是否合理,从而判断该反应是否可以给予行为人合理的警告,以决定行为人的行为是否过度。

根据这个一般性的判断规则,过于遥远或者过于微小的威胁显然可被排除出去。比如以十年之后的行凶报复相威胁,这种威胁就过于遥远,一般人面对这种威胁,显然是会反抗的。又如警察以开停车罚单相威胁,这可能最多构成轻微的滥用职权罪,而不能构成性侵犯罪。[40] 再如,行为人以自杀相威胁。如某人为与儿媳发生性关系,以喝农药自杀相威胁,儿媳无奈,于是双方发生了性交。[41] 在这些案件中,并不是说不存在威胁,只是这些威胁都过于遥远或轻微,因此在这些场合下,威胁本身并不足以表现出其强制性,不足以排除被害人反抗的可能性。如果被害人不反抗,那么就无法给行为人提供合理的警告。行为人很有可能认为,对方并非出于威胁,而且是因为自己的魅力同意性行为的。换句话说,从一般人的角度来说,这种威胁其实与性关系并没有法律上的因果关系,如果行为人的预见能力并不高于一般人,无法认知到对方的不同意,那么对他进行惩罚显然是不公平的。

需要说明的是,如果威胁在一般人看来是过于微小(比如以封建迷信相威胁),但如果被害人过分胆小,或者由于愚昧无知,放弃反抗,虽然她的反应不符合一般人标准,但是如果行为人正是利用被害人的胆小,知道她会因此放弃反抗,那么这种威胁无论在被害人还是行为人看来,都是一种实质性的威胁,被害人虽然放弃反抗,但其不同意性行为的心态,行为人心知肚明,因而行为人的行为具有可罚性。通过威胁获取性利益,这种行为在事实上剥夺了人的选择自由,使得被害人无从拒绝,因而是强制。如果对方仍然有选择自由,只是出于某种利益考虑放弃拒绝自由,那就是交易。比如男方以不再给失业的女友提供经济支持相威胁,要求发生性行为。这种威胁也许让一般人无从反抗,但很难说这种行为构成犯罪。理由并非是威胁的程度不大,而是这是交易的一部分。[42] 他给对方提供了两个选择,一个是离开,而另一个是留下来,留下来的代价则是发生性行为。因此男方的行为并非强制,而是一种交易,也就不构成犯罪。所以,1984年司法解释会指出,"有教养关系、从属关系和利用职权与妇女发生性行为的,不能都视为强奸。行为人利用其与被害妇女之间特定的关系,迫使就范,如养(生)父以虐待、克扣生活费迫使养(生)女容忍其奸淫的;或者行为人利用职权,乘人之危,奸淫妇女的,都构成强奸罪。行为人利用职权引诱女方,女方基于互相利用与之发生性行为的,不定为强奸罪。"显然,司法解释试图对交易和强制进行区分。

在理论上区别强制和交易也许一目了然,但在事实上,两者却非常难以区分。因为正常的交易行为中也会伴随着某种压力,而这种压力在一定条件下很有可能转化为强制。让我们来看如下案例。

1.甲强奸了乙,于是乙夫以控告甲为要挟与甲妻性交;[43]

2.某人知道甲曾与人发生过性关系,于是以告诉其未婚夫为要挟与之性交;

3.某公司老板,以让员工下岗为要挟发生性关系;

4.某人从小为继母拉扯大,在父亲去世后,以不履行赡养义务相威胁,与继母性交;[44]

5.甲女丈夫早亡,膝下有一独子,视其子为活下去的唯一理由,

现行为人以劝说其子参加爱国战争为由要挟，欲发生性关系，甲女害怕儿子真的会参加战争，于是迫不得已与行为人性交；[45]

6.某女为大龄青年，经人介绍认识一男子，该女很想与其结婚，但该男子的叔叔却利用女方这种心态，威胁说如果不和他发生性关系，就会劝侄儿不再与该女交往，该女无奈，与男子的叔叔性交。[46]

对于上述案件，共性都是行为人实施了某种威胁，女方感受到了一定的压力，但这种压力是正常的交易行为所伴随的，还是已经转化为强制？她们有选择自由吗？这无疑十分复杂。对于这个问题，学者们提出了许多富有启发性的意见，但多多少少不太完美。

最简单的区别办法就是权利理论。这种理论告诉我们，当人们有权利决定是否做某事时，他可以自由地决定是否通过放弃这种权利而得到一定的补偿，这种通过放弃权利而得到补偿的做法就是交易。[47]比如行为人有一只猪，想把它杀死，现在有人希望他不要杀它，并愿意提供给行为人一笔钱让他好好对待这只猪。这就是典型的交易，行为人完全可以行使不杀猪的权利，并因此而获得财物，而如果我们说行为人以杀猪为要挟获得钱财或者性利益，因此构成敲诈勒索罪或强奸罪，这多少有点荒唐可笑。从相对方的角度来说，如果必须在行为人所提供的两个自己都拥有权利的行为中进行选择，那么则是强制，比如行为人以杀死女方为要挟获得性利益，显然女方对于性和生命都拥有权利，因而行为人的行为是强迫而非交易。根据这个理论，上述六个案件中，第二、第三和第四个案例不是交易，行为人的行为构成强奸。在案件二中，行为人没有侵犯他人隐私权的权利，面对行为人的威胁，被害人必须在隐私权和性自治权中进行选择；在案件三中，行为人虽然是公司老板，但没有权利滥用权力任意辞退职工，被害人有在工作中获得公正对待的权利；在案件四中，赡养继母是行为人的法定义务，他没有权利不履行这种义务。但是，根据这种理论，第一、第五、第六种行为则是交易行为，因而行为人不构成犯罪。然而在我们的司法实践中，第一种情况却是强奸罪的范例，也为人们的常识所认可，至于而第五和第六种情况是否构成强奸则存在争论。看来，权利理论并不完美。

另一种区别方法由著名哲学家罗伯特·诺齐克（Robert Nozick）所提出，他认为：在交易中，人们会因为与另一方交易感到高兴，但是在强制中，人们会因为相对方不存在而感到更高兴。[48]这种观点具有强大的解释功能，根据此观点，上述六种情况都是强制，因为如果行为人没有出现，没有提出这种"交易"请求，那么相对方显然会更高兴。但是问题在于，这种说法会扩大人们对强制的理解。比如甲不小心把别人给撞了，被害人威胁说如果不支付医药费或者不发生性关系就要控告他，这显然不构成敲诈勒索罪或强奸罪，但是按照诺齐克的说法，如果被害人不出现，甲会更高兴，那这岂不就成了强制，显然这种结论不能为人们的常识所支持。

还有一种区别是所谓的利用第三方优势理论，这种理论认为强制下的交易实际上是一种三角交易。除了当事人双方外，还存在一个隐藏的第三方，对于被害人而言，真正的交易对象是处于优势地位的第三方，争议事由也是发生在第三方和被害人之间，行为人并没有权利了结第三方与被害人的争议事实，因此他所获得的利益是对第三方权利的侵犯。[49]比如在第一个案件中，行为人以不控告被害人之夫为要挟，看起来是行为人与受害人之间的"交易"，并从受害人处获得了利益，但被害人所真正担心的是处于优势地位的国家对她丈夫的处罚，行为人并没有权利处分应当由国家行使的权利，因此，他的获利实质上侵害了作为第三方的国家的权利；在第二个案件中，表面上"交易"方也只有两人，但被害人的未婚夫其实是隐藏着第三方，被害人与行为人的交易是为了了结她与第三方的争议事实，而行为人的获利行为也损害了第三方知道真相的权利。这种理论看起来很有说服力，但根据这种理论，如果不存在第三方，那么如何理解强制呢？比如在第三、第四、第五和第六个案件中，根据这种理论，就无法说明这些行为是否属于强制。

在笔者看来，交易和强制的区分依据还是应该从选择自由的角度说起，但是在现实社会中，由于资源分配的不均等，人们并没有绝对意义上的选择自由，人生而自由，却无往不在枷锁之中。一个无家可归的少女，面对男性的性要求，她能有太多选择的机会吗？[50] 然而，如果把这种行为以犯罪论处，显然反应过度。大同社会的黄金美梦只能高山仰止，心向往之。如果幻想用法律，尤其是刑法来激进地改变社会现实，那将会是人类的灾难。选择自由只能相对而言，它并非是指没有任何压力，无拘无束的自由。因此，笔者还是大体接受权利理论，并试图以这种理论吸收第三方优势理论，来解决强制和交易的区分问题。

权利虽可以自由处分，但却不能侵害他人的权利，己所不欲，勿施于人。为了某种利益，自愿放弃行使权利，应该理解为交易。从相对方而言，如果她必须在行为人所提供的两种她都享有权利的事情作出选择，那么她就丧失了选择自由。但是在三角交易中，虽然行为人表面上是在行使自己的权利，实质上却侵害了第三方的权利，因此这种权利的行使本身就是不正当的，也就使得交易成了强制。根据这种理论，在上述案例中，除第五、六个案件外，其他都应该理解为强制而非交易。在案例一中，行为人虽然有控告权，但以不行使这种权利为筹码换取性利益，显然对国家追诉罪犯权利的侵犯；在案例二中，行为人并不拥有侵犯他人隐私权的权利，隐私权是一种实实在在的法律权利，行为人对他人隐私的揭露，被害人是可以提出侵权之诉的；在案例三中，雇主也并不拥有滥用权力辞退他人的权利，员工获得公正对待的权利是受到劳动法保护的；在案例四中，行为人更不拥有不赡养继母的权利；但是在案例五和案例六中，行为人拥有自由言论的权利，权利的行使也并没有妨碍任何法律上的权利，因此以放弃行使这种权利为由，获得性利益，只能是交易，而不是强制。至于上文所说的少女无家可归案，行为人当然拥有让少女离开住宅的权利，解人危难，善待弱者不过是对人们的道德要求，而非法律义务，少女并没有赖在别人家不走的法律权利，因此这种行为只能是交易而非强制。

需要说明的时，如果行为人以某种威胁相欺骗，[51] 而他无意或无能将威胁内容付诸实际，那么对这种欺骗型的威胁应该如何定性呢？比如在上述六个案件中，即便被害人拒绝性交，行为人也不会实践威胁之内容，那这是否还是强制呢？对此，笔者认为，威胁的强制性取决于被害人的反应，只要被害人认为这种威胁具有强制性，从而放弃反抗，并且行为人也具备对被害人心态的认识，即使威胁不具有实际履行性，它也属于导致同意无效的威胁。

现实社会并不是绝对完美的社会，男性在总体上具有绝对的优势，因此女权主义者会激愤地指出，人类中一切异性之间的性行为都是强奸。虽然这种言语过于偏激，但是在现实生活中，为了生计而出卖肉体的现象却屡见不鲜。至于那些幻想着出人头地，平步青云的女子甘愿放弃操守的行径，则更是层出不穷。虽然她们在内心深处可能认为自己没有选择的机会，但这一切在法律上，只能被冷冰冰地定性为交易。笔者承认那些利用对方贫穷、虚荣的行为人在道德层面上是有罪的，但试图用刑法来惩罚这一切不道德的性交易，委实反应过度了。因此在强制不明显的情况下，判断行为人的行为是否属于威胁，首先要遵循合理反抗规则，判断这种威胁是否足以造成一般人无从反抗，从而把过于遥远或轻微的威胁排除出去，因为这些威胁实质上与"同意"没有法律上的因果关系。同时再从选择自由的角度来判断这种威胁的实质是交易还是强制。只有强制之下的性行为才具有惩罚的正当性。

（二）欺骗

在民事交易中，基于欺骗而获得的同意是无效的。那么是否应该有个一般性条款来确认基于欺骗而发生的性行为都是犯罪呢？

我国刑法对此没有明确规定，但根据1984年司法解释，只有极少数欺骗手段可以构成强奸，它们分属于法律所规定的胁迫手段和其他手段。前者如利用迷信进行欺骗，以达到精神强制，让女方不敢抗拒。后者如"利用或者假冒治病等等方法对妇女进行奸淫"。另外，如果以冒充国家机关工作人员，骗取性利益，虽不构成强奸，但是可以招摇撞骗罪论处。[52] 以假称结婚为由骗取性利益的行为，在刑法修改之前，一般以流氓罪论处，但在1997年刑法废除流氓罪后，就不再以犯罪论处。至于冒充女方丈夫与之发生性交的行为，在司法实践中一般以强奸罪论处。因此，在我国构成性侵犯罪的欺骗手段仅仅限于三种：其一，利用迷信手段骗奸；其二，利用或假冒治病骗奸；其三，冒充丈夫骗奸。至于招摇撞骗罪，由于它保护的并非性自治权，而是国家机关的威信及其正常活动，因此如果所冒充者不是国家机关工作人员，那么这种行为根本就不构成犯罪。

在其他国家，对于骗奸行为的态度虽不完全相同，但一般认为只有少数几种骗奸行为构成犯罪。

在普通法中，只有两类性欺骗构成犯罪：一类是对行为属性的欺骗，这一般发生在医生和患者之间。医生通过欺骗与患者性交，而患者误认为这种行为不是性交；另一类是对婚姻事实的欺骗，这包括以下三种情况：冒充被害人丈夫；行为人不符合结婚条件，但通过欺骗让女方相信他已具备条件，从而诱使女方和其缔结无效之婚姻关系；行为人举行了一个虚假的结婚仪式而让人相信他与被害人已是夫妻。[53]

美国《模范刑法典》保留了普通法的规定，但认为这两类骗奸行为应当有别一般的强奸行为，它把这两种行为规定在"明显的性强制罪"这个新的罪名中，并认为它的刑罚较之强奸应当相对较轻。[54] 大多数美国司法区都认为以行为属性相欺骗和冒充被害人丈夫的情况都构成强奸。但是对于以缔结无效婚姻实施性交的行为，各地的做法则不太一致，有的认为不构成犯罪，而有的认为即使处罚，也应当构成重婚罪，至于以举行结婚仪式相欺骗，很多地方不认为构成犯罪。[55]

在各类欺骗行为中，最为复杂的就是以结婚为名的骗奸行为（包括以举行虚假结婚仪式相欺骗），美国的做法则更不统一。许多美国的司法区在《模范刑法典》制定之前，曾经规定过一种叫诱奸的罪名，主要就是指通过欺骗手段获取婚外性交的行为。但是对这种罪行，美国各州分歧很大。许多州认为构成该罪，必须有婚姻的同意，而有些州并没有这种要求。还有些州甚至认为，即使没有欺骗，只要存在引诱就可以构成诱奸罪。如亚拉巴马州对于诱奸罪曾经这样规定："诱奸可以被如下定义：对于未婚的贞洁女性，通过

143

劝说或引诱而让她们偏离贞洁之道。行为人所采用的手段包括婚姻同意、某种诱惑、欺骗、诡计或者献媚，以及其他相似的方法或可取得同样效果的方法。借此使女性接受被指控人的性主张，而无论该行为人是否结婚。"[56]另外，在多数地方，法律要求诱奸的被害人必须未婚或者是贞洁的，如果是寡妇或离婚者，那么她们事前应当没有过私通行为。有些州认为女方应当在一定的年龄以内，通常是小于18岁或21岁。还有些地方认为，如果女方知道男方已婚，或者男方事后娶了女方，那么则不构成诱奸罪。[57]《模范刑法典》对诱奸罪采取了限制性的规定，把它规定为轻罪，并认为只有最严重的诱奸行为才构成犯罪。它规定，男性如果以婚约引诱女方性交，而行为人又无意履行婚约，才构成犯罪。因此，这种犯罪仅仅限制在对婚姻的同意上的欺骗。较之以往的法律，它的刑罚很低，而先前的法律对此行为的处罚有时甚至高至10年监禁。[58]在20世纪晚期，美国许多州的制定法虽然仍把以结婚为饵的诱奸行为规定为犯罪，但如果被害人达到同意年龄，许多州则不认为构成犯罪，[59]显然在大多数地方，传统的诱奸罪已为法定强奸罪所吸收，而少数仍然把此规定为犯罪的州，实践中这种法律也很少执行。

英联邦国家的法律也基本保留了普通法的规定，除了澳大利亚的首都地区，对欺诈做了扩大化的理解，认为任何形式的欺诈都可以构成性侵犯罪外，大多数地方都只把对行为属性和个人身份（冒充丈夫）的欺诈规定为犯罪。对于以许诺结婚相欺骗，则不认为构成强奸。一般是把它看成是一种轻罪，如英国《1956年性犯罪法》，就把这种行为规定为通过虚假表示获得性交罪，其刑罚很低。

至于大陆法系诸国，只有少数国家专门规定了欺诈型性侵犯。如意大利刑法第609条第2款规定："采用暴力、威胁手段或者滥用权力,强迫他人实施或者接受性行为的,处5至10年有期徒刑;在下列情况中诱使他人实施或者接受性行为的,处以同样的刑罚:……诱骗被害人将犯罪人当作其他人的……"[60] 澳门地区刑法也有对性欺诈的专门规定:"处于欺诈,利用他人对自己个人身份之错误,与之为重要性欲行为者,处最高二年徒刑;如被害人曾忍受性交或肛交,行为人处最高五年徒刑。"[61] 大多数国家只是在司法实践中对于冒充丈夫或情人的行为以犯罪论处,而对于以结婚为饵的骗奸行为则很少认为构成犯罪。

归纳而言,大多数国家对于骗奸行为,都只把其中最为严重行为规定为犯罪,这一般是对行为属性的欺骗(通常发生在医疗过程中)和对个人身份的欺骗(通常是冒充丈夫)。至于以结婚相欺骗的骗奸行为,只在普通法国家才被有限地规定为犯罪,但这种犯罪一般是轻罪,其刑罚也非常之低,如果被害人已达法定同意年龄,诱奸行为则一般不构成犯罪。

然而在学术界,有人对于这种立法现状提出了强烈的批评,她们认为法律并没有真正地保护女性的性自治权。她们指出,应该创设一个一般性的规则,规定通过欺诈获取性就是犯罪。比如苏珊教授就指出,既然通过欺诈获得财产构成诈骗罪,那么为什么通过欺诈获取性利益就不能同样认定为犯罪呢?[62] 还有人从其他方面对这种观点提供了论据,择其要者,简述如下:①这可以看成是对欺诈型犯罪刑事处罚的自然逻辑发展过程。最初,刑法对于商业欺诈也不处罚,因为在农业社会,人们的交易对象十分有限,交易双方甚至互相熟识,所以欺诈行为十分罕见。但随着经济的发展,社会的流动性和交易的匿名性愈加增强,因此商业欺骗开始泛滥,人们逐渐认识到,仅凭一己之力保护自己不受欺骗非常困难,因此刑法开始把这种行为规定为犯罪。对于性欺诈也应当遵循相同的发展规律，在过去，法律之所以没有对性欺诈作出一般性的规定，也是因为在农业社会，人与人的熟识程度非常之高，人们的自我保护能力相对较强，性欺诈之事也很少发生。但是由于现代社会流动性和匿名性的增强，性欺诈之事越来越多，人们的自我保护能力也就相对下降，刑法有必要对此作出一般性的惩罚规定。②欺诈损害了人的选择自由。我们知道，在财产交易行为中，所有干扰人们交易选择自由的行为都是犯罪，比如通过暴力、敲诈、欺骗取得财产都构成犯罪，为了和财产犯罪相协调，法律也应该对性欺诈作出一般性规定。[63]

乍看来，这种说法非常有道理，它也切合笔者一直主张的观点，即法律应当像保护财产那样来保护性。然而，在财产犯罪中，也并非所有的欺诈都是犯罪，只有那些最严重的欺诈行为才可能构成犯罪，在我们的社会中，充斥着大量的虚假广告，商业吹嘘，但这些行为一般不构成犯罪。因而即使用财产犯罪类比性欺诈，也只有那些最严重的性欺诈行为才构成犯罪。

事实上，把性欺诈类比为财产欺诈并不恰当。与商业交易不同，即使存在欺诈，性行为本身也是一种男女双方都会感到愉悦的事情，而在商业交易中，很少有人会随意地放弃金钱，基于欺诈的交易会给人带来真正的财产损失。这里必须说明的是，在严重强制型和威胁型性侵犯中，强迫之下性行为很难有快乐可言，这些行为对被害人造成了真实的损害，因此在这两类性侵犯中，我们可以把性与财产类比，而在性欺诈中，却不能做同样的类比。

在浪漫的爱情故事中，欺骗并不鲜见，它甚至是一种爱情宣言的润滑剂，山盟海誓、信誓旦旦，这些爱情永恒的誓言，越来越多的人已经不再把它当真,甚至结婚的许诺也只不过是为了博取对方刹那的好感。因此,在性事中的欺骗并没有像商业交易中的诈骗那样违背社会道德,至少在这个领域,刑法应当尽量不要干涉。温情脉脉之后的始乱终弃,原因也许十分复杂,任何誓言都不可能担保一辈子,人们的心态也许说变就变,即使当时承诺结婚的意愿再如何真切,也难保事过境迁之后的感情突变。而当女方哭诉着要司法机关帮她主持公道,要将那爱情骗子绳之以法,公诉机关又如何证明男方意愿的改变不是真实的呢?当一个已婚男性假装单身骗取女性和他发生关系,这个谎言也许对性行为的发生至关重要,但是,在这个社会中确实有些人愿意和已婚人士发生性行为,因此,我们又如何推定欺骗和性行为存在法律上的因果关系呢?但是,在严重的财产欺诈中,因果关系则一目了然。与撒谎的已婚人士性交也许不仅仅是因为欺诈,也可能是基于对方的魅力、财富、权势等等,在某种意义上,这根本就是真实的性行为。甚至在被害人知道了事实之后,她仍然充满了复杂的情感,如果这"骗子"决定回到妻子身边而不再保持欺骗关系,也许会让她更加痛苦。因此,除了极少数的欺骗外,大多数的欺骗(比如冒充单身,冒充富商)对于被害人而言,伤害最大的并不是性行为本身,而是后来的感情伤害。当然,感情伤害是痛苦的,它有时会比直接的肉体伤害让人更难以忍受,但是法律一般不会像保护身体和财产那样保护我们的感情安全,[64] 刑法的惩罚不是无度的,它只能惩罚那些最值得惩罚的行为,幻想用刑法来禁止一切性欺诈行为,不仅会模糊道德与法律的界限,也会让刑法不堪重负。

因此,笔者认为刑法只应当对最严重的性欺诈行为进行惩罚。那么,那些行为具有惩罚必要性呢?我们遵循人类的经验积累,对各国立法和司法实践中有例可寻的几种严重的性欺诈行为进行研究，并希望提出判断性欺诈构成犯罪的一般性尺度。

1. 行为属性的欺骗

这种情况最经常发生在医生和患者之间，医生通过欺骗让患者对行为的属性产生了错误认识，误认为正在发生的性行为不是性事。在这些案件中，被害人由于受到欺骗，误解了行为的属性，根本没有对性行为表示过同意，因此行为人的欺骗行为也就侵害了被害人的性自治权。当然，在这类案件中，很多被害人可能是未成年人或心智不全者，但是确实也有一些成年健康者，她们对性方面的事情并不太了解，由于幼稚或者对于老师或医生过分相信而受到伤害。

这里存在的问题是，如果行为人的欺骗行为并没有导致女方对行为属性的误解，而只是对行为目的产生了误解，那么这是否构成犯罪？对此，美国的大多数州都遵循邓默染案（Don Moran v. People）所确立的原则。[65] 该案被告是位医生，他和患者发生了性关系，并让对方相信这是治疗所必需的。被害人误认为这种治疗有医学根据，但是她知道行为本身的属性，法院认为被告不构成犯罪。这种结论也为《模范刑法典》所赞同。但是，美国密歇根州却认为这种情况也属于严重的罪行，它规定只要"行为人对被害人进行医学上的治疗或检查，但其目的在医学上被认为是不合伦理的和不可接受的，"[66] 就构成强奸。显然，根据密歇根州法律的规定，确定责任的实体标准依据的是医疗群体的职业道德。

在英国，主流判例认为只有对行为属性的欺骗才构成性侵犯罪。但是刑法修改委员会却认为，在新的形势下对于行为目的的欺骗也应该构成犯罪，这是因为在具体案件中，有时很难判断行为人是否存在对行为属性的欺骗。比如被告人欺骗被害人，告诉她应该做阴道检查，被害人同意接受这种检查，但是她并没有同意被告人的性插入。这里要说明的是，根据英国1994年的《刑事司法和公共秩序法案》，对于性交概念已经采取性别中立主义，性交不再局限于阴茎对阴道的插入，阴茎插入肛门、口腔或者用物体或身体的某个部位插入他人的阴道或肛门都属于性交。因此在这个案件中，用医疗器械插入阴道也属于性交。[67]由于性交概念的性别中立主义立场，因此行为属性完全依赖于行为目的。如果行为目的是发生性关系，那么这种插入就是性交，如果行为目的是医疗检查，那么行为属性也就是检查。因此，采纳传统的行为属性判断观，显然无法对案件形成正确的结论。这种意见为Tabassum案所确认。该案被告伪造医生证书，检查被害人乳房。如果被害人知道对方没有医疗资格，显然是不会同意这种检查的，[68]在这个案件中，法官认为只能依据行为目的来判断检查行为是否属于猥亵。

然而，在笔者看来，应当坚持行为属性的判断观，否则将极大地扩大性欺诈的犯罪圈，其原因如下。

首先，几乎所有涉及性事的欺骗都存在对行为目的的欺骗。比如以结婚为诱饵的骗奸行为或者假称能实现女性明星梦的欺骗行为；再或某男和卖淫女发生性关系后，不按约定价格付费等等，这些都是对行为目的的欺骗。如果采取行为目的的判断观，其实就是对性欺诈施以普遍性的惩罚，无疑会混淆道德和法律的界限。比如上文所提及的密歇根州的做法，根据医疗群体的伦理道德作为确定责任的实体标准，而这种伦理道德的判断标准是非常不确定的，很容易导致道德与法律的混淆。[69]

其次，在这些欺骗中，被害人并不存在对性行为属性的认识错误，她只是对性行为的目的发生了误解，这种误解是动机上的认识错误，它并不妨碍个体对性行为本身的同意。在正常的交易行为中，动机上的认识错误不能导致交易行为的撤销。比如某人因为得知自己中奖而买了汽车，而后发现没有中奖，这种动机上的认识错误并不能撤销先前的汽车交易行为。同样，在性欺诈中，对行为目的的误解也是一种动机上的认识错误，它并不因此导致同意无效。

再次，虽然在性别中立主义立法中，由于性插入的范围非常之大，行为属性有时要依赖对行为目的的判断，但并不因此就否定行为属性的决定性作用。因为行为目的是为了说明行为人是否有对行为属性的欺骗，因此，这只是行为属性判断观的深化和发展。并不能因为在某些特殊案件中，只能靠行为目的来说明行为属性就将行为目的的判断作用普遍化。

2．身份欺诈

冒充丈夫与女性发生性关系，在多数国家和地区都是一种典型的欺诈型性侵犯，如我国台湾地区，把这种行为规定为诈术强奸。[70]这种行为之所以构成强奸，是因为被害人同意性交的对象是她丈夫，而非行为人，如果被害人知道行为人并非其夫，是不会同意性交的，因此行为人实质上是利用了对方的认识错误，被害人对行为对象的认识错误导致对性行为的同意是无效的。在因果关系上，婚姻关系会高度盖然地引起性行为的发生，这与冒充富翁或单身汉不同，因为后者并不盖然可以推定性行为的发生。

存在争议的一个问题是，冒充丈夫以外的其他人，如恋人，[71]这是否构成犯罪呢？1994年美国有一个案例（People v. Hough），被告人与女方的情人是孪生兄弟，于是冒充女方男友与之发生性行为,一审判被告人成立强奸,但二审推翻了原判。[72]

这个问题也与因果关系有关,要分析身份的冒充与性行为的发生是否具有实质上的联系。当前社会对于婚外性行为已经越来越宽容,未婚男女在婚前发生性行为并不是一件非常意外的事情。考虑到社会风俗的变化,只要冒充身份的行为会盖然性地导致性行为的发生,这种冒充行为就可构成性侵犯罪。因此,如果男女双方是恋人关系,而且也常有性关系的发生,冒充女方恋人是可以犯罪论处的。

另一个问题是,当没有欺诈,被害人对于行为属性或身份的错误认识可否导致同意无效。如甲男、乙女、丙男三人共同出游,甲乙为恋人,丙为双方好友,但一直对乙有好感。晚上,三人在旅馆住下,乙女先睡,甲丙在喝酒聊天,后来,丙到乙房间取东西,而乙误认为情人入房,于是朦胧中向其挑逗,而丙亦发生误解,以为女方希望与之性交。于是双方发生关系。事后才明白真相。在这种情况下,被害人其实并不愿意和丙发生关系,但是行为人承担刑事责任的前提必须是,他有可能认识到这种不同意,换句话说他利用了对方的错误认识。而在这个案件中,行为人显然无法预知女方的不同意,因而也就不存在利用对方认识错误的问题,所以不能以犯罪论处。

3. 利用宗教、封建迷信进行欺骗

1997刑法第300条第3款明确规定,组织利用会道门、邪教组织或迷信奸淫妇女的,以强奸罪定罪处罚。这种欺骗行为主要是利用女性愚昧无知,用宗教、封建迷信骗取性利益。然而,这种行为并不属于欺骗,它的实质是利用宗教或封建迷信而实施的精神强制。

由于女方在精神上完全为行为人所控制，失去了选择自由，表面上看似自愿的行为其实是一种被迫屈从，因此这种行为是一种威胁，而非欺骗，因此，可以根据我们上文提出的标准，来判断这种威胁是否具有犯罪性。在这类案件中，被害人的特点是过于愚昧、轻信、胆小，行为人的威胁手段在一般人看来是荒唐可笑的，但是这种威胁却给被害人造成了强大的精神威胁，她们害怕这种威胁实现的可怕后果，因而无从选择，对于被害人的别无选择，行为人有清楚的认识。因此行为人的主观恶性和其行为的社会危害性较之一般的威胁手段有过之而无不及。

4．以结婚为饵的骗奸行为

这种行为也许是现实社会中最常见的一种欺骗行为，至于它是否构成犯罪，我们在上文已有过泛泛的讨论，这里再做一下总结。

以结婚为饵的诱奸行为只是一种道德罪过，不应该以犯罪论处，原因如下。

第一，这种欺诈行为仅仅是一种对行为目的的欺骗，而并非对行为属性的欺骗，女方在和男方发生性行为时，显然知道性行为本身的属性，因此动机上的认识错误不能妨碍同意的有效性。

第二，对这种行为进行处罚已不符合当前的社会实际。从历史的角度来看，传统法律对诱奸的处罚是基于三点理由：其一是对非婚性行为的禁止，在那时，婚外性行为不仅为道德所不容，甚至还是一种犯罪，因此结婚的承诺对于性行为的发生是至关重要的，这种承诺甚至还是免除女方通奸罪责的重要理由，因此以承诺结婚相欺诈显然与性行为的发生具有法律上直接的因果关系。而在现代社会，人们对非婚性行为越来越宽容，婚姻的承诺在很多时候并非性行为发生的必要条件,因此,司法机关很难证明婚姻承诺与性行为的发生有法律上的因果关系。其二是贞操价值的至上性,在过去,女性的贞操甚至要高于其生命价值,"饿死事小,失节事大",因此这种欺骗对女性的伤害是致命的。而如今,贞操观念已逐渐淡出,因而也没有必要保留那种古老的规定。其三是女性在性行为中的地位,以往人们认为女性在性行为中的地位只是为了取悦男性,因而她们会为了和男方缔结婚约而给男性提供这种乐趣。然而这种观念在今天看来已过于陈腐,也无法描述当前的社会实践。从本质上来说,性行为是一种男女双方都会感到愉悦的事情。

第三,以结婚为由的欺骗行为是一种非常常见的欺骗手段,有时它仅仅是为了取悦女方的随便说辞,甚或只是为了增添情感的浪漫色彩。对于这种普遍性的危险,防止被骗应当主要依赖女性的自我保护,就如商品交易过程中的过分吹嘘,正常人都不应该过分轻信。

第四,这种骗奸行为给女性的伤害主要在感情上而非身体上,而法律对于人类的情感显然不应该过分干涉。

第五,由法律威胁而维持下来的婚姻缺乏最基本的爱和信任,因此这种婚姻的可靠性值得怀疑。

第六,从现实角度来说,如果把这种情况规定为犯罪,那么很有可能会纵容一些贪婪者利用法律去从富有的男性那攫取钱财。

考虑到这种种理由,在世界范围内,很少有地方再把这种欺骗行为规定为犯罪。而那些保留诱奸罪的地方,大多也仅仅把这种犯罪限制在对没有同意能力的未成年人的性欺诈,显然,它已不再是传统的诱奸罪,而是一种法定强奸罪。至于极少数保留传统规定的地方,在司法中这种法律也已经死亡,因为它根本不再执行。

5．隐瞒疾病

如果行为人患有严重的性病，比如说艾滋病，然而却隐瞒了这种疾病，若被害人知道真实情况，显然是不会愿意和行为人发生性交的。那么这种欺诈是否构成性侵犯罪呢？对此，我国刑法认为如果这种欺诈行为发生在卖淫嫖娼过程中，那么应该构成故意传播性病罪，而在其他情况下，如果造成被害人感染疾病，则只能以故意伤害罪论处。笔者认为这种做法是恰当的，因为这种欺骗并非是对行为属性的欺骗，行为人的行为侵害的是主要是被害人的身体健康，而非性自治权，因此属于故意伤害，而如果在卖淫嫖娼过程中实施这种欺骗，那显然是传播性病罪的一种范例。

现在，我们可以得出构成犯罪的性欺诈的一般性结论，那就是性侵犯罪中的性欺诈只包括对行为属性的欺骗和对身份的欺骗，后者仅仅限于冒充丈夫或情人。

（三）滥用信任关系

如果行为人与被害人存在信任关系，由于当事人双方地位不平等，被害人尤其是未成年人对性行为的同意是无效的，信任关系的存在也导致被害人无从反抗。对此，许多国家都在法律中明确规定，滥用信任关系攫取性利益是一种严重的犯罪。

前文已经说过，这种性侵犯行为有别于普通的未达同意年龄的法定性侵犯，在法定性侵犯中，被害人未达同意年龄，因而不能作出有效的同意，而在滥用信任关系的性侵犯行为中，被害人则已达同意年龄，只是因为对方的特殊身份，导致同意无效。借助民法中的信任关系理论（confidential relationship）我们能很好理解法律的立法用意。所谓信任关系理论是指当双方具有信任关系，那么在交易时一方当事人（受让人）可能处于优势地位，因而他可能对处于弱势地位的交易方（让与人）施加不正当的影响，利用对方在身体上和心理上的不利地位，由于这种交易并非是对方自由意志的结果，因此交易是无效的。比如在律师和委托人、托管人和受益人，监护人和被监护人等之间，就存在这种信任关系。由于这种关系的存在，让与人事实上会遵照受让人的指示，他会认为对方会根据自己的利益来行为，因此在他们之间所发生的交易行为就有可能是无效的。法律要求处于优势地位的当事人负有按照对方的利益来行为的积极义务。[73] 因此如果行为人与被害人存在信任关系，由于双方地位的不平等，被害人无法对性行为作出有效的同意，这种滥用信任关系的行为就侵犯了个体的性自治权。

法律对这种行为的惩罚是为了防止行为人滥用权威攫取处于弱势地位的被害人的性利益，但如果被害人是正常的成年人，那么不分青红皂白一律禁止她与对其负有信任地位的行为人发生性行为，显然是对人们在性上的积极自由做过多的干涉，因此，世界各国通常都把此类犯罪行为的被害人限定为未成年人，当然这里的未成年人并不限于未达性同意年龄的人，它要高于普通的同意年龄。如意大利刑法典第609条第4款第1项规定与不满14岁的人发生性关系，不论被害人是否同意都构成犯罪。同时在第2款中又专门规定了滥用信任关系的犯罪——"……（被害人）不满16岁，如果犯罪人是该未成年人的直系尊亲属、父母、养父母、监护人或者由于照顾、教育、培养、监护或者看管等原因而受托照管未成年或者与其有共同生活关系的其他人。"又如日本刑法第298条规定性同意年龄为14岁，同时在第301条规定了对保护人的奸淫犯罪——"对于基于身份、雇佣、业务或者其他关系由自己所保护或者监督的不满18岁的女子，使用诡计或者威力进行奸淫的……"

比较特别的是德国，该国刑法第174条规定，[74]与被保护人发生性行为构成犯罪，"……滥用基于抚养、教育、监护、雇佣或工作关系形成的依赖地位与未满18岁的人发生性行为；或者与自己的未满18岁的亲生子女或养子女发生性行为……处5年以下自由刑或罚金"。根据该国刑法第176条对法定性侵犯的规定，普通的性同意年龄为14岁。同时，第174条第1款规定，行为人与受其抚养、教育、监护的未满16岁的人发生性行为，也处5年以下自由刑或罚金，此款没有附加"滥用依赖地位"的限制语。可见，立法者认为，只要与受其抚养、教育、监护的未满16岁的人发生性行为，就推定行为人滥用了依赖地位。但如果被害人16岁以上不满18岁，司法者则需证明行为人滥用了依赖地位。德国的这种立法其实是把滥用信任地位的性侵犯罪又细分为18岁与16岁两个年龄段，对于前者，司法机关有证明行为人滥用信任地位的义务，换言之，行为人可以没有滥用信任地位为由作为辩护理由，而对于后者，行为人没有这种辩护理由，只要与受其抚养、教育、监护的未满16岁的人发生性行为，就构成犯罪。这种细分类似于普通法系国家在法定性侵犯罪中的两分法，即将法定性侵犯罪的对象分为年龄相对较小和年龄相对较大两类群体，与前者发生性关系，适用严格责任，年龄上的认识错误不能作为辩护理由，而与后者发生性关系，年龄上的认识错误可以作为辩护理由。

值得注意的是，不少保留乱伦罪的国家，也将一部分乱伦行为转化为滥用信任地位的犯罪，这主要是为了将性风俗细化为具体的法益。在这种立法中，具有血亲关系和具有收养关系的拟制血亲之间的性行为仍被规定为乱伦罪,而其他的乱伦行为则属于滥用信任地位的犯罪。如果乱伦行为发生在具有信任地位的成年人与未成年人之间,这无须以乱伦罪论处,而可直接认定为滥用信任地位的犯罪。英国《2003年性犯罪法》对"乱伦行为"就不再使用具有风化含义的乱伦(incest)一词,而规定为与成年亲属发生性行为罪(sex with an adult relative)。同时,该法除了在第16条到24条中详细规定了滥用信任地位的犯罪,被害人的年龄标准是不满18周岁的未成年人,[75]还在第25条到29条特别规定了对家庭中未成年人(不满18周岁)的性犯罪(familial child sex offences),相较于普通滥用信任地位罪的最高5年有期徒刑,与成年亲属发生性行为罪的最高2年有期徒刑,这种特别犯罪的最高刑可达14年有期徒刑。

我国对这个问题没有专门的法律规定,但是有关司法解释却有过类似规定。1952年12月2日出台的《最高人民法院西南分院西南军政委员会司法部关于父女兄妹间发生不正当的性行为应如何处罚问题的函复》指出:"关于父女间发生性行为,结合目前社会,封建家长制的权威,在农村中普遍没有摧毁,如此而发生性行为,则这种性行为从实质上说是一种强奸行为……对于这种强奸行为应较一般强奸罪从重办理。兄妹间发生性行为,如亦系以封建家长制权威,也应依上述精神办理;兄妹间如无利用封建家长制权威,双方又均无配偶,而发生性行为者是违反了婚姻法第五条第一款禁止规定的精神,可按违反婚姻法禁止规定予以制裁;如有配偶而发生性行为,可按一般通奸罪从重处刑。"

虽然在刑法中只规定了不满14岁的幼女没有性同意能力,无论幼女是否同意,与其发生性关系都构成强奸,对于14岁以上不满18岁的未成年人,性同意能力是否受限刑法语焉不详。但是,2013年

10月25日最高人民法院、最高人民检察院、公安部、司法部颁布的《关于依法惩治性侵害未成年人犯罪的意见》则明确指出："对已满十四周岁的未成年女性负有特殊职责的人员，利用其优势地位或者被害人孤立无援的境地，迫使未成年被害人就范，而与其发生性关系的，以强奸罪定罪处罚。"该意见也明确了负有特殊职责人员的范围，也即对未成年人负有监护、教育、训练、救助、看护、医疗等特殊职责的人员。

但是，司法意见毕竟不是法律，其权威性有限，而且司法意见认为特殊职责人员与未成年人发生性行为构成强奸罪仍然限定为"利用其优势地位或者被害人孤立无援的境地，迫使未成年被害人就范"。也就是说必须在被害人不同意的情况下，性行为才构成犯罪。因此，很容易被人钻法律漏洞。

在笔者看来，为了维护未成年的合法权益，有必要在刑法中规定滥用信任地位的性侵犯犯罪。[76] 为了和《未成年人保护法》相一致，被害人的年龄应该限制在不满18周岁的人中，以避免不正当地扩大刑罚的打击面，过分干涉公民的私人生活。因此，在条件成熟的时候，法律应该明确规定：如果行为人与不满18周岁的未成年具有信任关系，那么与之发生性关系就构成犯罪。此处的具有信任关系之人应当理解基于法律或契约而对未成年负有保护义务的人，如与未成年人有监护关系、教育关系、雇佣关系等。[77]

五、婚姻关系与同意

男女双方存在婚姻关系是否可以排除性侵犯行为的犯罪性，对此问题，刑法学界曾有过激烈的争论，大致形成了三种观点：一是完全否定说，认为婚内性侵犯不构成犯罪；二是有限的否定说，承认有限情况下的婚内性侵犯；三是肯定说，认为只要是在妻子不同意的情况下，强行发生性关系就构成性侵犯。[78]

持第一种观点的人认为，夫妻之间的性行为不具有犯罪性，其理由大致如下：①夫妻之间有同居的权利和义务。而性生活是同居义务的重要内容。夫妻双方自愿登记结婚就是对同居义务所作的肯定性承诺，而且这种肯定性承诺如同夫妻关系的确立一样，只要有一次概括性表示即在婚姻关系存续期间始终有效，非经合法程序不会自动消失。因此在结婚后，无论是合意同居，还是强行同居，均谈不上对妻子性权利的侵犯。[79]②"暴力伤害论，"认为对婚内暴力性行为应惩罚的是丈夫的暴力、胁迫，而非性行为本身。③促使女方报复论，认为允许妻子告丈夫强奸会使妻子的报复手段合法化而丈夫每天处于提心吊胆的境地。④道德调整论，认为合法夫妻双方有性生活的权利和义务，即使丈夫违背妻子意愿进行性行为，也只属于道德调整的范畴，刑法不应介入；[80]如果认为婚内存在性侵犯罪，在实践中也会造成不良后果，会将家庭问题扩大为社会问题，这不利于家庭团结，尤其是考虑中国有很长的封建传统，因此更不宜将婚内性侵犯看成犯罪。[81]⑤如果婚内性侵犯构成犯罪，那么对丈夫也就可以进行正当防卫，这难免给谋杀亲夫者有可乘之机。[82]⑥从语义学和历史传统考察，婚内都不存在"奸"的问题。[83]据《辞源》，"奸"即"犯"的意思，夫妻在性关系上是"合礼"的，不存在"犯"的问题。"奸"的本质特征为夫妻以外的男女关系，"奸"本身即将丈夫排除在外。从立法史的角度看，通过"奸"字将丈夫排除在外，在法律条文里不再排除丈夫，这是几千年立法惯例。因为在中国家族文化环境里,这是不言自明的。[84]⑦清官难断家务事,婚内性侵犯似有"指鹿为马"的毛病,忽视了这种婚内"性"暴力的特殊性,不仅不利于婚姻家庭关系的调整,甚至会破坏这一原本可由《婚姻法》《民法》以及《刑法》其他规范调整的社会关系。[85]⑧取证很难,在现有的司法资源下,婚内性侵犯成立犯罪不太现实,其取证问题尤为麻烦。[86]

第二种观点则认为,"任何极端的观点都是值得商榷的,我们既不能置夫妻之间的婚姻关系于不顾,认为在任何情况下丈夫违背妻子意愿强行发生性关系都构成犯罪;也不能过分强调夫妻关系,甚至等同于性关系,甚至一般的债权债务关系,遂认为在任何情况下丈夫都不能构成对妻子的强奸。"[87]因此,在婚姻关系正常存续期间,丈夫不能成为性侵犯罪的主体,而在婚姻关系非正常存续期间,丈夫则可以成为性侵犯罪的主体。[88]比如男女登记结婚,但未同居,也未曾发生过性关系,女方坚决要求离婚;夫妻感情确已破裂,长期分居的;[89]用包办、买卖、欺骗胁迫或其他手段强迫结成的婚姻;[90]在夫妻关系非正常期间,如女方以提出离婚,并且长期与丈夫分居;一审判决已下,还在上诉期内,这都可认定为犯罪。[91]应当说明的是,这种观点是刑法学界的主流观点,它也为司法机关的审判实践所认可。[92]

至于肯定说,其理由无非是对否定说的反驳,大致如下:①刑法明确规定强奸罪、强制猥亵、侮辱妇女是一般主体,并没有把丈夫排除在外。②否定说的契约论、暴力论和报复论都是站不住脚的。③婚姻法规定妇女的合法权益任何人不能侵犯。婚内性侵犯就是一种严重侵犯妇女权益的行为,应当用刑法武器保护。[93]④男女平等。持婚内性侵犯豁免说的观点是一种男权主义的偏见,虽然根植于千百年来要求妻子绝对服从丈夫的文化,但是在当前,这种原始野蛮的文化已不容于新的时代。[94]而且它也直接与宪法第48条规定的男女平等原则相抵触。⑤配偶权、同居权不具有强制履行性,否则会使妻子变为丈夫的奴隶。[95]人身权是一种绝对权,不因结婚而丧失这种人身权。配偶的同居权仅仅是一种请求权,不是一种实施权。[96]⑥婚内性侵犯的社会危害性更大,因为较之普通性侵犯,在婚内,妻子可反复被侵害。另外,对人的心理损伤也是更大的。因此不能仅仅认为这种行为是不道德的。[97]⑦认为婚内性侵犯取证困难而不保护,这只是一种借口,因为其他犯罪也可能出现这种问题。[98]⑧从个体自由和社会秩序的选择中,个体自由更为重要,不能以保护某种所谓的社会秩序而否定婚内性侵犯的存在。[99]

上述观点林林总总,似乎穷尽了理论讨论的极限。从知识的角度来说,笔者显然无法对婚内性侵犯这个问题做过多的拓展。但是,笔者想指出的是,婚内性侵犯问题之所以引起如此多人的关注,引发如此激烈的讨论,这与时代的变迁是密不可分的。在这个不断变化的社会,人们对待性、性别、婚姻、家庭的观念也许正发生着根本性的变化,因此婚内性侵犯问题从一开始就注定不是一个单纯的刑法学问题,而更多的是一个社会问题。对于这个问题,如果仅仅局限于刑法学的视野,显然无法理解它所蕴涵的丰富社会意义。

在时代变迁的大视野中,笔者不能不赞同肯定说的观点。在肯定说的理由上,笔者试图做一下简单的发挥。

在历史上,性侵犯是一种风俗犯罪,只有在婚内的性行为才是正当的,妻子只是丈夫的财产,作为客体的财产显然只能对主人言听计从,因此婚内无奸这种观念千百年来从未受过质疑。只有在女性地位崛起的今天,性侵犯逐渐从风俗犯罪演化为侵犯性自治权的犯罪，婚内性侵犯才会成为一个需要讨论的问题。然而，时至今日，女性在社会中并没有完全取得与男性平等的地位，很多时候，她们在婚姻关系中往往处于从属地位，因此，婚内性侵犯问题仍然需要讨论。笔者从来认为，虽然法律不能激进地改变社会现实，但是绝对不能对落后的社会风俗过于妥协，法律至少要对基本人权提供最低限度的保障。

法律要追求男女平等的理念，捍卫女性的性自治权，因而就应该抛弃陈腐的偏见。婚姻并不是一道束缚自由的枷锁，既然法律逐渐认识到即使妓女也有权利保护自己的性自治权，那么为什么成为人妻，就要合法地忍受丈夫的性侵犯呢？既然妻子可以自由支配婚前的财产，[100] 那么为什么她们就不能控制自己的身体呢？"婚姻关系表明了对性行为的概括性同意，仅当婚姻关系解除，这种同意才可被撤回"，[101] 这是主张婚内性侵犯豁免的一种古老理由，直到今天，它依然被人们广泛引述。然而，这恰恰是否定论的致命死穴。即使纯粹从法学视野，这种契约观点也并不恰当。夫妻之间具有同居的权利和义务，性行为也是同居义务的重大内容之一。但是，这种权利并不是形成权，而是一种请求权，仅有一方意思表示并不能实现这种权利。当女方不履行同居义务，丈夫并不能强制履行，他只能通过合法的方式寻求救济。[102] 这正如英国首席法官阿普尔顿所说，"婚姻中的权利、义务、责任并不是依据契约，而是根据国家法律的一般性规定……其依据是法律，而不是合同。"[103] 婚姻法并不认为妻子应该无条件地接受丈夫的性要求，相反法律规定夫妻双方在婚姻中具有平等地位。而这个平等首先就是法律上的人格平等，婚姻并不导致妻子对丈夫的附属地位，在婚姻关系中仍然存在两个独立的法律主体，这也是为什么夫妻双方婚前的债权债务关系在结婚之后也并不发生民法上的混同。为了体现对一方人格的尊重，丈夫在需要性时，应当得到妻子的同意，如果丈夫认为妻子的拒绝是不合理的，那么他可以依据婚姻法主张救济，但是他不能用自己的方式私立救济。但是，如果把同居权理解为形成权，只要在丈夫想要的时候，妻子就必须履行自己的义务，那无疑是把夫妻中的一方当成了另一方的性奴隶，这显然与法律所倡导的平等理念背道而驰。[104]因此婚姻或其他相应的关系，显然不能在法律上使女性丧失了说"不"的权利。婚姻关系并不能必然推定妻子必须无条件地同意丈夫的性要求。

这里要说明的是，甚至完全从刑法学的角度，也不能得出婚姻关系必然导致对性行为的推定性同意。我们知道，在非常有限的情况下，基于推定性同意的行为是一种排除犯罪性事由。而所谓推定性同意是指虽然实际上并不存在被害人自己作出的承诺，但是可以认为在被害人知道情形时就当然会给予承诺，从而推定其意思所实施的行为。例如，发生火灾时，邻居不在家，为了避免烧毁邻居家中财物，于是破门而入，将其贵重物品搬出。这就是一种典型的基于推定性同意的行为。显然这种行为是为了被害人的利益，并且按照被害人的意愿来行为的。按照通常人的理解，被害人如果在场是会同意行为人行为的。[105]然而婚内性侵犯很难说是一种基于被害人推定性同意的行为。在性行为发生时，妻子就在身边，性行为的发生完全违背了妻子的意愿，妻子明明白白表明了自己的态度，而丈夫却无视妻子的拒绝，这怎么能算是推定性同意呢？应当说明的是，在婚姻关系内，只在非常偶然的情况下，才可能成立对性行为的推定性同意。比如在夫妻关系正常时，妻子熟睡，而丈夫与其发生性行为，这就有可能成立推定性同意。事实上，美国大多数州在总体上认可婚内强奸的同时，又认为丈夫在妻子暂时或永久性缺乏意识、心智不全之时通过非暴力手段与其性交不构成强奸。[106] 显然这种做法就是充分考虑了刑法中的推定性同意问题，因为根据社会一般人观念，如果妻子清醒，对于丈夫先前的非暴力性行为并不会加以拒绝。

婚内性侵犯并不单纯是一种道德问题，它具有极强的社会危害性，应当受到刑法的制裁。很多人往往认为婚内性侵犯并不普遍，它仅仅是一种道德罪过，并不值得刑法保护。如果将婚内性侵犯视为犯罪，似嫌反应过度，也与刑法的补充性、歉抑性等原则相悖。然而现实却无情地驳斥了这种观点，早在20世纪早期，蔼理士就指出，婚内强奸远多于一般强奸，[107] 这个结论为随后的调查研究所证实。1978年美国学者儒塞尔（Russell）在洛杉矶的调查显示，婚内强奸现象十分严重，在644名已婚或离异女性中，有14%的女性（87人）曾经被丈夫或前夫强奸（包括强奸未遂）。考虑到很多女性并不愿意将自己的羞辱历史公之于众，而且很多遭受过强奸的女性并不认为丈夫的行径构成强奸，因此儒塞尔认为14%的数字是一个非常保守的数字。儒塞尔发现，遭受过性虐待的妻子之所以没有离开家庭，经济因素起了重要作用。这个结论也为许多学者所确认。[108] 在英国，凯特·派恩特（Kate Painter）从1989年起，历时数年对婚内强奸问题作了专门研究，他对1 007名有代表性的已婚女性进行了调查，结果表明，14%（1/7）的女性曾被丈夫强奸。派恩特指出，如果把这个结论推而广之，那就意味着，在英国18到54岁的已婚女性中，至少有1 370 000名女性遭受过婚内强奸。在派恩特的调查中，在被强奸的妻子中，有一半以上丈夫使用了暴力或暴力威胁手段，一半以上的妻子曾经被强奸过6次以上，其中20%的女性因此而被迫怀孕。这个调查表明，婚内强奸是一种最普遍的强奸的形式。[109] 它比陌生人实施的强奸多7倍，比熟人或男友所实施的强奸多2倍。如果丈夫的经济地位和社会地位高于妻子，那么妻子遭受强奸的可能性就更大。[110]《澳大利亚妇女周刊》在1980年对30 000名妇女的调查也显示，有13%的女性有过婚内强奸的不幸经历。[111] 在我国，虽然还未有人做过这方面的系统研究，但考虑到中国女性（尤其是农村女性）的社会地位，对性的避讳和羞耻心态以及数千年的大丈夫主义传统，因此中国的情况也许较之发达国家会更加更严重。[112] 因而对婚内性侵犯动用刑法是值得的。但是，千万要注意的是，婚内性侵犯并不仅仅是对女性身体的伤害，它更多是为了满足一己欲望，而把妻子客体化，侵犯妻子的性自治权，因此试图用"暴力伤害论"的观点来解决婚内性侵犯问题，无疑混淆了问题的本质，也降低了刑法作为一门科学的精确性。

然而，婚内性侵犯犯罪化的最大问题在于，它可能造成刑法对家庭生活的过分侵扰，并与社会风俗相抵触。自由的根本就是公民应当有某种私人领域不受国家干涉。家庭生活是公民最重要的私人领域，在一般情况下，国家不应该对个人的家庭生活说三道四。作为公民最私密的性事，国家更是轻易不应干涉。然而自由的行使并非毫无边界，它必须以不妨碍他人自由为界限，因此世界各国都认为家庭内的殴打、虐待行为具有可罚性。但是，由于家庭生活的私人性质，家庭内部的争议和矛盾应由公民先以自己的方式加以解决，所以这些犯罪一般都是亲告罪，国家不宜主动追诉。对于婚内性侵犯，可以把它规定为亲告罪，[113] 同时，其刑罚也应低于普通的强奸罪或强制猥亵、侮辱妇女罪，这样就可以在保护性自治权的同时又防止刑法对公民私人生活的肆意侵扰，也体现了对社会风俗弱化刑罚的需要，实现法律在最低限度上的有所作为。[114]

现在我们试图对婚内性侵犯问题做简单小结：婚姻关系并不导致对性行为的概括性同意，丈夫应当尊重妻子的拒绝，只在极其偶然的情况下才可能存在对性行为的推定性同意。对刑法第236、237条不能进行限制性解释，而把丈夫排除在外，婚内无奸的偏见应该被抛弃。

第四章
同意与犯罪论体系

一、同意在犯罪论中的地位

得到被害人同意的行为,在不同的犯罪论结构中,其地位是不一样的。在大陆法系的三层次犯罪论体系(即犯罪是符合构成要件该当性、违法性、有责性的行为)中,得到被害人同意的行为在一定条件下是一种违法性阻却事由。而在英美法系的本体要件和辩护理由这种二元互动的犯罪论体系中,得到被害人同意的行为可能是一种辩护理由。至于我国,犯罪论体系既不同于大陆法系三层次理论,也异乎于英美法系的二元模式,得到被害人同意的行为一般是在排除犯罪性事由中进行探讨的问题。

(一)大陆法系

在大陆法系某些国家的刑法理论中,得到被害人同意的行为在犯罪论体系中的意义并不完全一样。1954年德国刑法学家格尔茨(Geerds)提出,得到被害人同意的行为在犯罪论中具有不同的性质,一种是违法阻却事由,另一种是构成要件阻却事由。他把前者称为"同意"(Einwillingung),后者称为"合意"(Einverständnis)。

他认为,像强奸罪、侵入他人住宅这种以压制被害人意志为前提的犯罪,得到被害人同意的行为是一种"合意",它是构成要件阻却事由。[1]因为被害人的"合意"使得行为不具有犯罪性。但如果某种行为,即使得到被害人同意,其犯罪性也不消失,只是这种在对方同意之下实施的行为,按照国家和社会伦理的规范,可以认为是合法的,那么就是违法阻却事由。[2]

根据格尔茨的观点,违法性阻却的同意与构成要件阻却的合意,所起的作用是不同的。

第一,在同意的场合,行为违反善良风俗时,同意不具有违法阻却的效力,由于法律只承认被害人起初意思具有决定意义,因此,基于欺骗或强制的同意也不阻却违法性;与此相反,在合意的场合,不存在违反善良风俗问题,基于欺骗或强制的合意都有效地阻却构成要件符合性。

第二,两者在错误问题上的意义也大不相同。对于同意的认识错误,常常是违法性的认识错误,而对于合意的认识错误则是构成要件的认识错误。

第三,对于同意问题采取意思表示说,即同意必须是被害人在行为之前明示或默示作出的,被害人的意思必须为行为人所知道,而对于合意,则采取意思方向说,即合意只要存在于被害人内心即可,不一定要表示出来。

第四,两者在可罚性未遂的可能性上也存在差异,在同意的场合下,完全不存在可罚未遂的可能性,而在合意的情况下则具有可罚未遂的可能性。[3]

这种分类在德国具有一定的影响力,甚至一度占据通说立场,[4]而在日本,虽然这种学说很早就有介绍,但却基本上没有为学界接受,[5] 日本学界的通说仍然将得到法益主体同意的行为视为一种违法阻却事由。

然而,在当前的德国刑法理论中,一种有力的见解认为,没有必要区分"同意"和"认定",但是也不能将同意理解为"违法阻却事由",法益主体的同意应当统一视为一种构成要件阻却事由。[6]

(二)英美法系

在英美法系,得到被害人同意的行为可以作为辩护理由提出,如果这种辩护理由被认可,那么就可以否定犯罪的本体要件,自然也就可以排除行为的犯罪性。当然,英美法系的辩护理由与我们的排除犯罪性事由还是有很大区别的。在英美法系,辩护理由分为两类,一类是"正当理由"(justification),另一类是"可得宽恕"(excuse)。前者如正当防卫、紧急避险等,类似于大陆法系的违法阻却事由,而后者如未成年、错误、精神病人等,类似于大陆法系责任阻却事由。[7] 显然,我国在排除犯罪性事由中并没有这种区分。另外,英美法系那种充分利用民间司法资源对抗国家刑罚权的二元对抗式犯罪论体系,也是我国甚至大陆法系诸国所欠缺的。在英美法系,得到被害人同意的行为在非常有限的情况下属于正当理由类的辩护理由,而性侵犯罪中得到被害人同意的性行为恰恰就是这样一种辩护理由。由于这种辩护理由在性侵犯罪中是最常见的,因此许多地方不仅具体规定了不同意的各种外在表现形式,而且还对同意作出了明确的定义,以对司法部门提供清晰的指导。如上文所提及的英联邦国家,又如美国伊诺利伊州,该州刑法把同意定义为:自愿的给予性行为的同意。由于被告人的强制或威胁导致被害人不能在语言或身体上表示反抗不能被视为同意,被害人在行为发生时的衣着不能表明同意。

(三) 我国的选择

在我国的犯罪论体系中,并没有构成要件阻却和违法阻却事由或者正当理由和可得宽恕事由的区别,得到被害人同意的行为在一定条件下是一种排除犯罪性的事由。在性侵犯罪中,如果性行为得到了被害人的同意,那么显然也就可以排除行为的犯罪性。虽然我们的犯罪论体系和英美法系、大陆法系有很大的区别,但是这并不妨碍我们利用先进国家的有关理论来丰富我们对此问题的认识。[8]

严格说来,我国并不存在违法阻却和构成要件阻却的区分问题,但是这两种区分却对一系列刑法问题有重大影响,尤其是我们在下文将要重点考虑的认识错误问题,因此有必要对这种区分理论做简单地讨论。

从体系性安排来看,将法益主体的同意看成构成要件阻却事由可能更为恰当。对于某些侵害个人法益的犯罪,同意是构成要件的一个消极要素,它排除的是构成要件本身,而不是构成要件的违法性。如罗克辛所说:在法益为了个人自由展开时,如果一个行为是以法益承担者的处置为基础的,那么就不可能存在对法益的损害,因为这种处置并不损害他的自由展开,相反,这正是这种自由的表现。[9]

首先,如果法益是个人可以完全处分的,那么同意就直接导致行为没有侵害任何法益,根本就不符合构成要件,没有必要在违法阻却阶段重复讨论。比如,侵入他人住宅,如果居住者同意对方的进入,那么住宅的安宁权也就没有被侵犯,自然也就不符合非法侵入他人住宅罪的构成要件。性侵犯罪也是一样，如果个体同意行为人的性行为，这根本就不符合性侵犯罪的构成要件。

其次、如果个人不能完全处置某种超越个人的法益，那么同意本身是没有意义的，它不能否定构成要件，同时对违法性也没有影响。比如得到配偶同意与他人重婚，由于婚姻家庭利益更多是一种公众利益，因此这种同意就不能排除重婚罪的构成要件，也不能排除重婚构成要件的违法性。又如，如果认为生命权和重大的身体健康权是社会中至关重要的利益，个人无权充分处分，那么经人同意的杀害和重伤行为，既不能排除故意杀人罪和故意伤害罪的构成要件，也不能排除行为的违法性。但是，如果认为个人对造成轻微身体损伤有处分权，那么得到法益主体同意的轻伤害行为就可以在根本上否定故意伤害罪的构成要件，而没有必要在违法性阶段重复评价。

二、同意与主观心态

在性侵犯罪中，被告人主观上是否需要认识到对方的不同意，对于同意的认识错误如何定性？这是性侵犯罪中一个非常值得研究的问题。在大部分性侵犯案件中，被告人[10]最经常的辩解就是，"我以为她同意了""我不知她未满14岁（即我以为她已达同意年龄）"。类似辩解应如何定性，常常让司法机关感到为难。当前，大多数性侵犯罪发生在熟人之间，在这些案件中，两人也许因为约会而见面，男性没有使用暴力或暴力威胁，女方也很少有身体上的反抗。男方于是产生误解，误认为女方是同意的；或者错误地认为女方的拒绝只是半推半就、假装正经；或者认为只要自己坚持，女方终究会同意。对于这些有关同意的认识错误案件应如何处理，是时代发展赋予刑法科学的新命题。

（一）从摩根案件谈起

有关同意的认识错误问题，最经典的案件莫过于1975年英国的摩根案件，正是因为该案，这个问题才进入学界甚至公众视野，摩根案件曾引起人们广泛争论，直到今天这种争论仍未停止。

被告人摩根是一位皇家海军官员，一晚，他与三位同事一起喝酒，酒后摩根邀请三位朋友和自己妻子发生性行为。他告诉三位朋友，如果他的妻子反抗，那是假装的，她的真实想法其实是同意，而且暴力会让她更加兴奋。于是这三位男性不顾摩根妻子的反抗和她发生了性行为。最后这三位男性被控强奸，但他们认为自己当时确实认为女方同意了。在初审法院中，法官告知陪审团，如果被告人对被害人同意的相信不是基于合理的基础，那么它就不能作为辩护理由采纳，于是三位被告的强奸指控成立。随后，他们提起了上诉，上诉法院维持了有罪判决。最后，案件被上诉到最高法院（即上议院），法院虽然在最狭隘的基础上维持了此案的有罪判决，但是它认为初审法院对于强奸罪犯罪心态的指示是在误导陪审团。同时它作出了一个令人震惊的判决，即对于被害人同意的认识错误，即使是不合理（unreasonable）的，但只要是真实（honest）的，那就可以排除强奸罪的主观心态——故意（intent）的存在。[11]这个判决引起了轩然大波，《伦敦时报》认为，"这个判决极为不公，它明显违背了我们的常识。"然而学术界却有大量的人对上议院的判决表示支持，两位英国刑法学家同时也在《伦敦时报》撰文，认为"只要我们考虑刑法中的故意,那么(这个判决)就是常识的胜利。"[12]随后,英国上议院成立了一个专门的委员会用来对摩根裁决进行复审。这个委员会最终肯定了摩根案的判决,认为在发生性行为时,行为人应当知道或至少意识到被害人有不同意的危险,才能构成强奸罪。[13]随后,依据这个委员会的建议,性犯罪法被修改。强奸罪的定义由1956年的"男性强奸女性或其他男性"修改为"在他人没有同意的情况下,与之性交,其时行为人知道对方不同意性交,或者对于对方是否同意性交持轻率态度。"

摩根案件的核心主要是对同意的认识错误问题:性自治权的观念告诉我们,同意不能由他人替代做出,因此摩根案件的当事人的认识错误是不合理的。问题在于,这种不合理的认识错误,如果是真实的,那么行为人的行为是否构成强奸?对于这个问题,无数刑法学家试图寻找答案,虽然这个案件迄今已有近30年,但是它所引发的争论仍未停止。

(二)对策

对于摩根案件所涉及的有关同意的认识错误问题,在世界范围内主要形成了如下一些观点。

1. 严格责任

在普通法中,强奸是一种故意犯罪,其主观心态是行为人对性交所持的心态,而并非是对女方不同意性交的心态。[14]长期以来,普通法国家习惯于认为对同意的认识错误不是辩护理由,它与刑事责任没有关系,对于有着这种错误认识的行为人应该适用严格责任,[15]这种做法在美国非常普遍。[16]根据这种见解,在摩根案件中,被告人所提出的辩护理由显然不能采纳，他们应当承担强奸罪的刑事责任。顺着这种理论推而广之，有些学者甚至认为在约会强奸中，尤其应该采取严格责任，他们认为可以借助民法中的信任关系理论（confidential relationship）分析约会强奸。[17]根据这种理论，法律要求处于优势地位的当事人负有按照对方的利益来行为的积极义务。在强奸罪中也要考虑男女双方的信任关系。一般说来，在熟人之间尤其是约会的男女间就存在这种信任关系，由于熟人的身份，女性会放松警惕。由于信任关系的存在，男性应该按照女性的利益来行为。在交往过程中，法律应当赋予他们更多的注意义务，让他们对女性是否同意加以准确地判断。因此对于同意的认识错误，无论合理与否，都不能作为辩护理由。[18]

2．排除犯罪之故意

采纳这派主张的人一般是把强奸罪的主观心态理解为一种双层罪过，其一是行为人对性交的主观心态，这显然只能由故意（intent）构成；其二是对女方不同意的主观心态，[19]而这种主观心态到底谓何，则存在争论。

一种观点认为，对于不同意的主观心态，也只能由故意（intent）[20]构成。因此行为人的对同意的认识错误显然可以排除犯罪故意的存在。由于并不存在过失强奸的立法，因此行为人的行为不构成犯罪。根据这种见解，行为人只要出现了这种认识错误，无论多么荒唐，但只要是真实的，那么就可以否定强奸罪的成立。

另一种观点认为，对于不同意的主观心态，可以由轻率构成。显然，这是对摩根裁决进行复审的Heilbron委员会的意见。根据这种意见，英国的性犯罪法也随之修改，法律明确规定：对于女方不同意性交，行为人持轻率心态，也可构成强奸。根据摩根裁决，这种轻率是指行为人认识到女方可能不同意，但仍然冒险为之。[21]套用我国刑法理论，这种轻率介于间接故意和过于自信的过失之间。然而这种观点并没有比第一种观点走得更远，它同样也认为，如果行为人确实出现了对同意的认识错误，即使不合理，也可以排除强奸罪的主观心态。

第三种观点是在对前两种观点的批评中形成的，它认为对于不同意的主观心态，不仅仅可由故意、轻率构成，而且还可以由疏忽构成。因此，如果行为人对同意出现认识错误，但只要这种认识错误不合理，与一般人常识不符，那么这种认识错误就不能作为辩护理由。有些学者干脆提出了疏忽强奸的概念，如苏珊指出，无论是故意强奸还是疏忽强奸（purposeful and negligent rape）都是对女性的人格和性自治权的侵害，应该受到法律的惩处。[22]然而有许多学者对此提出了强烈的批评，他们认为只是在非常特殊的情况下疏忽才能成为犯罪的心态，由疏忽构成的犯罪都是一些非常轻微的犯罪，其刑罚也比较轻，而强奸的刑罚很重，因此对疏忽者进行惩罚是错误。另外，惩罚应当限制在被告人有选择自由的案件中，因为愚蠢而惩罚一个人是不公正的。从威慑的角度来说，这也是无效的。在这些学者看来，行为人只有在故意或至少是意识到有危险的情况下，才构成犯罪。[23]

然而，赞同疏忽责任的论者指出，对疏忽犯罪惩罚的理由在于以下几点。

其一，如果在非故意的心态下实施行为会造成非常危险的结果，那么惩罚的依据更主要的是因为刑罚的威慑或剥夺功能，而非行为的道德责任。

其二，主观标准很可能被滥用，因为陪审团有时很难评估被告人的主观心态。因此，客观标准是防止陪审团过分仁慈的司法策略。

这两个理由在强奸罪中尤为明显。疏忽强奸的损失是无法挽回的，这与盗窃不同，疏忽盗窃不是一个严重的社会问题，因为那些由于疏忽拿了别人东西的人是会把财产还回去的，无论返还是否出于自愿，都不会对财产造成严重的损失。而像那些由于疏忽行为造成重大的无法挽回损失的行为，通常都应该接受刑法的惩处，比如疏忽杀人、疏忽致人重伤。即使行为人发生了认识错误，他的行为也是危险的，而且在多数场合，他们往往是对被害人的权益漠不关心。其次，在对强奸罪的主观心态进行认定的时候，采取客观标准比主观标准强得多：在陌生人实施的强奸中，主观心态是比较容易判断的，但是在熟人强奸中，由于很少有补强证据。因此在审判时，很难准确重现被告人当时的行为，更不用说其意图了。所以对认识错误适用客观标准，以一般人的常识来衡量行为人的主观心态，这就至少可以缓解由于证据匮乏所造成的困难。但是，如果认为行为人只要对同意有认识错误，即使这种认识错误不合理，也可以作为辩护理由，那么就非常难以确定行为人真实的主观心态，因为他只要以对同意有认识错误作为辩护理由，那么看起来都是可以让人相信的。[24] 另外，与反对者所说的恰恰相反，赞同者认为对于疏忽进行惩罚完全可以起到威慑的作用。对疏忽者进行惩罚，是因为法律要试图说服人们养成谨慎细心的习惯，这和惩罚故意犯罪一样，都能起到预防犯罪的作用。[25] 在摩根案件中，被告人看到了女性的眼泪，听到了她语言上的拒绝，但却置之不理，这种偏离人类的正常举止的行为当然要受到法律的惩罚，这不仅符合公正原则，也能起到威慑的作用。[26] 有些男性对人类行为的理解可能与女性不同，但依据他们的理解会对女性造成严重的伤害，因此有必要在法律上对男性施加理性行为的义务，让他们尊重女性的意志，尊重她们的语言和行为。如果行为人由于一己偏见，无视女性的拒绝，甚至把这种拒绝理解为半推半就，那显然违背了人类正常行为的规则，因此要受到法律的制裁。

3．正当化事实因素上的错误

持此观点的学者认为，在强奸罪中，得到被害人同意的行为是一种正当化行为。因此对同意的认识错误也就是一种假想的正当化，它是关于正当化事由上的错误。正当化事由上的错误不仅仅包括对事实本身的认识错误还包括对正当化事由的界限和范围的认识错误，对同意的认识错误显然是一种对正当化事实本身的认识错误。

对于这种认识错误应当如何处理，大致形成了两种观点，一种观念认为这种正当化的认识错误应当按照对客观构成要件的认识错误进行处理，因而就像上文所说的第二派观点一样，也认为这种认识错误可以排除犯罪故意的成立，如果对该行为没有过失犯罪的规定，那就不构成犯罪；而另一种观点则认为，这种认识错误只有在合理的情况下才与刑事责任有关，这种合理的认识错误可以理解为一种免责事由。如弗莱彻指出，在摩根案件中，被告人的行为并不是一种正当化的行为，因为被害人可以为了保护自己的权利而进行正当防卫，即使被告人错误地认为对方已经同意，但这并不意味着被害人就丧失捍卫自己人身完整性的权利。因此，行为仍然是不正当的，但是如果行为人的认识错误是合理的，那么他就不具有可谴责性。因此把这种认识错误理解为一种免责事由，才能解决行为违法但行为人不受处罚这个矛盾。也就是说：只有不应受谴责的错误才能作为出罪的基础,一种不合理的或者有毛病的错误本身,则是应受谴责的,因而,它不能否定行为人的应受谴责性。[27]

(三)不同意的判断标准与主观心态的关系

前文讨论过不同意的判断标准,在世界范围内,判断标准大致有四种:①被害人的主观标准;②以强制手段作为判断标准;③新的合理反抗规则(身体反抗和语言反抗);④肯定性同意规则。

至于性侵犯罪的主观心态,也大致有四种:①故意;②至少是轻率;③至少是疏忽大意;④严格责任。

用表格表示如下。

不同意的标准A	主观心态B
被害人的主观标准A1	故意B1
强制手段A2	至少是轻率B2
新的合理反抗规则A3	至少是疏忽大意B3
肯定性同意规则A4	严格责任B4

显然,不同意的标准语主观心态的组合形式有多种,最有利于被害人的标准是(A1+B4),最有利于被告人的标准是(A2+B1),[28]其余组合对被害人和被告人都各有利弊。对于处于法律天平的两端,法律显然不能过于倾斜于一方,它必须在保护被害人合法权益的同时也兼顾被告人的正当权益。

上文,我们已经分析过新的合理反抗规则(A3)具有相对优越性,那么在主观心态上应当做何选择呢?这取决于我们对"同意"属性的认识。

（四）本文之立场——规范性构成要件要素的认识错误

1. 同意与规范性构成要件要素

当法益主体能够完全处分自己的法益，得其同意的行为可以排除构成要件，因此，同意是构成要件中的事实问题，而非违法性评价中的法律问题。

然而，同意并非单纯的事实，它是一种具有社会评价内容的规范性构成要件要素，性侵犯罪中同意至少混合了法律评价与社会评价两种规范性要素，法官在对同意进行认定时，必须结合中国的社会实际，以"新的合理反抗规则"作为规范评价的客观依据

同意属于规范性构成要件要素，它与描述性构成要件要素一样都属于故意的认识内容，只有当行为人在感官上感觉到了描述性的构成要件要素，在思想上存在对规范性构成要件要素的理解，对他的惩罚才是有意义的。因此，在性侵犯罪中，行为人不仅要认识到性行为的发生，而且还要认识到它是在对方不同意的情况下发生的。

2. 规范性构成要件要素认识错误的处理

如果行为人出现认识错误，误认为存在同意，这就属于对于规范性构成要件要素的认识错误。在德国，这又被称为归类性错误（subsumtionsirrtum），即对感官认识到的客观事物在规范评价（归类）上出现了误解。比如将他人汽车轮胎的气放掉，但却不认为这是刑法上所说的"毁损"财物。显然，行为人知道自己在干什么，但却不知道这样做的社会意义。对于归类性错误，应当遵循"在外行领域的平行性判断"，根据社会主流的价值观念，按照一般人的观念进行判断。对于"毁损"这个法律概念，行为人虽然不需要达到法学家的精确理解，但是他必须达到社会一般人的理解程度，也

就是说从一个外行的立场，他也应该知道，按照社会主流观念理解，"放气"行为"毁损"了汽车的使用性能。如果行为人的认识不符合社会的主流价值，与一般人认识不符，那么他的认识错误就不能排除犯罪故意的成立。[29]再如某人贩卖色情图片时，即使他本人认为是艺术品，而非淫秽物品，但一般人认为此图片为淫秽物品，而事实上也是淫秽物品，那就可以认定他具有贩卖淫秽物品的故意。

日本国有过类似判例，虽然法律对某种概念规定得非常明确，但行为人却对事物的概念归属产生了错误，如著名的"狸、貉事件"和"鼹鼠事件"。在日本的《狩猎法》中，狸和鼹鼠都是被禁止捕获的保护动物，但行为人却对某种动物的归属产生了错误认识。在"狸、貉事件"中，行为人误认为当地通称为"貉"的动物与狸不同而加以捕获，但当地人大多都持这种见解。而在"鼹鼠事件"中，行为人不知道当地称为"貘玛"的动物就是"鼹鼠"，而当地人一般都知道"貘玛"就是"鼹鼠"。在第一个案件中，被告被判没有故意，不成立犯罪，而在第二个案件中，法官却认为被告成立故意犯罪。显然，这两个案件中的认识错误都是归类性错误，应当根据社会一般观念进行判断。在第一个案件中，行为人的认识没有偏离社会一般观念，故不成立故意，而在第二个案件中，行为人的认识有违社会一般观念，故不能排除犯罪故意的成立。对于未成年人身份的误解，正与上述两案类似，它也是一种对未成年人身份归类上的错误认识，应当根据社会一般观念判断行为人是否存在故意。

归类性错误不同于单纯的事实认识错误（对描述性构成要件要素的认识错误）。对于后者，行为人的主观认识对于故意的成立具有决定性的作用，无论是采取法定符合说，还是具体符合说，行为人都必须对事实有认识，否则就可以排除故意的存在。但归类性错误却是按照社会一般观念进行客观判断的，而不能只看行为人主观认识，即使行为人没有意识到某种事实的规范属性，但只要一般人具备这种认识，行为人就具有犯罪故意。这正如罗克辛所指出的：对于规范性构成要素的认识，不能仅仅取决于行为人主观性的，在可能的情况下完全不合情理的不法评价本身，否则就将会违背法律作为一种客观制度的性质。[30]

归类性错误也不同于法律上的认识错误。后者是一种禁止性的错误，它是对某种行为是否为法律所禁止出现的误解，而不是对客观事实规范属性的误解。错误地认为"放气"不属于毁损，这不是禁止性错误，而误认为"放气"属于立法者所容忍的恶作剧，这才是法律上的认识错误。同理，对于某种物品是否属于淫秽物品的误认也不是禁止性错误，而对贩卖淫秽物品是否为法律所禁止的误解才属于禁止性错误。

在性侵犯罪中，对于同意的认识错误，当然也只是一种归类性错误，而不是单纯的事实错误，更非禁止性错误。对于这种错误，只有那些符合社会主流价值的合理的认识错误才能否定犯罪故意的成立。此处所说的合理与否，司法者可以根据上文所说的"新的合理反抗规则"进行规范判断。比如在约会强奸中，如果行为人本着"说不还不是半推半就"的哲学无视女性明确的语言拒绝，这种认识错误就不能否定他对女方不同意存在明知。

对于同意，只有那些符合一般人常识的合理错误才能豁免其责。这个观点在许多国家和地区的立法和司法实践中都有体现。比如美国那些承认对同意的认识错误可以作为辩护理由的州，就认为这种认识错误必须是真实合理的。英联邦许多国家也采取了这种做法。如加拿大刑法典第265条第4款规定：当被告人主张其被指控的行为得到了被害人的同意，如果法官认为其主张有充分的证据，并且陪审团也认为证据足以表明这种辩护理由成立，那么法官就应该对陪审团进行这样的指导，即在确定被告人的认识是否真实时，必须考虑这种认识是否有合理的基础。[31] 英国《2003年性犯罪法》也规定：在强奸、插入性攻击及性攻击等性侵犯罪中，如果行为人不能合理地相信对方同意，那就构成犯罪。同时法律明确规定，判断行为人的认识是否合理，应该综合考虑各种情境，包括行为人之所以认为对方同意的各种细节（Whether a belief is reasonable is to be determined having regard to all the circumstances, including any steps A has taken to ascertain whether B consents.）。

诉诸一般人的常识来判断行为人对同意的认识错误是否合理，这就要求行为人抛弃"不等于是"的偏见。性与人的尊严息息相关，行为人应当对对方有起码的尊重，他应当把对方看成一个有理性的主体，而非纯粹的泄欲对象。在进行性行为之前，行为人有义务了解对方的意愿，不要试图读懂女人的心，而要尊重她们说不的权利。在本质上有此能力合理行事之人如果没有这么做，那就违反了规范的要求，体现了对主流价值漠然的人格，因此要受到法律的责罚。

总之，在性侵犯罪中，对同意的认识错误是一种规范性构成要素的认识错误，只有符合社会一般观念的合理错误才能作为免责事由。显然，这种观点最契合我国的当前的犯罪论体系及性侵犯罪的立法现状，其理论推行成本很低，无须对现有法律进行变革。

3. 合理错误的具体判断标准

对于规范性构成要件要素的认识错误要采纳"在外行领域的平

行性判断"标准,也就是说,错误是否合理可以采用过失犯罪中的注意义务理论加以判断。当然这并不是说性侵犯罪是过失犯罪,而是在坚持它是故意犯罪的前提下,利用过失犯罪的理论来解决行为人对规范性构成要件要素的认识错误问题,实际上,这种做法可以在故意犯罪的框架内吸收英美法系的疏忽性侵犯理论。用上文表格中的术语来表示,笔者选择的组合其实是(A3+B3)。

对于注意义务一般有三种判断标准:一是客观标准说,即主张以社会上一般人的水平来衡量;二为主观标准说,即在当时的具体条件下以行为人本身的能力和水平来衡量;三是以主观标准为根据,以客观标准做参考。第三种标准是中国学界的通说。它认为,一般理智正常的人能够预见到的危害结果,理智正常的行为人在正常条件下也应能够预见。但是在判断行为人能否预见的决定意义的标准,只能是行为人的实际认识能力和行为时的具体条件。也即要根据行为人本人的年龄状况、智力发育、文化知识水平、工作和生活经验等因素决定其实际认识能力,以及他行为当时的客观环境和条件进行综合判断。因此,当一般人能够预见,而行为人也可能由于自身认识能力较低而不能预见,反之,一般人在普遍条件下不能预见,行为人也可能因为自身认识能力较高而能预见,总之,只能按照行为人的实际认识能力和行为当时的具体客观条件,来分析和判断行为人能否预见。[32] 在笔者看来,这种标准只是主观标准说的一个翻版,两者并没有实质的区别,在判断行为人具体预见能力的时候,依据的主要都是行为人自身的认识能力和行为时的具体条件。

在笔者看来,对于合理错误,一般应当坚持客观标准说,即以一般人在当时情况下的认识与判断能力来加以确定。除非行为人的认识与判断能力高于一般人，才可以采纳行为人的主观标准。之所以这么认为，是因为如果以主观标准来判断错误的合理性，这其实会导致以对同意认识错误作为辩护理由这种现象的泛滥。任何人在实施犯罪之后，都可能提出这种辩护理由，而如果缺乏一个客观标准来判断这种辩护理由是否合理，那其后果只可能导致这种辩护理由或者被滥用，或者不分青红皂白被一律否认。

在性侵犯罪中，对于同意认识错误的合理性问题，尤其要坚持客观标准。这首先是因为在性侵犯案件中，通常没有太多的证据清楚地再现行为人的主观心态，尤其在熟人犯罪中，情况更是如此。因此如果以行为人的主观标准来判断他是否存在合理认识，那么他的这种辩护理由看起来似乎总是合情合理的。只有诉诸一般人的常识来衡量行为人的认识合理性，才可能缓解由于证据匮乏所造成任意狡辩。其次，性侵犯罪是一种独特的犯罪，它主要是男性对女性的犯罪。在这个男性占支配性地位的社会，主观标准无疑就是特定的男性标准说，根据这种标准来判定他对特定女性不同意的预见能力，不可避免地会回到我们极力希望避免的男权主义偏见。至少，对于那些有着和摩根案被告人一样偏见的男性，在任何情况下，他们也许都会认为男尊女卑是自然规律，女性只是满足男性欲望的工具，女性根本不明白自己想要什么，她们只能由男性来告知什么是她们所欲的。一切语言上的拒绝、身体上的反抗，在这些有着无可救药偏见的男性眼中，都是急于求欢的意思表示。那么，法律难道还要对他们提供庇护吗？他们必须为自己的错误偏见承担责任，因为这种错误是一个试图改变女性弱势地位，在人类交往中应坚持合理行为的社会所不能容忍的。因此，在性侵犯罪中，判断行为人的认识是否合理，一般只能采取客观标准说，即社会一般人的标准。

当然，如果行为人的注意义务高于一般人，则可采行为人的标准。比如对于一位有着青春型精神病（俗称花痴）的妙龄少女，主动向男性求欢，对于一般人而言，可能确实不知女方患有此病，于是在女性的挑逗下和其发生了性行为，对此一般不应以犯罪论处。但是对于知道女方病史的男性，比如她的家人、朋友等，则显然要认为其有此注意义务。

合理错误问题显然与合理反抗规则有着非常紧密的联系。上文已经说过，在合理错误问题上，我们要坚持客观标准，但是，如果行为人的预见能力高于一般人，则可以采纳行为人的主观标准。这与合理反抗规则是相一致的，如果被害人的反应符合合理反抗规则，那么就要认为一般人能够预见到对方的不同意，因此即使行为人出现了对同意的认识错误，这种认识错误也是不合理的，因为它是可以避免的；如果行为人的利用被害人愚昧、胆小，虽然被害人放弃反抗没有达到一般人的反抗标准，但是因为行为人的预见能力高于一般人，能够清楚地预见到被害人的不同意，因此对同意的认识错误显然也是可以避免的，行为人当然应当承担罪责，事实上，这正是对合理反抗规则的补充。

4．约会强奸与不允许的风险

前文已经说过，对行为的同意并不必然推定对行为所伴随风险的同意，只有当这种伴随之风险属于社会所允许的合理风险，对行为的同意才可推定同意这种伴随的风险。男女双方约会，男方可能会意乱情迷，把持不住，女方可能会预见到约会的后果。但是，对未来事件的预见并不代表着对此事的同意，任何人都会预见到自己有一天会离开人世，但是并不意味着对自杀的认可。在约会过程中，如果女方同意与男方发生关系,她会通过行为或语言表示同意,但如果女方用行为或语言表示拒绝,而男方却误认为女方半推半就,这种风险就成为一种不合理的风险,是致力于建立男女平等的社会所不允许的风险,男方的错误自然也是一种不合理的错误。

(五)同意年龄的认识错误

如果被害人未达同意年龄,在法律上就要推定她没有同意能力,只要与其发生性关系就构成犯罪。但是在实践中,被告人却经常以"我不知道对方未达法定年龄"为由提出抗辩。如何认识这种年龄上的认识错误,已经成为长期困扰人们的问题,我们必须对这种特殊的认识错误进行研究。

对于这个问题,1984年司法解释曾采回避态度,称"在办理奸淫幼女案件中出现的特殊问题,要具体分析,并总结经验,求得正确处理。"经过司法机构近10年的经验积累,加上学界的长期争论。2003年1月23日,最高人民法院在《关于行为人不明知是不满十四周岁的幼女,双方自愿发生性关系是否构成强奸罪问题的批复》中终于表明自己态度,认为:"行为人确实不知对方是不满十四周岁的幼女,双方自愿发生性关系,未造成严重后果,情节显著轻微的,不认为是犯罪。"然而该司法解释却引起学界乃至社会公众的广泛争论,数月之后(2003年8月)最高院又发布暂缓执行的通知。

2003年1月的司法解释是对中国刑法学界通说的肯定,但其之所以招致多方指责,除了有既往争论的延续,也许更为重要的是,支撑该解释的刑法理论显得过于粗糙,因此我们必须仔细考察解决此问题的各种对策,评价其利弊大小,以求推进理论的发展。

1. 对策与评价

行为人在遭到未到同意年龄的未成年人拒绝的情况下与之发生性行为，行为人当然构成性侵犯罪，[33]这毋庸置疑。如果未成年人对性行为表示同意，但行为人知道其年龄，行为人构成犯罪一般也没有疑问。问题在于如果行为人不知未成年人身份，其行为是否构成犯罪？对此，应对之策大体有三：其一，严格责任论，无须知道未成年人的身份，只要与之发生了性行为，就一律构成犯罪而没有辩护理由的存在；其二，疏忽过失论，行为人应当知道对方是未成年人，但由于疏忽大意而没有尽到注意义务，因而要承担过失的刑事责任；其三，故意论，要求明知未成年人身份，否则不构成犯罪。

这三种做法皆有可取之处。然而，为了寻找一种成本最小兼顾各方利益的做法，首先应考虑的是司法适用而不是立法修改。申言之，除非法律已经出现无法弥补的漏洞而实有修改之必要，才能涉及立法问题。如果动辄用立法修改来解决司法争议，那么法律也就很难给人以神圣感。以下我们对这三种对策逐一评价。

第一种解决办法主要来自英美法系的理论及其立法实践。[34]严格责任是解决年龄认识错误[35]问题的万灵丹吗？英美等国在法定性侵犯罪中是否就一律适用严格责任，而无辩护理由的存在？带着这些问题，我们试图对英美等国严格责任及其在法定性侵犯罪中的运用做简单考察。

所谓严格责任是指在考虑犯罪行为的一个或多个要素的时候，无须考虑犯罪心态。[36]严格责任不等于绝对责任，它并非完全不需要过错（fault）要素，只是对某些特定要素不需要考虑主观心态，对于这些特定要素的合理错误不能视为辩护理由，但被告人可凭对其他事实缺乏过错作为辩护理由。严格责任主要都是存在于制定法中，普通法仅有极少数的严格责任的犯罪。[37] 对于这个备受指责的原则，英国法学家赫林给出了它存在的一些理由：①保护公共安全。这是它存在的最重要的原因。立法机关一般是把一些涉及公共健康、安全、道德和秩序的犯罪规定为严格责任。②减轻公诉机关的证明责任。由于没有必要证明被告人对某个特定要素的主观心态，公诉机关的证明责任大大减轻。③严格责任的犯罪并非是真正的犯罪。它一般是法定犯（mala prohibita）而非自然犯（mala in se）。因此，这些犯罪一般都是由行政代理部门（government agency）而非警察或公诉机关行使追诉职责的。[38]

美国《模范刑法典》对严格责任采取了否定和限制的态度，它把此类犯罪称为"违法行为"，以区别于重罪、轻罪和微罪，而且处罚也只限于罚金、罚款、没收或者其他民事惩罚，不能判处监禁。[39] 在英国，严格责任更是命运多舛。英国法律委员会在1978年发表的关于犯罪心态的报告指出：凡是对以后的法律涉及的犯罪所要求的条件或结果没有明文规定过错或者严格责任的，都应当不可辩驳的推定，被告人是否应负刑事责任取决于他对犯罪的必要结果、必备条件是否具有主观心态。[40]

虽然严格责任在英美法系受到了诸多限制，但不可否认的是，在法定性侵犯罪中确实存在严格责任的残余。而这恰恰也是国内多数学者主张在奸淫幼女型强奸中嫁接严格责任的理论依据。但是人们在引介严格责任的时候，或多或少存在误读。事实上，英美等国的法定性侵犯罪并非完全的严格责任。而且考虑到严格责任对行为人过分的不公平，在法律中也有一些特殊的制度设计来减低这种风险。

首先看看严格责任的发端地英国对法定性侵犯罪的立法和实

践吧！法定强奸罪最早出现于1861年《侵犯人身罪法》，它包括非法性行为重罪与非法性行为轻罪（该法第50条规定：与不满10岁的女孩发生性行为是重罪，应处以终身监禁。第51条规定，与10岁以上少女发生性行为为轻罪，可判处不超过3年的监禁）。法律中可找不着严格责任的踪影。这种归责原则是在1875年的普林斯案（R v. Prince）才得以确认的。[41]该案被告人普林斯被指控未经女方父亲同意带走一位不满16岁的名叫安妮的少女，这触犯了1861年侵犯人身罪法第55条的规定，即未经女方父亲同意，带走不满16岁的未婚女子。[42]有足够的证据证明普林斯确实不知女方真实年龄。然而，法院还是认为普林斯构成犯罪。在这个案件中，多数意见认为对年龄要素的认识错误不是辩护理由，此罪应适用严格责任，"由于第55条的语言中并没有出现恶意（maliciously）、故意（knowingly）等表示主观心态的字样，因此不能认为在这些法条中，立法者的意图是在被告人知道少女实际年龄的基础上才能确定其为犯罪的。"[43]

必须说明的是，法院之所以对此案适用严格责任，主要是为了弥补制定法上的缺陷。根据当时的理论，如果对年龄要素不适用严格责任，那么一个男人与一个未满10岁女性发生的性行为，只要他有合理的理由认为对方已满10岁（比如说11岁），则不构成非法性行为重罪，而且他也不构成非法性行为轻罪，因为女方不满10岁。[44]

由于遵循先例原则，严格责任在英国得以推广并为法律所认可。《1956年性犯罪法》第5条保留了非法性行为重罪，[45]仍然把与不满13岁的少女发生性行为规定为犯罪，最高刑仍为终身监禁。在第6条保留了非法性行为轻罪。然而在该条第2款和第3款，法律却规定了两个辩护理由："……（2）如果是基于……婚姻法而使婚姻无效（女方未满16岁），这个无效的婚姻不能因为女方未满16岁无权给予同意而使丈夫构成对她的犯罪，只要他相信女方为他的妻子而且有合理的理由让他这么认为。(3)……如果此男性不满24岁且过去不曾因为相似罪行而受过指控，并且他有理由相信少女已满16岁，则不能认为他构成犯罪。"由于第5条和第6条两个法条高度相关，且都来源于1861年的《侵犯人身法》，既然第6条明确了年龄上的认识错误可以作为辩护理由，但是在第5条中却缺乏相应的规定，所有这被认为是立法者以必要的暗示手段对非法性行为重罪中的年龄要素适用严格责任。

1969年上议院在斯维特诉帕斯勒案（Sweet v. Parsley）具有风向标的意义，从此严格责任日暮西山。该案的主流意见指出，如果法律对某罪是否需要主观心态保持沉默，那就可以合理地认为该犯罪需要主观心态，除非法律明示或以必要（而不只是合理的）暗示来表明该条文适用严格责任。[46]在最近的两个针对幼童的猥亵案中，在考虑是否对年龄要素适用严格责任时中，英国上议院再次重申了这个原则，而排除了严格责任的适用。[47]《2003年性犯罪法》保留同意年龄两分法的规定，与不满13岁的未成年人发生性行为采取了严格责任，但与13岁以上，不满16岁的未成年人发生性行为，则要看行为人是否存在合理认识。

从英国的做法可以看出，严格责任是在十分狭隘的基础上适用的，即法律必须明示或有必要暗示。在法定性侵犯罪中并非绝对适用严格责任，至少与年龄相对较大的未成年人发生性行为，对年龄的认识错误仍是一个重要的辩护理由。[48]

美国的立法虽有着深深的英国烙印，但仍极具特色。按照普通法的规定，与不满10岁的幼女发生性行为构成强奸罪。年龄上的认识错误不能作为辩护理由。但是上文我们已经指出，各州在进行法典化运动的时候,对于法定强奸很少有保留普通法关于10岁的规定,一般的趋势是提高同意年龄,从16岁到18岁不等。[49] 在20世纪50年代之前,虽然年龄上的认识错误不能作为辩护理由,但是如果能够证明女方行为不检,如曾经有过不贞洁的行为,则可以作为辩护理由。但是考虑到这种辩护理由对女性不公平,而且根植于过时的贞操观念,因此到20世纪80年代,大多数州都取消了这个辩护理由。那么此时的法定性侵犯罪是否就实行绝对的严格责任,对年龄的认识错误能否作为辩护理由呢? 1962年美国法学会制定的《模范刑法典》对此问题做了回答。它把法定强奸罪分为两个等级,分属二级重罪和三级重罪。前者保留了普通法规定,即与不满10岁的幼女发生性行为,对于该幼女年龄上的认识错误不能作为辩护理由。而后者则是指行为人与不满16岁的未成年人发生性行为或其他偏离性性行为,但行为人必须大被害人4岁。[50] 对于这种法定强奸,法典认为,如果行为人对被害人年龄出现了合理的认识错误,那就可以作为辩护理由而否定其罪责。受该法典影响,所多州都有类似规定。即根据被害人年龄的不同来设计不同的法定性侵犯罪,一般是把它划分为两个或三个不同等级的罪行。[51] 对于第一个等级的法定性侵犯罪,在年龄要素实行严格责任,但是对于其他法定性侵犯罪,年龄上的认识错误则是一个重要的辩护理由,对年龄要素实行疏忽责任。同时,有些州对于最严重等级的法定性侵犯也规定了一些辩护理由,比如行为人和被害人相差不大(一般是2到4岁)或者行为人与被害人已经结婚。[52]

上述介绍是想澄清这样一个事实:英美国家在法定性侵犯罪适用的是一种相对的严格责任,被告人并非没有提出抗辩理由的可能。对于并非最严重等级的法定性侵犯罪,年龄上的认识错误仍是法定性侵犯罪重要的辩护理由。

然而，英美对于最严重等级的法定性侵犯罪仍然实行严格责任，年龄上的认识错误不是辩护理由，那么这能否作为我们在同意年龄问题上嫁接严格责任的依据呢？必须承认，引入此原则好处是明显的。至少司法实践中的疑难案件会大大减少，再也不用担心出现幼女发育成熟，甚至初通风情，主动勾引男方，谎报年龄而使男方误解的疑难案件，司法机关也没有必要左右为难，反正从重打击即可。然而，这个原则的风险也是极大的。首先，它可能动摇传统的罪责原则。有此一个缝隙，主客观相统一原则将摇摇欲坠，客观归罪的指责不可避免。其次，法律必须修改，因为总则与分则是鱼水关系。由于总则没有规定严格责任，分则如果贸然嫁接，至少与罪刑法定原则不符，更何况分则也没有给出第236条第2款（强奸罪）、237条第2款（猥亵儿童罪）应当适用严格责任的明示或必要暗示。再次，对于那些误信谎言的被告，在无法反抗诱惑的情况下所做的冲动之举，却要其负担至少3年以上[53]牢狱之灾也过于严苛。当然我们可以说，这些人的行为是咎由自取，至少他违反了我们的道德禁律，然而用刑法来维系这种道德是否代价过大。当然，法律是可以变更的，前提是法律漏洞非修改而无法弥补；道德也是应当维系的，只是应当经济行事。而在笔者看来，当前的法律并没有糟糕到无法解决这个问题的程度，适当的刑法解释学足以抚平这个皱褶，用刑罚来对付这些常人可能犯下的错误委实过于浪费。

第二种解决之道是过失论。[54] 即对未成年人年龄不需要明知，只要证明被告人应当认识但却没有认识则可认定其主观心态的存在。这种过失显然是一种疏忽大意的过失，[55] 即在法律上要求行为人负有一定的注意义务，如果没有履行此注意义务，则要承担法律责任。过失论的主张看起来十分可行,因为它可以在坚持罪过原则的基础上有效地实现保护未成年人的社会政策。未成年人属于社会弱势群体,法律应当给予她们更多的保护。为了避免她们受到性侵害,法律一方面否定了她们的性同意权利,另一方面也应当要求社会一般公众在发生性行为时,谨慎注意对方是否未成年人。这种注意义务,对于公民来说,既是一种道德义务,也是一种法律义务。当然,判断行为人是否履行了注意义务主要是看其是否有相应的注意能力,即是否有能力预见对方不满14岁。如果行为人缺乏此注意能力,就不能构成犯罪,只能以意外事件论处。对于注意能力,一般应以行为人所属的社会生活领域中一般谨慎之人的注意能力为标准。比如,对于一般人而言,如果未成年人发育比较成熟,而且也向行为人出示了显示其已满14岁的身份证明,那么就应当认为行为人履行了注意义务,因为在这种情况下,一般人预见不了未成年人不满14岁。如果行为人和未成年人有某种监护、教养关系,如学校的老师与学生发生性行为,那么处于教师这个社会生活领域之人的预见能力要高于一般人,教师对其学生的年龄应当有所认识,因此他也就不能以不知未成年人真实年龄开脱罪责。[56]

事实上,疏忽过失正是英美国家对严格责任的一种改造之法。考虑到严格责任与罪过原则有悖,英美国家往往把严格责任的犯罪转化成疏忽过失的犯罪。当行为人对某罪的客观事实提出认识错误的辩护理由,而该罪状中也没有表明是否对此事实适用严格责任,那么法官就往往需要考察行为人是否对该要素尽到注意义务,如果经充分注意、谨慎行事,仍然无法避免该错误之发生,行为人可得豁免,否则就要承担疏忽过失的刑事责任。[57]

但是,和严格责任一样,采纳疏忽过失的做法如果不经过一定的理论转化,那它也就不是一种司法适用的可取手段,因为对于过失犯罪,分则有规定的才处理。那么采纳其主张的必然步骤是修改刑法,而这成本似乎过高,因为我们并非没有合理的解释手段来弥补漏洞。

第三种做法是故意论。这又可以分为直接故意论和间接故意论。前者认为直接故意中所谓的明知包括明知自己行为必然危害社会也包括明知自己行为可能危害社会。[58] 因此只要知道对方可能是未成年人,行为人与之发生性关系的行为就可入罪。而后者认为性侵犯行为的认识要素是明知,但是意志因素则是希望或放任发生损害未成年人身心健康的结果。比如未成年人谎报年龄,但其身体发育并不早熟,行为人完全可以认识到她可能是未成年人,在这种情况下性行为就是一种间接故意的表现,因为行为人对损害未成年人身心健康的结果采取了一种放任的心态。[59]

无论是直接故意论还是间接故意论都来源于当前的理论和立法成果。其努力方向也是一种司法适用之建议,而非立法改革之主张。它们都无须变动现有的刑法设计,因此具有可取之处。从功能上比较,间接故意的主张能够涵盖直接故意的内容,因而更为可取。

然而故意论还是存在问题的:如果行为人因为某种原因而在事实上对未成年人年龄没有认识,但是这种误解却偏离了一般人的常识,但由于他缺乏对年龄的认识,因此按照这种理论,是否就一律可以否定故意,这还值得进一步研究。

2. 年龄上认识错误的性质

对年龄的认识错误是对规范性构成要件要素还是对描述性构成要件要素的认识错误,这不无争议。如果是前者,那就是归类性错误，如果是后者，则是事实认识错误。

规范性构成要件要素和描述性构成要件要素的界分是根据司法机关是否要进行价值判断来进行区分的。比如刑法学界习惯认为，故意杀人罪中的"人"，拐卖妇女罪中的"妇女"都是不是需要进行价值判断的描述性构成要件要素，而传播淫秽物品罪中的"淫秽物品"，聚众淫乱罪中的"淫乱"则是需要进行价值判断的规范性构成要件要素。

但是，两者界限是非常模糊的。故意杀人中的"人"也存在价值判断。"人"的始期是采取"独立生存可能说""阵痛开始说"还是"独立呼吸说"，人的"终期"是采用"心脏停止说"还是"脑死亡说"？这都存在价值判断。如果一位医生对没有办准生证的新生儿注射毒针导致孩子死亡（准生证案），而医生却真诚地认为只有办理准生证的孩子才可以出生，才属于法律上的人，那么这种错误是事实错误还是归类错误呢？再如，行为人拐卖人妖（拐卖人妖案），但却误认为人妖就是女性，那这又是事实错误还是归类错误呢？

同时，在规范性构成要件要素中也有事实问题，比如英语盲帮朋友卖盗版书籍，朋友并未告诉其该书籍是英文版淫秽书籍，被告人一直认为自己贩卖的是四六级辅导材料（四六级辅导材料案）。这又是事实错误还是归类错误呢？

因此，我们无法精准地区分规范性构成要件要素和描述性构成要件要素，因为所有的事实都可能带有规范评价的成分。因此，只要是对评价的错误就是一种归类错误，无论这种评价是在描述性构成要件要素中的评价，还是规范性构成要件要素中的评价。所以，在准生证案和拐卖人妖案中，行为人属于归类错误，而非事实错误，而在四六级辅导材料案中，行为人则是事实错误。

年龄是什么？是事实问题还是评价问题？幼女、未成年人并非单纯的事实本身，它是法律规范创设的一种身份属性。但是，年龄主要则是一种事实问题。如果行为人只是认识到在与对方发生性行为（单纯的事实认识），也知道对方只有13岁但却认为对方有性同意能力，这显然是一种评价错误，但如果根本不知道对方未达同意年龄，那就是事实错误。

事实错误虽然可以排除故意，但是是否存在故意是应该根据经验法则进行推定的，推定故意在我国的司法实践中普遍存在。司法解释经常把故意解释为"知道或应当知道"。如1998年5月8日最高人民法院、最高人民检察院、公安部、国家工商行政管理局《关于依法查处盗窃、抢劫机动车案件的规定》第十七条："本规定所称的'明知'，是指知道或者应当知道。有下列情形之一的，可视为应当知道，但有证据证明确属被蒙骗的除外：在非法的机动车交易场所和销售单位购买的……"；又如2001年4月9日最高人民法院、最高人民检察院《关于办理生产、销售商品刑事案件具体应用法律若干问题的解释》规定："知道或者应当知道他人实施生产、销售伪劣商品犯罪，而为其提供贷款、资金、账号、发票、证明、许可证件……以生产、销售伪劣商品犯罪的共犯论处。"

不少学者认为，司法解释中所说的"应当知道"是一种过失责任，把过失解释为故意是违反罪刑法定原则的。[60]这种观点的局限性在于，没有将故意区分为构成要件故意和责任故意，并从证明责任的角度去理解故意。

如果将故意区分为构成要件故意与责任故意，就很容易说明为什么"应当知道"也是一种故意。构成要件故意属于构成要件该当性中的证明内容，应由控方承担提出责任和说服责任。"构成要件性故意"是一种一般人的判断，控诉方只要从理性一般人的角度证明被告人"应当知道"就完成了证明责任。当控诉方证明被告方存在构成要件故意，就可以推定其存在责任故意。"责任故意"是一种个别化的非难判断，如果被告方要提出反驳，主张没有责任故意，这就如精神病辩护事由一样，应由被告方承担提出责任和优势证据的说服责任。如果控诉方不能提出优势证据证明自己缺乏责任故意，就自然就要推定其存在责任故意。比如在销赃案件中，控诉方证明被告方在非法的机动车交易场所购买赃车，一个具有通常理智的人从这个事实可以推定被告方知道车辆可能是赃车。如果被告方要反驳控诉方的推定，比如主张不知道不能在非法的机动车交易场所交易车辆，这种主观化的个别事项属于责任故意的范畴，提出责任和说服责任当然应由被告人承担。

在同意年龄这个问题上，许多国家都存在推定故意的类似立法。如大陆法系的瑞士，该国刑法第187条第4款规定："行为人误认为未成年人已满16岁，如果行为人慎重行事是能够避免此等错误的，处监禁刑。"这里的谨慎行事，其实也就是其认识是否符合社会一般观念，如果根据当时的客观情况，行为人未尽充分之注意义务导致发生认识错误，成立故意犯罪。

这种立法思路在英美法系更是常见，英美法系对于同意年龄一般采取双分法，如果美国《模范刑法典》将同意年龄分为10岁和16岁两个，对于前者采取严格责任，对年龄的认识错误不能作为辩护理由，而对后者则采取推定故意，对于年龄的认识错误，按照一般人的生活经验进行推定。与不满10岁的幼女发生性关系，社会一般人不可能不知道对方没有性同意能力，行为人认识错误不能原谅，而对不满16周岁的幼女，对于年龄，一般人也有可能出现误解，如果这种误解符合社会一般观念,则无法推定行为人存在故意,则可免除行为人的罪责。当然,英美法系走的是另一条道路,它在法律上将法定性侵犯明确规定为严格责任或疏忽过失责任,这与我国刑法不相匹配,因为刑法第236、237条所规定的强奸罪和猥亵未成年人罪是一种故意犯罪。但是,通过推定故意的相关理论,我们完全可以在故意犯罪的框架内,吸收英美法系的立法经验。我们应该根据社会一般人观念来判断行为人年龄的认识错误在经验上能否接受。但是对于那些负有特定义务的人,如对未成年人有监护关系、教养关系或其他信任关系,那么他们那个群体注意义务要高,因此他们"应当知道"未成年人的身份。如果行为人要进行反驳,那么应当由他们承担优势证据的说服责任。

3．推定故意的判断标准

对于年龄认识错误是否可以排除故意,应该根据一般人的生活经验进行判断。

在讨论这个一般性的判断标准之前,我们不凡先从法律有关幼女的立法沿革中看一下同意年龄的判断标准。何谓幼女?我们曾在性成熟标准与法定年龄标准两级摇摆不定。1955年11月9日最高人民法院在《关于处理奸淫幼女案件不得以14岁为幼女年龄标准的通知》指出,"在处理奸淫幼女案件时,应就被害幼女是否发育成熟以及被害幼女在身体和精神上所造成的后果等考虑量刑,以免处刑不切实际。"但实施仅两年时间,由于造成执法混乱,最高人民法院在1957年4月30日《1955年以来奸淫幼女案件检查总结》及同年5月24日会同司法部发出的《关于城市中前几类刑事案件审判工作的指示》中又重新确定了以不满14岁为幼女标准。1979年刑法和1997

年刑法也采取了这种做法。然而在随后颁布的几个司法解释中，分明又能看到最高司法机关仍然不愿彻底放弃发育成熟说。[61] 以发育成熟与否判断是否幼女，这不啻是一个美好的设想。因人而异，具体问题具体分析在这得到了完美实现。然而"发育成熟"这个概念本来就不明确，在现有的医疗条件下也很难界定。因此要求规范性、确定性的刑法也就不可避免地采用了客观的年龄标准说，这是梦想破灭之后的无奈之举。

法定标准说有它明显的好处，它可以最大限度地保护未成年人的利益。而如把这种学说发挥到极致，其代价则是彻底牺牲行为人的利益。这种不分青红皂白的处理办法似乎过于极端，它不可避免地使得早已走出客观归罪的现代刑法理论残留了原始的印记。如果能把年龄标准与发育成熟说结合起来，那倒不失为一种有益的尝试。英美国家法定性侵犯罪的两分法的立法实践给我们提供了一些线索：对于最严重等级的法定性侵犯，年龄上认识错误的辩护理由是不被接受，至于其他的法定性侵犯罪，这种辩护理由则可被接受，除非行为人是负有特定义务的人。能否用推定故意来解释这种不同等级的法定性侵犯罪设计呢？与非常年幼的未成年人（如《模范刑法典》所规定的不满10岁的幼女）发生性行为，行为人提出不知对方是未成年人的辩护理由显然是不能被接受的。如果与年龄相对较大的未成年人发生性关系，由于其中有的发育早熟，那么根据一般人的生活经验是可能出现这种错误的，因而可以否定行为人的罪责。对于那些负有特定义务的人，如对未成年人有监护关系，教养关系或其他信任关系，他们自然应当对未成年人的年龄存在明知。这种解释似乎较好地实现了年龄标准说与发育成熟说的结合，在某种程度上也超越了严格责任与单纯的罪过理论，并且平衡了被害人和行为人的利益。

顺着这个思路，我们尝试着对是否推定故意的标准做一个大致的界定。

在行为人和未成年人发生性关系的情况下，应当根据一般人的生活经验来推定行为人是否存在故意。如果行为人处于特定的地位，与未成年人有监护或教养关系或其他信任关系，那么他们应当存在这种认识。对于一般人而言，与还没有发育成熟的孩子发生性行为，他要负有询问的义务。如果行为人没有关心过对方的年龄，则违背了注意义务。如果仅从外表形体如身高、体重、第二性征（包括乳房发育、阴毛的浓密、腋毛的有无），一般人能够判断出该人有可能是未成年人，即使未成年人谎报年龄，也可以认定行为人应该有认识，因为这种认识错误是不合理的。另外，如果有其他表明未成年人身份的客观特征，如在上小学，戴红领巾等，[62]也可以作出相应的推断。

问题在于未成年人发育早熟，从外表形体无法判断对方是未成年人，这种案件应如何处理呢？事实上，司法机关绝大多数疑难案件往往集中于此。笔者对1980年以来发表的论文和书籍中涉及奸淫幼女（含嫖宿幼女）的案件做了一下梳理，发现在双方自愿发生性行为的情况下，行为人以不知对方年龄作为辩护理由的案件，绝大多数幼女是13岁，很少有12岁的，基本上没有不满12岁的案件。而在这些案件中，有相当比例的是男女在谈恋爱，甚至准备结婚的情况下发生的，还有一些是幼女主动诱惑而致，社会危害性相对较小。另外有一部分案件行为人处于特定地位，负有特定义务，如教师、亲属和邻居。[63]以此为依据，我们试图对未成年人作一个区分：不满12岁的未成年人和12岁以上不满14岁的未成年人。对于前者，由于仅从形体和外貌就应当判断出未成年人身份，因此这种年龄上的认识错误是不合理的，可以推定行为人存在故意。至于12—14岁之间的未成年人，如果其发育确实早熟，一般人对其未成年人身份可能发生误解，那么也就无法轻易地推定。事实上，对于13岁左右的孩子，即使是专业的司法人员也很难准确的判断其真实年龄。某市有几位有二三十年司法经验的审判员到一家中学做实地调查，他们目测了几十个14岁左右的女学生，估计是否已满14岁，结果证明百分之八九十是错误的。[64] 行为人对处于这一年龄阶段的未成年人在年龄上发生认识错误，很有可能是合理的。但是如果行为人处于特定地位，负有特定义务自然应当知道同意年龄的。

以12岁作为年龄认识错误是否合理的界限是有一定的人类学、医学基础的。人们性生理发育的标志是青春期来临，以女性为例，其性生理发育的基本标志是月经初潮，即第一次来月经的时候。发生年龄大概在13—15岁。女性初潮年龄因种族、遗传、营养、气候、经济、文化等条件而有不同，近年来我国妇女的初潮年龄有不断提前的趋势。我国1980年全国妇女的月经普查结果表明，北京市女性初潮年龄从1963年的14.50岁提前到13.26岁。[65] 另据学者1991—1992年在22市对8069名少女的调查显示，中国人初潮年龄明显提前。月经初潮年龄以重庆市最早，为12.51岁，拉萨市最晚，为13.72岁，较之十年前都有较大提前。[66] 另有学者1994—1995年对7市铁路中学2447名女生进行调查。结果显示，20世纪90年代7市女生月经初潮平均年龄为12.47—13.40岁，其中以广州市最早，哈尔滨市最晚。较之10年前两市分别提高了5.6个月和5.8个月，而上海铁路中学女生初潮平均年龄为12.50岁，较之80年代的14.10岁，足足提前了13.71个月。[67] 上述研究都表明，生活在水土湿润的亚热带的女孩初潮年龄要早于生活于东北高寒地带的女孩子,农村的女孩的初潮年龄普遍要高于城市女孩的初潮年龄,但绝大多数中国人初潮年龄都在12岁以上。另外,12岁上下的孩子在第二性征上存在区别。中国女性在10—11岁,乳头和乳房开始发育,乳头像芽孢一样慢慢突起和隆起,阴部开始出现短而细的竖直阴毛。在12—13岁,乳房继续发育增大,乳晕明显,阴毛卷曲。到13—14岁出现腋毛和初潮。[68]因此,在绝大多数情况下,对不满12岁的未成年人,一般人是不难判断出其身份的,年龄上的认识错误是不应该出现。无论行为人如何狡辩说自己不知对方年龄,也很难让人相信。就这些孩子而言,她们显然不能对性行为给予任何有意义的同意,她们也不能成为性满足的对象。与这些未成年人发生性关系的行为人显然触犯了基本道德规范。但是,对于12岁以上不满14岁的未成年人,其中有些形体外貌如同成年人,此时如果行为人尽充分注意义务仍无法避免发生年龄认识错误,就应该否定其罪责。对于这些已经进入青春期孩子,她们对性已有朦朦胧胧的欲求并已有基本了解。她们甚至有时还会勾引诱惑行为人。考虑她们对性行为的社会、心理、感情以及生理后果的了解十分有限,因此,至少当行为人是成年人时,把她们视为性侵犯罪的被害人是切合实际的。但是我们不能完全牺牲行为人的利益来保护未成年人的权益。12—14岁的未成年人确实可能被人误认为已满14岁。如果行为人确实出于诚实合理的错误认识,误认为对方年龄足够大了,因而和她发生性关系,对这样的行为人进行处罚,明显偏离了罪责原则。当然,对那些处于特定地位,负有特定义务的行为人,由于他们的注意义务要高于一般人,他们应当认识到对方的年龄,因而不能免责。[69]事实上,明清以及民国初期,法律上对同意年龄都规定为12岁。这虽然不利于对未成年人的保护,但是却反映出了一个问题,即在百年之前的中国,12—14岁的未成年人在形态上也确实有可能发育成熟,让人很难判断其真实年龄。否则,法律是不会做这种规定的。因为任何一个民族,对与根本还未发育的孩子发生性关系,都是严厉禁止的。考虑到时代的变化,当前人的性生理发育程度在总体上早于百年前,因此选择12岁作为认识错误是否合理的界限是比较恰当的。当行为人与不满12岁的未成年人发生性关系,年龄上的认识错误是不应该的,无论行为人如何狡辩,他都要承担性侵犯罪的刑事责任;当行为人与12岁以上不满14岁的未成年人发生性关系,如果未成年人发育确实早熟,一般人对其身份可能发生误解,那么从一般人的生活经验出发,年龄上的认识错误就可以豁免行为人的罪责。

借助青春期年龄分析认识错误是否合理并不意味着青春期之后的人就应有性同意能力。我们的目的是想探寻,在何种情况下一般人可以辨识未成年人的身份,从而界定这种认识错误是否合理。也许以12岁作为界限还缺乏足够的说服力,甚至有点武断。因为很难准确定义青春期从何时开始,而且不同的人进入青春期的时间也不一定相同。但是,划定年龄界限仅仅是对要保护群体的大概的估计,这个标准也方便操作。而且以现有公布的案件为蓝本,以12岁作为错误认识是否合理的界限也可以在最大限度上平衡行为人利益与保护未成年人的社会利益。当然,我们仍需要更多的实证依据来证明我们的观点,我们期待更多的人开展这项饶有意义的研究。[70]

当然,青春期的到来,身体外形的变化并不能够表明其发育成熟,人类的性成熟更多表现在性意识的成熟。考虑到性成熟并不单纯依赖于生理上的成熟,当前世界各国关于法定性侵犯的立法有个突出的趋势,就是提高性同意年龄,把法定性侵犯要保护的对象扩大到少年。当然如果侵害对象是少年，年龄上的认识错误更可以作为辩护理由，这种立法趋势值得我们学习。

4．两小无猜的免责事由

郎骑竹马来，绕床弄青梅。两小无猜是人们对少年男女感情的一种浪漫写照。随着生理的发育成熟，人类在15—17岁初步形成了性意识。在进入青春期后，大部分男孩也已体验过射精的性快感，他们周身充满了强烈的性欲，希望和女孩交往，接触女孩的肉体，渴求接吻，拥抱甚至性交。由于初次接触到性，因此在处理这些问题时，缺乏经验，往往不能控制自己。男孩只要稍微受到一点性刺激，反应就十分敏感。而大部分女孩在初潮之后也会对男孩产生一种朦胧的爱，并希望博得男孩的欢心。[71]于是，有些孩子会尝试早恋，这在当前的中学生中并不罕见。如果双方发生性行为，刑法是否要进行干涉呢？

必须认识到，之所以规定一定年龄以下的人没有性同意能力，主要是为了防止大人利用孩子的无知来满足自己的欲望。然而很少有孩子会利用未成年人的无知，他们往往是在好奇心的驱使下发生性行为的。性行为的发生一般经过双方同意，有时甚至未成年人主动诱惑。双方对性行为的发生都有责任，由一方承担这种责任显失公平。另外，在一些少数民族地区往往有早恋的习俗，十三四岁的男女往往在一起"搭小屋""住公房""串姑娘""摇马郎""串寨""坐妹"等，在这些活动中，往往伴随着性行为的发生，有的造成未成年女子怀孕的后果。而这在被害人及其家属中一般不告，认为这是历史习俗。[72]对于这些行为人而言，很难说他们利用了对方的无知。总之，防止孩子发生性越轨行为的最佳办法是开展有效的性教育。

动用刑罚不仅收效甚微,也过于浪费。因此1984年司法解释认为,"十四岁以上不满十六岁的男少年,同不满十四岁的幼女发生性行为,情节显著轻微,危害不大的……不认为是奸淫幼女罪,责成家长和学校严加管教。"

如何理解此处的"情节显著轻微"呢?首先,其前提必须是双方自愿。当少年采取暴力、胁迫等手段实行性侵犯,这当然是犯罪,只不过考虑行为人年幼,对其应当从轻或减轻处罚。其次,双方年龄应当相差不多。如上文所述,对于你情我愿之事,法律所要打击的仅仅是行为人利用未成年人的无知。而在相似年龄的男女之间发生的性行为却一般不属于法律所关涉的对象。因为这很少会有利用对方未成熟的情况。在双方自愿的情况下,只对一方施加刑事责任是不公正的。美国《模范刑法典》规定,对于不满16岁的未成年人实施的法定强奸,其处罚条件是至少比被害人大4岁。[73] 遍考美国各州的规定,年龄差在2—6岁间,主要集中于三四岁。[74]

笔者认为,可以利用年龄差来理解"情节显著轻微"。在我国,把年龄差设计在4岁是比较合理的。这是因为中国女性初潮年龄一般不会低于12岁,且我国相对刑事责任年龄的规定最高不超过16岁。因此,如果行为人与未成年人的年龄差在4岁以内,双方自愿发生性行为,一般可以情节显著轻微论处。但如果年龄差大于4岁,则可认为行为人利用了未成年人的无知,因而要承担刑事责任。我们把这称为两小无猜的辩护理由。

三、同意与未完成罪

在刑法中，由于某种原因，行为人没有完全实现法律所规定的构成要件，这属于未完成罪，未完成罪包括犯罪预备、犯罪中止与犯罪未遂。

传统刑法理论在认定强奸罪、强制猥亵、侮辱妇女罪的未完成罪时，往往只注重性侵犯的外在行为，如暴力、胁迫或性行为本身，而忽视了"不同意"这种最重要的客观要素在认定未完成罪中的作用。这突出体现在如下几个方面。

（一）求欢未成与未完成罪的区别

在司法实践中，男方希望与女方发生性关系，女方拒绝，这种情况是以性侵犯罪的未完成罪（中止）论处，还是不构成犯罪，这不无争议。比如曾引起各界广泛关注的黄静案。被告姜俊武与黄静系恋人关系，一晚两人在黄静宿舍同宿。姜俊武与黄静亲吻、抚摸后，提出与黄性交，黄将双腿夹紧，姜即用双手扳黄的双下肢腘窝处，黄不依，表示等结婚时再行其事，姜便改用较特殊方式骑跨在黄的胸部进行了体外性活动，之后两人入睡。熟睡中黄静吐气、喷唾液、四肢抽搐，姜惊醒便问黄静"哪里不舒服"，黄未作答，姜便又睡。早上6时许，姜俊武起床离开黄静的宿舍。约一小时后，姜俊武多次拨打黄静的手机无人接听，后敲黄的宿舍门没有应答，且发现黄静又未在学校上班，姜便将此情况向校领导反映。校方派人从楼顶坠绳由窗户进入黄静的宿舍，9时30分许发现黄静裸体躺在床上，已经死亡。经最高人民法院人民法院司法鉴定中心法医学鉴定，黄静系在潜在病理改变的基础下，因姜俊武采用较特殊方式进行的性活动促发死亡。公诉机关后以强奸罪的犯罪中止提请法院依法判处。但一审法院认为：被告人姜俊武留宿于黄静的宿舍并提出与黄静发生性关系时，被害人黄静表示要等到结婚时再行其事，姜尊重恋人黄静的意愿，而采用较特殊方式进行性活动。其主观上没有强奸的故意，客观上没有违背妇女的意志强行与之性交的行为，不符合强奸罪构成要件，不构成犯罪。[75] 二审法院维持了原判。

如果不从同意问题着手，此案的性质就非常难以认定。由于性侵犯罪的本质是同意问题，因此本案是犯罪中止还是不构成犯罪关键要看黄静是否同意性行为。如果女方对性交表示同意，被告既不构成强奸罪的既遂，也不构成中止。

强奸罪的未完成罪，无论是犯罪预备、犯罪未遂，还是犯罪中止，其前提必须在男方知道女方不同意的情况下才可能构成。如男方采用暴力手段行奸，女方说其怀孕，希望男方不要施暴，男方放弃，这成立中止。在男方放弃行为之前，他知道女方对性行为持不同意态度。然而，在黄静案中，男女双方系恋人关系，当男方提出性主张，虽有所行为，但此时他并不确定女方的心态，他期待着女方的同意。根据新的合理反抗规则，语言的拒绝是一种消极反抗，但是女性说"不"之后，还可能改变意图，如果消极反抗与性行为的发生有时间差，男性试图说服女性改变态度的做法也合乎情理，对于不断纠缠着的男性，合理的女性应当再次拒绝，并在可能的情况下选择离开。显然在黄静案中，被告提出性主张后，虽然开始动手动脚，但这种行为本身不是性侵犯罪中的"暴力手段"，它只是性行为本身所伴随的正常举动，当女方表示拒绝，被告放弃了性交的意图，这不构成任何犯罪。如果将此行为认定为强奸罪的中止，这不仅将性行为所伴随之正常举动视为不法，同时还剥夺了女方可能同意性行为的自治权。另外，被告也不构成强制猥亵、侮辱妇女罪，虽然被告在女方拒绝性交之后，对女方实施了体外性行为，由于女方对此没有语言上再次拒绝，也没有其他形式的反抗，因此在法律上应当视为对性行为的同意。即便女方在当时由于身体原因无法再次拒绝，但由于被告无法预见这种特殊情形，这种对同意的误认也是一种可以免责的合理错误。

（二）犯罪未遂与犯罪中止的区别

在刑法理论中，犯罪未遂与犯罪中止的界分，至今仍悬而未决，尤其是关于中止"自动性"的认定，学说林立，各有利弊。在性侵犯罪中，未遂与中止的区别也是长期困扰司法实务部门的问题。比如行为人开始实施暴力性侵，因女方正值生理期，行为人放弃奸淫（生理期案）；又如行为人雇佣钟点工，见其年轻貌美，遂将其按倒在床上，意欲奸淫，钟点工与其周旋，让其先去洗澡，不要着急，行为人上当，前去洗澡，钟点工于是逃走并报警（钟点工案）；再如行为人黑夜中欲暴力奸淫某女，发现女方脸部被硫酸泼过，于是放弃（硫酸案）。上述案件，不一而足，都要求理论界提供认定中止自动性的合适标准。

关于中止"自动性"的判断标准，比较有代表性的理论有心理学理论和规范性理论。前者的代表人物是德国刑法学家弗兰克，"能达目的而不欲"是中止，"欲达目的而不能"是未遂。行为人在没有心理强迫下放弃犯罪，属于自动中止，而在强大的心理压力下放弃犯罪，则属于被迫放弃，不能认定为犯罪中止。后者则从规范的角度来认定行为人是否属于自愿放弃，代表人物是德国刑法学家罗克辛，这种理论认为，尽管危害行为在客观上还能够实施，但当存在不利状态时,如果从一名普通的理性罪犯的眼光来看,再去行为是不理智的,那么这就属于被迫放弃,而非自动中止。只有行为人的行为表现为从犯罪道路上的回转,体现为"对合法性的回归"时,才能被评判为自动中止。[76]

心理学理论是一种比较古老的标准,它有两个主要的缺点:一是只考虑行为人的心理压力,而不考虑其是否在内心具有"回转"和"向合法性的回归",与犯罪中止的理论基础不相一致;二是难以在实践中做到前后一致,比如行为人担心被捕而放弃,这到底是受到强迫性心理的阻碍还是在进行机遇和风险的权衡,这并不好判断。上文中的"生理期案""钟点工案"和"硫酸案",心理学理论也很难做出判断。

规范性理论也有缺点,它最大的问题在于"理性罪犯"这个标准本身也很不确定,很难找到"典型的"强奸罪犯。[77]

在这两种理论中,笔者更倾向于规范性理论,虽然"理性罪犯"标准不甚明确,但它比心理学标准的明确性要更胜一筹。人的心理状态是很难知晓的,就以"生理期案"为例,行为人的放弃出于何种心理状态,是厌恶恶心,还是担心害怕,甚或怜悯,这其实很难认定,在很多时候,还是必须借助司法人员的规范判断。另外,当前学术界关于中止的理论根据的讨论中,最有影响力的理论是刑罚目的理论,这种理论主张,在行为人通过中止表现出自己并不具有很强的犯罪意志和自己已经回归到尊重法律的状态之后,特殊预防和一般预防就都失去了意义,因此,法律应该放弃对尚未既遂的行为进行制裁。无论出于阻止行为人将来的犯罪,还是为了对其他人进行威吓,或者为了重新建立被损害的法律秩序,对中止者进行惩罚都没有必要。根据这种理论,犯罪中止是一种"排除罪责的根据"。[78]显然,规范性理论所主张的从犯罪"回转"和对"合法性的回归"正是这种刑罚目的理论的体现。

按照规范性理论,中止的自动性应当根据理性犯罪人标准,由司法人员对行为人是否有从犯罪"回转"的"合法性回归"进行规范评价。在这种规范评价中,往往要通过"(不)同意"这个核心要素进行判断。性侵犯罪侵犯的是女性的性自治权,只有从规范上看,行为人不愿意继续侵犯女性的性自治权,才能彰显其转离犯罪,向"合法性回归"的决心。而这种回归也只有在行为人知道被害人不同意的情况下,在理性犯罪人还可以继续犯罪的情况下,放弃犯罪,其放弃行为体现了对被害人性自治权的尊重。

具体而言,区分性侵犯罪中止与未遂的一个重要区分标准就是在规范上判断不利状态的出现是否防止行为人认识到被害人的不同意仍处于持续状态中。如果行为人认识到被害人仍处于不同意中,只是试图采取一种更为便捷的方式来侵犯对方的性自治权,那当然不能认定为中止。比如钟点工案,行为人从表面上放弃了暴力行为,但他并没有尊重被害人的性自治权,向合法秩序回归。在此案中,行为人与被害人并非熟人,将被害人随己意按倒在床上,他当然应该知道女方的不同意,无论行为人是否使用暴力,封闭式的空间就足以压制女方反抗。当女方让其先洗澡,不要着急,男方虽然放弃了暴力,但其借助先前的强制手段所形成的压制女方反抗的状态依然存在,无论是从客观的新合理反抗规则,还是从主观上的合理错误标准,在规范上,男方都应该认识到女方仍处于不同意的状态,因此行为人没有"合法性回归"的决心,他只是希望采取一个更为便捷的手段来满足其侵犯女方性自治权的目的。

相似的一个案件是张某强奸案。2006年7月16日22时许,被告人张某在北京市某地，酒后使用暴力将回家途中的朋友谯某拽至一10米深的死胡同内，将其压倒在地欲与其发生性关系，在扭打过程中谯某假意对被告人说："别在这儿，去你家好吗？"此时张某酒醒觉得此事不好，便松开谯某，谯某趁机起身离开，张某跟在后面，从东向西，向被害人家走，在走出胡同口约10米远的大路上，谯某见一路人，大喊救命，遂事发。

在这个案件中，张某最初知道女方的不同意，但当女方对张某说"去你家"这种语言，由于双方的熟人关系，一个理性的罪犯有可能认为女方的心态已经从不同意转化为同意。一般人都应该知道在前往张某家的路途中，被害人很容易逃脱，因此在规范上，张某的放弃体现了对被害人性自治权的尊重，有"合法性回归"的决心，应当认定为犯罪中止。

规范性理论也能够比较稳妥的处理生理期案与硫酸案。

在生理期案中，虽然很难判断生理期对于一般的强奸犯罪人是否是大的客观障碍，但从规范的角度来看，放弃与生理期期间的女性发生性行为在客观上不仅避免女性的性自治权受到进一步的侵犯，而且也保护了女性的生理健康。在医学上，与生理期的女性发生性行为，对于女性的身体是有重大伤害的，而对男性只有心理上的影响，因此从规范的角度，这种案件应当认定为犯罪中止。

在硫酸案中，女方的丑陋的相貌是否会吓阻一般的犯罪分子，这也不太好判断。但规范性理论可以提供很好的解答。规范评价并不完全等同于一般人观念，它必须超越世俗偏见，承载法律所追求的价值。如果将此案判定为犯罪未遂，这势必在暗示，女方的相貌对于行为人是否实施性侵犯行为有着至关重要的作用，这是对相貌丑陋女子的污名化，是对她们的第二次伤害，同时也迎合了某些人所谓的"红颜祸水"的偏见,对相貌秀丽之女子也是一种亵渎。

值得讨论的一个问题是遭遇熟人而放弃强奸案。2007年12月4日凌晨3时许,被告人刘某在回家的途中,见骑自行车过来两人。被告人刘某顿生歹意,将坐在后面的张某从自行车上拽下,按翻在地,欲行强奸,被害人张某认出刘某后,说"我认识你,你要敢,我就报案",刘某闻言遂起身逃走,强奸未成。在此案件中,理性犯罪人会如何行为呢?是担心熟人的告发而停止犯罪,还是干脆一不做二不休,干脆杀人灭口,这也许很难判断。但从防止犯罪人铤而走险,实施更为严重的犯罪(杀人灭口)这个角度出发,在法规范上将其评价为存在"合法性回归"是恰当的。

第五章
同意与证据规则

一、同意的证明责任

证明责任一般可以分为说服责任与提出证据责任,前者指在刑事诉讼中由主张一方提出证据说服审判者己方主张为真的责任,而后者指刑事诉讼的当事人提出证据使自己的主张成为争议点的责任。[1] 证明责任不仅是一个程序问题,它更是一个实体问题。不少国家学界都是在实体法中对证明责任进行讨论。[2]

(一)证明责任分配的标准

当前,关于证明责任分配的原则主要有以下两种。

1. 犯罪构成标准

这是以犯罪构成作为证明责任分配的标准,它主要盛行于普通法系尤其是美国。普通法系的犯罪构成理论是一种双层结构,包括本体要件与辩护要件,前者包括行为和意图,后者包括各种辩护事由,如未成年、错误、精神病、醉态、胁迫、警察圈套、安乐死等。这种犯罪构成理论是一种入罪与出罪的二元对立模式,其最突出的特点就是充分利用民间司法资源对抗国家的刑罚权,发挥被告人及其辩护人的积极性,在动态中实现国家权力和个人自由的平衡。

学界普遍认为,公诉机关对于本体要件必须承担两种证明责任。首先,公诉机关必须对本体要件的每个要素提出相应的证据;其次,为了达到对被告人的定罪的目的,其证明标准还应达到超出合理怀疑的程度。[3]对于辩护理由,普遍认为应当由被告人承担提出证据责任,他必须先行提出存在辩护理由,并提供相应的证据,如证明自己是精神病人、行为是正当防卫等。如果他不提出相应的证据而仅提出申请,法官就不会将此主张提交陪审团裁决。当然,公诉机关也可提出存在辩护理由的一些证据,在此情况下,辩护理由直接成为一个争讼要点,被告人可以不用提出任何证据,而仅是支持这种辩护理由存在即可。[4]但是对于辩护理由的说服责任,存在较大争论。一种观点认为,被告人要提出优势证据证明这些辩护理由。另一种观点认为,一旦被告人履行了提出责任,他没有必要再承担说服责任。相反,公诉机关必须超出合理怀疑地说服司法者不存在这种辩护理由。当前,美国大部分司法区倾向于第一种立场。[5]

2. 无罪推定标准

无罪推定是刑事诉讼中的基本原则原则,其基本含义是指任何人未经法定程序并依实体法被确定有罪以前,都应当被推定为无罪。当前,许多国家都将无罪推定规定为宪法原则,许多近现代的国际公约也规定了该原则,如《欧洲人权公约》第6条第2项的规定,"直到罪责被法定证据证实前,被告将被推定无罪"。

根据无罪推定原则,控方必须承担被告人有罪的证明责任,控方应当证明被告人道德上可谴责性的所有要素。无罪推定原则反对明确区分犯罪构成要素和辩护理由，因为有些辩护理由与犯意和道德上可谴责性的关系十分密切，要求被告人承担说服责任会违反无罪推定原则。[6]

无罪推定标准在欧洲比较普遍。比如德国，其犯罪构成由构成要件该当性、违法性和有责性三个依次递进的结构组成。控方不仅对构成要件的该当性负有提出责任和说服责任，同时如果由该当性推定成立的违法性和有责性出现疑问时，不论这种疑问的产生是因被告人的主张和举证而引起还是因控诉方提出的证据而引起，都应当由控方承担说服责任，如果控方不能排除这些疑问，法官应做出有利于被告人的判决。

无罪推定标准与犯罪构成标准的主要区别在于由谁来承担辩护理由的说服责任。如果借用普通法系的本体要素和辩护要素二分法的犯罪论体系，两种标准都认为控方必须承担本体要素的提出责任与说服责任。但是，对于辩护理由，无罪推定标准认为，辩方只要承担提出责任即可，说服辩护理由不存在的责任由控方承担，而犯罪构成标准却坚持辩方不仅要承担辩护理由的提出责任，同时还要承担辩护理由的说服责任。

英联邦国家也逐渐从犯罪构成标准走向无罪推定标准。当前，英国的做法是由控方对本体要件负有提出责任（evidential burden）和说服责任（legal burden）。对于辩护理由辩方只负有提出责任，只要提出证据证明辩护理由可能存在，[7]比如辩方提出基于正当防卫而杀人，那么提出责任又转到控方，同时，控方必须超出合理怀疑的证明辩护理由并不存在。[8]加拿大最高法院在1988年的Whyte案中也指出：无罪推定原则是一个至关重要的原则，不应该将犯罪人为的区分为本体要素和辩护要素，来规避这个原则。[9]

（二）标准的冲突

两种标准孰是孰非，这是一个需要审慎对待的问题。从各国的司法经验来看，两种标准都有缺陷。

首先是犯罪构成标准，它最大的困境来源于本体要件与辩护理由的界分并不清晰，导致证明责任在分配上的困惑。从表面上看，本体要件是肯定性的入罪要件，辩护理由是否定性的出罪要件，黑白之间，泾渭分明。然而，在具体操作时两者往往存在中间地带。

美国联邦最高法院两个互相冲突的判例直接反映了这种争议。

第一个案件是马拉尼诉威尔伯案（Mullaney v. Wilbur）。该案被告被控谋杀，其辩护理由是对方挑衅（provocation）。按照缅因州的法律，故意预谋非法杀害他人是谋杀，刑罚为终身监禁。而基于对方挑衅的激情杀人可按过失杀人罪处理，其刑罚最高不超过20年。根据这个法律，缅因州的法院对陪审团进行了如下指示："如果公诉人证明了被告出于故意而非法杀人，那么就足以推定被告人存在预谋的恶意，除非被告人能够提出优势证据证明自己是在挑衅状态下实施的行为"。于是被告被判谋杀罪成立。被告旋即向缅因州最高法院上诉，认为挑衅状态可以否定预谋故意，而预谋故意是犯罪的本体要件，法院让其承担证明犯罪本体要件的责任有违正当程序条款，缅因州最高法院驳回了被告的上诉。此案后被上诉到联邦最高法院。最高法院认为，初审法院的指示在宪法上是存在问题的，根据正当程序规则，在上述案件中，公诉机关必须超出合理怀疑的证明，不存在基于挑衅而导致的激情状态。[10] 在最高法院看来，挑衅下的激情状态是否存在，这种事实是构成普通法杀人罪的前提，作为犯罪的本体要件，必须由公诉机关最终承担证明这些事实的责任。

然而，仅在马拉尼案两年后，在帕特森诉纽约案（Patterson v. New York），最高法院却认为极端情感偏差的肯定性辩护理由的证明责任必须由被告人承担。该案与马拉尼案很相似，被告被控谋杀，但其辩护理由为受到极端感情干扰。纽约州刑法对于谋杀的规定只有两个要素：其一，主观上意图导致他人死亡；其二，客观上造成了该人或第三人死亡。在初审法院，陪审团被告知，被告人必须承担证明自己处于极端感情干扰的证明责任，后被告被判有罪。被告后提出上诉，认为初审法院对陪审团关于证明责任的指示违背正当程序条款，案件最终被上诉到联邦最高法院，最高法院维持了原判。[11]

从表面上看，这两个案件的区别在于法律规定本身的不同，在马拉尼案中，缅因州的刑法明确将"预谋"作为犯罪的实体要素，而在后案中，纽约州的刑法并未将"预谋"作为犯罪的实体要素，因此在后案中，法院将"极端情感干扰"视为辩护理由，而在前案中，法院却将其作为实体要素的扩张。

然而，有许多学者认为，上述两个案件存在明显的矛盾，不可能协调一致。事实上，最高法院在后案中之所以如此行为，一个很重要的原因是基于现实的考虑。因为如果公诉机关必须承担证明积极辩护理由不存在的证明责任，而经验事实又表明公诉机关很难履行这种证明责任，那么立法者可能干脆不规定这些辩护理由。这正如法院所说到的，"正当程序条款不能让国家置于这样的选择：或者抛弃这些辩护理由，或者为了取得有罪判决而反证辩护理由不存在。"[12]

可见，在当前美国的证明责任理论中，其最大困境在于：只要在法律中关于某罪的定义中没有明确排除某个要素，立法者就可任意分配说服责任。比如立法者可以将谋杀简单地定义为造成他人死亡，于是让被告人承担证明他没有主观心态的辩护理由。

美国最高法院这两个无法调和的案件所集中反映的正是美国犯罪构成理论本身的不足。从表面上看，本体要件包括行为和意图，是积极方面的入罪要素，而辩护要件是消极方面的否定要素。但是，本体要件和辩护要件的界限并不清晰，比如被告人不在场，这似乎是对本体要件的否定事由，那它是本体要件，还是辩护要件？又如认识错误，这将导致犯罪故意的排除，这是本体要件，还是辩护要件，这也不无争议。因此，立法者完全有可能将本体要件贴上辩护理由的标签来任意分配证明责任。比如，立法者既可以将强奸罪中"被害人的不同意"作为本体要件，从而由公诉机关承担超出合理怀疑的说服责任，也可以将其视为辩护理由，而由辩方必须提供优势证据对此加以证明。

其次是无罪推定标准。采纳这种标准的国家，往往都有举证责任倒置的大量例外。比如英国的法定强奸罪，有关同意年龄就采取举证责任倒置，辩方必须不仅负有提出责任，还有说服责任，必须提供优势证据说服陪审团他认为女方年龄已经达到同意年龄。欧洲法院在1982年的林根斯诉奥地利案（Lengens v. Austria）中认为，举证责任倒置并不必然违背欧洲人权公约。如果综合考虑所保护的利益与被告人的权利，在合理的限度内，无罪推定原则并不排斥在法律中明确规定由被告人承担说服责任。又如1988年的撒拉巴库诉法国案（Salabiaku v. France）。被告人D携带一个绿色的名牌提包，在巴黎机场被捕，警方发现包内有毒品，被告人被控走私毒品罪，该罪最高刑是终身监禁。按照法国法律规定，如果被告人不能令人满意地向法庭说明他不知道包内的物体，在此情况下，只要在其包内发现毒品，就可推定其构成走私。欧洲法院认为法国法律中明示的举证责任倒置条款并不违背无罪推定原则。[13]

加拿大最高法院在此问题上的判断，更是摇摆不定。在1986年的奥克斯案（Oakes）中，最高法院认为，无罪推定原则是刑事法核心价值中最重要的部分，它是保护个体生命、自由和安全不可或缺的原则。[14] 此案的焦点问题是，根据《加拿大麻醉剂控制法》规定，在贩卖毒品罪中，控方只要证明被告人拥有毒品，被告人就必须证明"他并非基于贩卖的目的拥有毒品"，也就是说，被告人不仅要承担提出责任，还要承担说服责任。最高法院认为，这种举证责任倒置的做法是违反无罪推定原则。如果被告人能够提出一个让人产生合理怀疑的证据(提出责任)，但却没有达到优势证据的程度，让被告人承担不利后果是违反宪法的，除非有合理之限制。[15] 然而，何谓"合理限制"，最高法院并未说明。正是这个尾巴，导致加拿大最高法院在此问题上不断摇摆。在1988年的霍姆斯案（Holmes）中，该案被告人被控窝赃罪，按照法律规定，被告人必须承担证明有正当理由获得此赃物的说服责任。最高法院以微弱多数（3比2）认为法律的规定并不违反无罪推定原则。然而，就在此案宣判后的两个月后，在怀特案（Whyte）中，该案被告人被控危险驾驶罪。被告人当时处于酒醉状态，坐在驾驶室内，身体靠在汽车的方向盘上。车停在路边，仪表盘的灯亮着，钥匙插在引擎点火器中，但引擎并未发动。根据法律规定，控方只要证明被告人处于机动车驾驶员的座位上，就被认为操控着机动车，除非被告人可以证明他处于该位置没有发动汽车的目的。在此案件中，控方认为，"没有发动汽车之目的"并非危险驾驶罪的本体要素，因此由辩方来承担说服责任并不违反无罪推定原则。但最高法院的法官却一致认为，无罪推定原则是一个至关重要的原则，不应该将犯罪人为地区分为本体要素和辩护要素，来规避这个原则。[16]但是，1991年的克葛斯特案（Keegstra）中，最高法院的立场又有所变化。在一个有关煽动种族仇视的案件中，最高法院认为，让被告人承担辩护理由（言论是真实的）这是对无罪推定原则的合理限制。该案主审法院迪克森认为，考虑到这种言论所造成的实际损害，无论此言论是否真实，它都已经造成实际损害，而且让被告人承担证明其言论真实性，是非常容易的。1991年的乔克案（Chaulk），最高法院认为由被告人承担证明其精神不正常的说服责任是违反无罪推定原则的。但在1994年的戴维尔特案（Daviaut）中，最高法院又认为辩方应当承担自动化、醉态、精神病这些辩护理由的说服责任。[17]

（三）标准的取舍与应用

由上观之，在各国的司法实践中，没有哪个国家采取绝对的犯罪构成标准，或者绝对的无罪推定标准。

采取犯罪构成标准的国家为了规避无罪推定原则，往往取消某罪的辩护理由。比如在法定强奸罪中，不知幼女未达同意年龄本是一种辩护理由，但有些地方干脆废除了这种辩护理由，将此罪视为严格责任，只要和幼女发生性行为就构成犯罪。再如同意原本是强奸罪的辩护理由，但有些地方却将性侵犯罪视为暴力犯罪，只要采取暴力发生性关系，即使女方同意，也可认定为性侵犯罪。这样就无须在由谁承担同意的说服责任这个问题上大费周章。因此，表面上是为了更好的保护被告人的无罪推定原则反而恶化了被告人的权利。

至于无罪推定原则，由于它经常导致控诉机关打击犯罪的窘境，因此立法机关又往往在原则外增加例外规则，对于控诉机关很难证明，而被告人比较容易证明的事项上，采取举证责任倒置，由被告人承担提出责任和说服责任。大量存在的举证责任倒置也让无罪推定原则无比尴尬。

这两种标准的争论让我们清楚地看到，没有任何一种标准是绝对完美的，任何一种理论都不可能绝对周延。这正如霍姆斯大法官在《普通法》中所说的：法官们修正法律，很少依靠抽象的逻辑推演，更多依靠对"时代需求、主流道德和政治理论的感知，和对公共政策的直觉……"。证明责任的分配说到底是一个立法者的利益权衡问题，法律如果更多地倾向于对被害人利益的保护，它就可以分配给被告人更多的证明责任，反之，则可分配较少的证明责任。既然，这两种标准都不完美，那么为什么我们不可以撇开争议，求同存异。对于"同意要素"的证明责任，如果能够寻找出这两种标准都共同认可的分配方式，那应该是一个不错的选择。

性侵犯罪是一种独特的犯罪，法律在保护被害人权益的同时也不能忽视刑事审判对被告人权利的总体保护，无论如何保护被害人权利，都不能突破"无罪推定"这个基本的宪法原则。因此，不能完全由被告人承担证明被害人同意的证明责任。从法律对性侵犯罪（强奸罪、强制猥亵侮辱妇女罪）的规定来看，不同意是构成要件本身的核心要素（1984司法解释甚至指出强奸罪必须在违背妇女意志的情况下实施的），立法者显然也分配给了检控机关相应的证明责任。上文也已分析，同意是一种构成要件本身的排除事由，而非违法阻却事由，因此它属于本体要件，而非辩护理由。《刑事诉讼法》第32条规定："审判人员、检察人员、侦查人员必须依照法定程序，收集能够证实被告人有罪或者无罪、犯罪情节轻重的各种证据。"

收集被告人有罪无罪的各种证据,不仅是侦查、检察、审判人员的职权,也是他们的责任。因此,无论是按照犯罪构成标准,还是无罪推定标准,都应该由控方承担被害人同意与否的提出责任与说服责任。

所以,对于性侵犯罪,检控机关首先应该提供"排出合理怀疑的证据"证明下列事项:①性行为的发生;②性行为是被告人所为;③被害人不同意性行为。如果检控机关无法提出相应的证据或者证据未达"排除合理怀疑"的程度,则要承担败诉的责任。被告人无须主动提出证据证明被害人是同意的,更无须承担说服责任。如果检控机关提出了上述证据并达到了"排除合理怀疑"的程度,那么为了避免不利地位,被告人就必须承担提出责任,比如他可以提出被害人没有任何反抗,其证明标准只要达到"合理怀疑"即可。如果他提出了这种证据,审判人员就有义务进行调查,证明责任(提出责任和说服责任)同时再一次转移到检控机关,检控机关必须提出证据来否定被告人的主张,如检控机关必须证明被害人达到了"合理反抗的程度"、行为人的误解缺乏合理性等,当然其证明标准也必须达到"排除合理怀疑"的程度。

以最高人民法院刑事审判业务部门编写的《刑事审判参考》中登载的陈某强奸案[18]为例,我们可以分析一下强奸案件证明责任的分配。

被告人陈某与被害人同为某银行职员。公诉机关指控:2004年11月1日中午,陈某与被害人在本单位举办的宴请活动结束后,随其余同事一道进入某酒店XX号房间收拾礼品准备离去。被害人也打电话让男友接送。陈某闻听被害人男友有事不能即刻前来之后,趁其余同事离去之机,产生与被害人发生性关系的念头,并不顾被害人的哀求与挣扎，强行剥扯其衣服，与其发生性关系。当日13时36分许，被害人男友与服务员进入XX号房间后，陈某逃离了作案现场。被害人男友征得被害人同意后报警，将陈某抓获。

一审法院认为，被告人陈某违背妇女意志，以暴力手段强奸妇女，其行为已构成强奸罪。被害人是否有激烈的反抗行为并非构罪的必要条件。虽然在本案中有多位证人证言及辩护人提供的照片、录像证明陈某与被害人在共同参与的集体活动中，相互之间曾有一些开玩笑及亲热的举动，但这与是否愿意发生性关系之间并无必然联系。案发当日，被害人与其他同事一起进入XX号房间后随即电话告知并督促其男友马上来接，说明其当时并无与陈某发生性关系的意愿。即使被害人的先行行为使陈某产生了两厢情愿的误解，但当其他同事离去、陈某欲与被害人发生性关系，遭到被害人语言拒绝、行为抗拒的情况下，仍不顾被害人的躲避及哀求，强行与其发生性关系并致性行为成功，主观上具有强奸的故意，其行为应当认定为违背了妇女意志。法院认定陈某构成强奸罪，判处有期徒刑三年。

宣判后，陈某不服，以没有对被害人实施暴力，双方系自愿发生性关系为由提出上诉。

二审法院认为原判事实不清，证据不足，发回重审。原审法院经重新审理后，作出了与原判决相同的事实认定及判决。被告人陈某再次提起上诉，请求二审法院宣告无罪。

二审法院经审理查明：诉人陈某与被害人同系某银行某分行工作人员，分属不同部门。在案发之前，两人之间在本单位组织的几次业务、外出旅游等有关活动中有过几次接触。辩护人提供的书证显示两人行为亲昵。2004年11月1日中午，上诉人和被害人以及其他同事在单位组织的"授信"活动结束以后,与客户一起在某酒店就餐。席间,上诉人陈某与被害人言行、神情亲密。有在场证人证言以及辩护人提供的书证和视听资料证实。在场证人并均证实两人当日均没有喝醉的迹象。至下午12:50时左右就餐结束。上诉人和被害人及其他几位同事即来到本单位订来用于存放礼品的某酒店XX号房间。公安机关提取的视听资料显示,两人于12:54—12:56时手挽手出入电梯。进入房间后,其他同事将多余的礼品搬出房间后先后离开。期间被害人打电话让其男友来接送,电话中并将其所在的房间号码告知了其男友(通话时间显示为13:09时)。在其他同事离去之后,房间内仅留下陈某及被害人两人。陈某即将房门关上。之后,同事周某某因忘了拿衣服,又折回XX号房间并敲门。周某某证实陈某出来开门,面部表情较为尴尬,被害人坐在床上。周说了声"对不起,打搅了"就离去。陈某随即又把房门关上。再之后,上诉人与被害人在房间内发生了性关系。期间,被害人男友到达酒店,并打酒店总机电话。因总机服务员告诉其XX号房间的电话一直是忙音,无法接人,其就到XX号房间门口按门铃并敲门,见里面没有反应,就让酒店服务员开门(开门时间为13:36时)。上诉人和被害人听到门铃声后,两人即将被子盖在身上并保持安静。被害人男友进去后,发现两人裸体躺在床上,即与上诉人争执并扭打。上诉人逃离现场。后被害人男友责问被害人并欲离开,被害人用手去拉,被害人男友用力将被害人推倒在床上后离去。后由被害人男友打"110"报案。本案遂案发。

在此案件中,公诉机关比较容易证明的是两人之间发生了性行为。但性行为是否得到女方同意就成为证明的关键。显然,女方不同意的提出责任与说服责任应当首先由公诉机关承担。公诉机关的主要证据应该是"被害人陈述",被害人主张她是出于被迫与陈某发生关系。如果公诉机关提出此种证据,陈某保持沉默,那他可能就要承担对其不利的后果。因此,如果陈某想取得有利的结论判决,他必须提出相应的证据证明女方是同意的(提出责任),其证明标准不需要达到"优势证据"的程度,只要让人产生"合理怀疑"即可。比如陈某可以提出两人关系很亲密,曾手挽手进入电梯,女方没有喝醉,身体上没有伤痕证明她有过合理的反抗。当陈某提出了这些证据,就会产生性行为可能是在女方同意情况下发生的"合理怀疑"。此时,证明责任(提出责任和说服责任)就应转移到控方,控方必须再次组织证据并超越合理怀疑地说服法官女方进行了合理反抗或者基于合理原因无法进行反抗。显然,在此案中,控方的无法达到"超越合理怀疑"的说服责任。相反,还有大量的证据让人怀疑女方是否拒绝了性行为的发生。[19] 所以,最后二审法院撤销了一审判决,宣布陈某无罪。

二、性史与证据

在性侵犯案件中,被告人主张对同意有认识错误,往往会以被害人在性生活方面不检点来证明自己的主张。在这些被告人看来,既然被害人平素对待性放荡不羁、非常开放,甚至还曾经和自己发生过关系,那么对所指控的性侵犯行为持同意态度是可想而知的。这也许是很多男性的一种偏见,它甚至构成了文学作品中为男性津津乐道、耳熟能详的"诱奸程式"。[20] 然而这种偏见与基本人权保障格格不入,它更多只能被视为某些男性的性幻想。当这种幻想表现为实际行动,那就踏入了法律的禁区。上文已经说过,同意是对当时性行为的同意,被害人先前与被告或他人的性关系并不能推定她会同意后来的性行为,即使性工作者也可能成为性侵犯罪的被害人,即使被害人对性行为表示同意,在其发生过程中她也完全拥有撤销同意的权利,行为人必须尊重对方的自由决定。因此,我们可以说,以先前的性历史为由证明自己对被害人的同意出现了误解,即使是真实的,那也是一种不合理的认识错误,因为这是一个致力于推进男女平等的社会所不能容忍的。这也是为什么1984年司法解释会明确指出,"在认定是否违背妇女意志时,不能以被害妇女作风好坏来划分。强行与作风不好的妇女发生性行为的,也应定强奸罪。"即使与被告人有过通奸历史,也可能成为强奸罪的被害人。因此,由于这种偏见而对被害人作出伤害的人必须承担刑事责任。

然而,一个值得研究的问题是,在审判实践中,当证据匮乏,而被告人与被害人又各执一词,一方辩称是通奸,而另一方又控诉是强奸,那么被害人的性史是否可能作为证据来表明被告人的辩解更为可信,或说被害人的控诉更不可信呢?对此,1984年司法解释虽然认为,妇女的作风好坏并不能表明她对性行为的同意,但是法律并没有绝对禁止这种证据的使用。相反,在司法实践中,在证明女方控诉是否可信的时候,被害人的性史证据被大量使用。[21] 由于这种证据具有可采性,一旦性侵犯罪进入司法程序,控诉人往往会受到无穷无尽的诘难,她们不仅要一而再、再而三地在警察、检察官、法官面前痛揭伤疤,而且司法机关和辩护律师为了证明或反驳她们控诉的可信性,还要对她们的隐私加以详细的调查。为了避免在追诉活动中的二次伤害,很多性侵犯的被害人不愿意报案,因此性侵犯罪可能是报案率最低的犯罪。[22] 当然,导致报案率低的原因有很多，但是对性史证据的盘查却可能是其中的一个重要原因，因此我们有必要研究性史证据的可采性问题。

对于这个问题，研究的比较成熟的是普通法系国家，他们的许多研究成果也已在立法和司法实践中得到运用。从20世纪70年代以来，美国开展了性侵犯罪的改革运动，其中一个非常引人注目的成果就是《强奸被害人庇护法》(Rape Shield Law，以下简称《庇护法》)，也即在证据法中排除被害人性史证据的可采性，通过这种做法来提高性侵犯案件的报案率。笔者并不认为墙外花开分外香，但是对他国改革成果的来龙去脉、利弊得失做些许回顾，也许能对我们的理论研究起到一些借鉴或者推动作用。

在普通法中，被害人的性史可以作为证据采纳。这种证据能够证明被害人对性行为的同意，并且对其证词的可信性会产生重要影响。由于存在这种证据规则，因此女性在审判时往往受尽辩护律师的刁难。在一次审判时，有位律师甚至叫来35个证人，挨个地向控诉人询问是否和他们发生过性行为，这无疑是对女性人格的侮辱并使她们在法庭上遭受第二次强奸。[23] 这种认为被害人先前的性行为与她是否同意有关的做法显然是基于传统的贞操观念，即认为不贞洁的妇女将比那些贞洁的妇女更有可能同意性行为的发生。在艾伯特案（People v. Abbot）中，柯温（Cowen）法官甚至把妇女分为淫荡的、总是投怀送抱的妇女和腼腆、端庄、一想到失贞就会本能的战栗的贞洁妇女。因此，在判断女性证言的可信性上，被害人的失贞可以作为证据采纳，因为不贞洁的妇女更容易撒谎。

考虑到社会对性行为态度的变化以及女性地位的提高，上述观点受到了强烈的批评。人们认识到，贞洁与被害人的可信性没有关系，因此，美国许多州都颁布了《庇护法》，对被害人过去性行为证据的可采性进行限制。到今天，美国联邦政府以及50个州中的49个州都先后出台了类似的规定。[24]

但是在不同的州，法律对性史证据可采性的限制程度是不同的，有些州对此证据的可采性进行了严格限制（除非在被严格限定的条件下，禁止提出这种证据），如最激进的密歇根州就基本上排除了被害人先前性行为证据的可采性，除非是为了显示出精液，怀孕或疾病的来源而可以把女性与被告人或其他人的先前发生的性行为作为证据采纳，甚至在这种情况下，如果法官认为这些证据与案件不相关，或者它的证据价值较之它可能导致对女性偏见的后果，也可以排除它的可采性。而有些州只做出相对较松的限制，如最保守的得克萨斯州并没有绝对排除任何的性行为证据，相反它规定如果在仅由法官参加的秘密庭审中（in camera hearing），法官认为该事实的证据价值要高于它的可能引起公众愤怒和偏见的本质，则可以作为证据采纳。

在这两种极端做法之间，许多州试图平衡被告人和被害人的利益。他们在原则上认同性史证据不具有可采性的基础上，列举出了一些例外，这主要有：①控诉人先前与被告人有过性行为的证据；②能表明精液、怀孕或疾病的来源的控诉人与第三人的性行为证据；③控诉人拒绝性行为的证据。还有少数州还规定了如下的一些例外情况；如表明控诉人是基于偏见或虚构进行指控的证据；控诉人在过去曾经有过错误的性侵犯指控的证据；被告人是合理的，虽然是错误的相信控诉人同意了；先前与第三人的性行为在本质上与被指控与被告人发生的性行为类似。[25]

在有关性侵犯罪的改革中，《庇护法》引起了最为激烈的争论。支持者认为《庇护法》的出台是改革的最大成果，它的实施意味着

231

被害人在法庭中不再遭受第二次施暴，这有助于对性侵犯被害人的人道待遇。她们不会再面临对她们品行和性史的盘问，从而能保护她们的隐私和尊严，这也能够提高被害人的报案率。然而许多自由主义者和法律学者却对这部法律提出了强烈的批评，尤其是对采取密歇根州进路的严格限制性史可采性的做法。他们认为，这侵犯了被告人提出证据证明自己无罪的宪法权利。

显然，《庇护法》所引发的争论主要是如何在保护被告人权利和被害人隐私间寻求平衡以及如何解决法律的平等保护和为了提高性侵犯案的报案、逮捕、起诉和有罪判决率等功利目的而导致的冲突。[26]

对此争论，在笔者看来，可以从两个方面进行探讨。

（1）它是否与宪法完全不相容？

（2）它是否可以实现其功利目的？

对于第一个问题，答案显然是否定的，其理由如下。

第一，虽然许多人指责《庇护法》限制了被告人提出证据证明自己无罪的宪法权利，然而即使在采取最激进做法的密歇根州也并没有完全排除被害人性史证据的可采性，它至少给出了三种例外的情况。很多州的《庇护法》甚至给出了更多的例外。

第二，随着社会性观念的变化，贞操观念已经淡去，没有理由认为被害人的性史与其证言的可信性有逻辑上的相关性更毋说存在法律上的相关性了。这正如联邦大法官马赫（Maher）在道舍案（People v. Dawsey）中所指出：历史表明，有许多受人尊敬的人，他们的言语很少受到怀疑，但是他们的性生活却可圈可点……还有些人的生活习惯也许不足称道，甚至与法律和伦理标准不符，但这并也不能说明他们的证言就是虚假的。[27] 即使被害人品行不端，性生活放荡不羁，但并不能说明她会愿意和任何人发生性行为。即使妓女也可能被人强奸,即使妓女也有权捍卫自己的性自治权。性生活是否检点纯粹属于道德层面的问题,没有必要把它和法律混为一谈,至少这是一个试图严格区分道德和法律问题的自由主义社会所不能容忍的。

第三,考虑到女性在数千年来一直处于孱弱无权的地位,她们在社会生活的诸多方面都饱受偏见、歧视和剥削,而传统的法律却一直依附男权主义的淫威对此视而不见甚至为虎作伥,法律本应给她们更多保护,因为这本身就是宪法平等保护的精神所在。在现代法律体系中,被告人享有的权利很大,他们不仅有宪法的保障,而且辩护律师也能为他们捍卫权利,但公诉人代表的国家并不能完全保护被害人的权利。不仅如此,被告人还可能受到上诉程序的保护,但被害人的权益受到侵犯却无法提出上诉,如果法官认为某个证据不可采而导致有罪判决,被告还能提出上诉,但如果法官采纳了不可采的证据,而导致对被告的无罪判决,被害人却无法主张权利。这在很大程度上,往往导致了法官宁愿以牺牲被害人的利益为代价来保护被告人的权利。[28] 因此《庇护法》给予了她们一个特权,去捍卫自己尊严、隐私,去让她们能够丢掉顾虑去告发犯罪,这可以看作是法律对处于弱势地位的女性的特殊保护。

第四,从美国联邦最高法院关于《庇护法》是否违宪的判例中,可以看出,最高法院并没有认为《庇护法》违背联邦宪法的精神。以最为激进的密歇根州为例,它至少三次成功地抵制了对其《庇护法》是否违宪的挑战。[29] 考虑到判决指涉的是在《庇护法》中采取最为严格限制主义的密歇根州的法律,而且尤其是1992年的密歇根州诉卢克斯案(Michigan v. Lucas)讨论的是被告人自己与被害人的性行为证据——在其他州往往是《庇护法》的例外——是否

233

具有可采性。因此，这可以表明美国联邦最高法院对于这种法律的基本立场，即性侵犯的被害人"在审判时应该受到高度的保护，以防止对她们的惊吓，侵扰以及对其隐私不必要的侵犯。"[30] 另外，从《庇护法》最近的立法实践来看，很多州都逐渐向密歇根州似的严格限制主义靠拢，如2002年威斯康星州对其《庇护法》进行了重要修改，该州法律以往规定控诉人在过去曾经有过错误的性侵犯指控的证据的可以作为证据采纳，但新的法律删除了这种规定。[31] 这也可以作为《庇护法》合理性的一个旁证。

至于第二个问题，《庇护法》是否真的实现了其功利目的，即是否提高了性侵犯案的报案、逮捕、起诉和有罪判决率？考虑到这种法律在各州颁布的时间先后有别，而且力度迥然不同，因此现在还很少有人做过全美范围的统计调查，但是从现有的研究成果可以看出，至少在采取密西根进路的严格限制主义的各州（除密西根外还包括伊利洛伊州，宾夕法尼亚等州），结论是肯定的。[32]

《庇护法》在中国是否具有可行性？笔者的态度是肯定的，这除了上文的论证外，笔者还想附加如下理由。

第一，中国的性侵犯罪报案率较之美国，可能更低。[33] 其中很大程度是因为传统的贞洁观念积重难返，[34] 中国的女性地位也相对更低，这在农村尤甚。由于贞洁观念，那些受到侵害的女性往往背负着沉重的心理负担，她们害怕社会的污名，因此不愿告诉。如果还对性史证据不加限制，那么这种情况将更加恶劣，这不仅会使得大量女性的权益得不到保护，也会使得陈腐的贞洁观念愈加蔓延，最后造成一种恶性循环。笔者向来认为，虽然法律不能激进地改变社会现实，但至少要在最低限度实现对基本人权的捍卫，对于落后的社会观念，法律不能过于纵容。对性史证据的可采性加以限制，至少可以在某种程度上推进社会风俗的改良,保障个体的性自治权。

第二,当前,女性在性关系方面较之以往更为开放。[35]随着女性地位的提高,交往范围的扩大,尤其是伴随着网络技术的普及,中国女性的非婚性行为的发生率呈上升趋势,这在经济发达的城市地区体现得尤为明显。[36]在这种大背景下,以性史证据作为控诉可信度的依据与时代发展格格不入。

第三,在性侵犯罪中,把性史作为被害人可信度的证据加以采纳是基于这样一个谬见,即性侵犯是一种虚假控诉率最高的案件。由于性行为一般发生在当事人之间,因此在缺乏证据的情况下,司法机关非常害怕被告人受到诬告,因此也就有"自古奸出妇人口"的著名论断。然而这种结论并没有经验事实可以证明,相反许多研究都已经表明,性侵犯罪的虚假控告率并不比其他犯罪高多少。在其他犯罪中,也可能只发生在双方当事人之间,但我们却没有像性侵犯罪那样担心虚假控告问题,这难道不是对女性的偏见吗?

限制性史证据的可采性并不代表绝对禁止性史证据的提出,不能以完全牺牲被告人的利益来保护女性的权益,像那些足以表明被告人无辜的证据,[37]比如有精液、怀孕或疾病证明是他人和被害人发生的性行为。另外,对性史证据的禁止是为了保护人的尊严和隐私权,如果被害人自愿放弃法律的保护,那么当然是应该允许的,所以如果被害人提出的性史证据对其有利,那当然可以作为证据采纳,比如她曾经拒绝过性行为的证据。

值得注意是,控诉人先前与被告人有过性行为的证据是否可以采纳?这存在重大争议,在美国有些州,它并不属于《庇护法》禁止之列。但在笔者看来,这种证据的价值是值得怀疑的。笔者承认有些人真诚地误解,先前的性关系就可以推定对方同意下一次性行为，对此，我们在上文已经驳斥过这种偏见。性行为关乎人之尊严廉耻，如此重要之事，岂能轻易推定。在其他犯罪中，我们并不因为当事人先前的关系而做出对控诉人不利的推定，那么为什么要对性侵犯罪特殊对待呢？在盗窃罪，如果双方当事人相识，控诉人的财物在被告人手中，但被告人主张这是控诉人赠与的。那么我们能够因为控诉人曾经有过对被告人的赠与行为就推定这不是盗窃吗？在非法侵入他人住宅罪，假设双方也是旧识，我们总不能因为被告人曾多次到控诉人家做客，就认为控诉人的控诉是完全不可相信的吧。因此，考虑到这种性史证据并没有多大的证据价值，而且其可能造成对被害人的人格侮蔑、隐私侵犯和二次伤害，妨碍提高性侵犯罪报案率的功利目的，因此对其可采性做出限制是必要的。对此，1984年司法解释的相关规定——不能以女方作风好坏为由证明是否违背妇女意志以及既往的通奸事实并不能否定后来的强奸行为——也体现了这种精神。

虽然对性史证据的可采性问题在细节方面仍然有许多可研究之处，但是，此处我们可以得出一个一般性的结论：为了防止被害人在法庭中受到二次伤害，提高性侵犯罪的报案率，法律应该抛弃被害人性史证据的可采性，基于被害人的性史证据而出现的认识错误不具有合理性，因此不能豁免被告人的罪责。

结　论

随着人权运动的蓬勃发展，女性逐渐由附属于男性的财产转变为拥有独立人格的主体，性侵犯罪由过去的风俗犯罪演变成侵犯性自治权的犯罪，刑法的基本理论也从以往单纯考虑行为人的行为发展为对被害人行为的适当考虑。在这个背景下，被害人对性行为的不同意就成了性侵犯罪中最重要的问题，它是性侵犯罪的本质特征，性侵犯罪的一系列重要问题都应该围绕着这个本质特征进行展开。

在法律中，同意是一个规范概念，而非心理概念和事实概念，它是主体通过明示或默示方式对正在发生的性行为给予的真实认可。同意的反面是不同意，它是性侵犯罪的本质。对于不同意的判断标准，在世界范围内都存在争论。为了在捍卫性自治权的同时公正地对待被告人，我们必须采取一定的客观标准来评价不同意问题。经过比较分析，我们提出了合理反抗规则。它试图根据人类经验的总和来判定被害人的反抗是否合理，在吸纳"不等于不"标准、肯定性同意标准的同时又弥补了它的不足。合理反抗规则一方面考虑了社会风俗的要求，认为应该以一般人的观念评价被害人是否应该反抗，另外它又抛弃了"不等于是"的偏见，尊重被害人的消极反抗。

不同意有三种情形，它们都是本质特征的外在表现形式，法律应当尽可能详细地对这些情形做出规定，实现罪刑法定原则对明确性的要求。具体而言，这些外在形式分为三种：一种是严重的强制手段，它包括暴力和胁迫。这里的暴力和胁迫应当理解为当场实施的严重危及人身安全的暴力或暴力威胁。另一种是被害人由于身体或年龄等原因而缺乏同意能力，这包括未达法定年龄、心智不全和身体无助这三种情况。第三种是强制不明显情形下的不同意，这包括威胁、欺骗和滥用信任地位三种情况，它们都应该根据合理反抗规则进行判断。另外，婚姻关系并不能推定同意的存在，法律应该抛弃婚内无奸的观念。但是，为了防止刑法对私人生活的过分干涉，刑法对社会风俗要适当兼顾，可以将婚内性侵犯设计为"亲告罪"。

在犯罪论体系中，得到法益主体同意的行为应当视为构成要件本身的阻却事由。同意是一种规范性构成要件要素，因此对同意的认识错误是一种归类性错误，只有合理的认识错误才能排除犯罪故意的成立。

对于同意年龄的认识错误也是一种事实错误，可以采取推定故意的理论。在当前的法律规定下，我们可以12岁作为一个关键性的年龄：当行为人与不满12岁的未成年人发生性行为，年龄上的认识错误是不应该的，因此行为人必须承担性侵犯罪的罪责；当行为人与12岁以上不满14岁的未成年人发生性行为，如果未成年人发育确实早熟，一般人对其身份可能发生误解，行为人也并没有高于一般人的注意义务，那么年龄上的认识错误就可以排除行为人的故意。另外，如果行为人与未成年人的年龄差在4岁以内，双方自愿发生性行为，这属于两小无猜的辩护理由，行为人无须承担刑事责任。

在证明责任上，检控机关应该提出证据证明被害人的不同意，并要达到"排除合理怀疑"的程度。同时,为了防止被害人在法庭中受到二次伤害,提高性侵犯罪的报案率,法律应该否定被害人性史证据的可采性。

性侵犯罪中同意问题的解决直接关系到性自治权这种基本人权能否落到实处。人权保护不应只是一个句空话,它必须在诸多实际领域得以贯彻。随着公民权利的勃兴,法益主体的同意必将在刑法中发挥越来越大的作用。对性侵犯罪中同意问题的研究仅仅是一个开始,笔者希望越来越多的人关注同意问题,并期待将来在刑法中建立一个体系化的同意制度。

后　记

拖了很久的书稿终于可以出版，这无疑是一件让人快乐的事情。

对于"同意问题"的思考已经持续了近十年，但遗憾的是，最终出版的书稿仍是浅尝辄止，宏大的研究计划严重缩水，我必须承认自己学识的有限。

如果将2002年就读博士作为立志以学术为业的开端，今年正好十个年头。最初我对学术的理解，只是把它作为一种"术"，一种建功立业，取得他人认可的工具。很长一段时间，我深陷于成功主义的哲学，以拼凑"学术成果"为己任，希望尽快跻身"成功者"的阵营。但后来我渐渐发现，这种成功之路永远无法带给我真实的满足，因为成功的背后还是新的成功，人永远是成功的奴隶，为了成功，你不得不牺牲许多安身立命的美好价值，成功越多，虚空越多。

学术的重心应该是"学"，而非"术"，学者不应成为术士，真正的学者应该放弃对成功的渴望，应该不为学位、不为抱负、不为职称、不为生计，只为寻求智慧与真理。

一路走来，学问之路中有许多师友值得感谢。我想起了辞世八年的周振想老师，周老师是我的博士生导师，本书的若干内容也曾与周老师探讨。记得在周老师生命中的最后一年，我曾因发表文章请他帮忙推荐，他欣然同意，但同时告诉我不要太纠结于文章的发表，相比于学术的成功，家庭的幸福更为重要。当时，醉心于功名的我根本没有把这些话放在心上。周老师的英年早逝对我有很大触动，我开始思索人生的真正意义。

我还要感谢薛瑞麟和王世洲两位老师。薛老师是我的硕士生导师，一直以来都对我的工作和生活关怀备至。王老师是我的博士生导师，周老师去世之后，我转入王老师门下，王老师治学的认真与严谨让我动容。本书的不少内容都是在与王老师多次的讨论乃至争论中逐渐形成的。在两位老师身上，我学习到如何去做一个称职的教师。我慢慢认识到职业可以成为一种呼召，可以不求世人之肯定仍在工作中追求完美。

我还要向为本书提供过帮助的其他诸多师友表示感谢，他们鼓励和建议不仅让本书得以顺利完成，而且也让我感受到污浊的世界中仍然充满爱意。

当然，我更要感谢的是我的家人，家庭的关爱始终是我求学问道的动力。

人的一生不过几个十年，其中所矜夸的不过劳苦愁烦，转眼如飞而去。愿我在学问之路中能更深地体悟智慧，一生行走在真理之路。

2012年10月15日于北京亦庄

再版后记

旧作得以再版,有些开心也有些惶恐。开心的是有越来越多的人愿意关注"性侵犯罪"的法律问题,惶恐的是担心书中引用的资料陈旧而不合时宜。所以,这次再版修订时,仔审读了稿件,替换了一些明显过时的资料。

让我深思的是作品的主旨依然没有过时,它讨论的依然是当下非常值得大家关注的话题——人类社会中两性之间的欺凌与剥削,而这种剥削最严重的体现就是性侵。

20世纪八十年代,激进女权主义的代表人物麦金侬振聋发聩地指出:人类社会中,一切两性间的性行为都是强奸。在她看来,现实社会中的男女并未实现真正的平等,女性很难拥有真正自由的性同意权利。当然,这种声音可能过于刺耳,但并不能因为刺耳就全盘否定。我们必须审视,法律中是否隐藏着男权主义的偏见?我们每个人都活在偏见之中,或者说每一个人都有自己与生俱来的偏见,出身的偏见、性别的偏见、地域的偏见……而法律的一个重要功能,正是在诸多偏见中寻找一种平衡之道,在各种利益的权衡中,寻找一种合乎中道的恰如其分。

虽然我们极力倡导一个男女平等的社会,但是在政治、经济等各个方面,当下的社会依然是由男性主导的社会。在这样的背景下,法治天平应当向弱者适当地倾斜,这正是法律的正义之所在。怀疑的目的不是为了解构,也不是导向虚无。所有的批评都是为了让法律制度变得更好,而不是彻底地推翻法律制度。因为怀疑的前提是存在,没有存在也就无所谓怀疑。"我思故我在"的合理结论是"我疑故我存"。所以,怀疑的目的始终是为了确信以及追求完美。

这个世界不可能完美,但并不代表完美就不存在。古希腊作家希罗多德讲过一个故事:一位国王有一位非常美丽的妻子。国王沉醉于妻子的美丽,于是向自己的侍卫炫耀。侍卫并不相信,国王便邀请侍卫去观看妻子的裸体。然而国王的妻子正好发现了偷窥的侍卫,最后爱上了侍卫,两人合谋杀害了国王。

这个故事对我的提醒是,如果我们只相信眼见的事物,也许会毁灭于自己所恋慕的人与物。所有以可见的形象作为终极的理想一定会给你带来深深的伤害与痛苦。所见的是会朽坏的,所不见的才是永恒的,我们必须以高于生活的原则来指导我们,让我们更好地去生活,去爱我们周边的人。

无论如何,在有关性侵的话题中,"尊重"始终是破局之道。希望这本书能够带给大家更多思考,希望我们能越来越接近理想的社会。

2020年11月于北京亦庄

参考文献

一、中文类

（一）论文

1. 李光灿："略论强奸罪"，载《西南政法学院学报》1981年第2期
2. 刘运昌、王庆才："试论强制不明显的强奸犯罪"，载《北京政法学院学报》1981年第4期
3. 周道鸾："略论强奸罪"，载《民主与法制》1981年第6期
4. 刘光显："试论强奸罪"，载《法学研究》1982年第5期
5. 徐海风等："对强奸案被害人反抗形态的剖析"，载《法学》1983年第2期
6. 顾肖荣："抢劫罪与强奸罪犯罪手段的比较"，载《法学》1983年第3期
7. 欧阳涛："如何正确认定奸淫幼女罪"，载《法学季刊》1983年第3期
8. 许言："奸淫幼女不应以'明知'为条件"，载《法学》1983年第10期
9. 黄文俊、刘杰：《认定奸淫幼女罪只能以法定年龄为标准》，载《法学季刊》1984年第1期
10. 王希仁："关于强奸罪的几个理论问题"，载《宁夏社会科学》1984年第1期
11. 高锦明："论对以'谈恋爱'为手段的强奸罪认定"，载《中国法制报》1984年1月27日
12. 段新安等："奸淫幼女罪必须以明知为条件"，载《法学》1984年第2期
13. 张明楷："间接故意也可构成奸淫幼女罪"，载《法学季刊》1984年第3期
14. 江任天："对强奸罪中'违背妇女意志'问题的再认识"，载《法学研究》1984年第5期
15. 夏吉先："奸淫幼女罪是否以明知为要件的剖析"，载《法学》1984年第8期

16. 郑大群等："谈谈强奸案中的半推半就"，载《法学》1984年第11期
17. 周柏森："试论强奸罪的几个问题"，载《西北政法学院学报》1985年第1期
18. 郑大群："强奸罪的基本特征和适用范围"，载《政治与法律》1985年第1期
19. 雷雨霆："如何认定这类强奸案"，载《法学评论》1985年第1期
20. 吴文翰等："试谈强奸案中被害人的心理和表现"，载《政法论坛》1985年第3期
21. 许明华等："先强奸后通奸应以强奸罪论处，"载《法学季刊》1985年第3期
22. 周振想："强奸罪侵害的客体是什么？"，载《河北法学》1985年第3期
23. 朱华荣："认定奸淫幼女罪的关键在哪里"，载《法学》1985年第4期
24. 王勇："奸淫轻微痴呆、'花症'问题"，载《政治与法律》1985年第5期
25. 汤瀛："奸淫案件中的半推半就问题"，载《法学评论》1985年第6期
26. 万春："如何处理奸淫痴呆、精神病患妇女的案件"，载1986年1月27日《中国法制报》
27. 曾有生："关于认定强奸罪的几个问题"，载《法学与实践》1986年第1期
28. 蔡兴："谈普通奸淫幼女罪，"载《法学评论》1987年第1期
29. 田少明："谈奸淫幼女罪与非罪的界限"，载《政法论坛》1987年第2期
30. 黎洪等："论强奸罪的外延"，载《法学杂志》1987年第2期
31. 杨新培："丈夫不能成为强奸罪的主体"，载《政法论坛》1987年第4期
32. 杨新培："'先强后通'不以强奸论处质疑"，载《法学》1988年第2期
33. 张明楷："浅论强奸罪的主体"，载《法学评论》1988年第5期
34. 钱应学："关于青海藏族公民强奸妇女罪的探讨"，载《青海社会科学》1989年第6期
35. 郑伟："奸淫幼女罪中明知比较与分析"，载《法学》1990年6月
36. 何泽宏："奸淫幼女主观要件新探"，载《现代法学》1991年第4期
37. 祁建华："非经济目的卖淫问题初探"，载《青少年犯罪研究》1992年第10期
38. 维基·威："强奸罪与不公正交易"，管应时等译，载《外国法译丛》1993年第1期
39. 刘佳燕："强奸罪中的其他方法的认定"，载《法学杂志》1993年第5期
40. 夏诚华："强奸罪基本问题研究"，载《法学研究》1994年第1期
41. 唐若愚等："'婚内强奸'区别定性论"，载《法学评论》1994年第3期
42. 胡虞志等："22市少女月经初潮年龄及性心理行为调查分析"，载《中国学

校卫生》1995第1期

43. 王辉等："性侵犯案件司法精神医学鉴定中的几个问题"，载《临床精神病学杂志》1995年第2期
44. 陈虹："现代妇女的法律保护"，载《首都师范大学学报》（社会科学版）1995年第4期
45. 叶俊男："强奸罪的本质及其特征"，载《杭州大学学报》1996年第1期
46. 坦纳："从比较角度看中国的强奸法律"，赵合俊等译，载《现代外国哲学社会科学文摘》1996年第3期
47. 张晓玲："妇女人权——一个来自历史和现实的崭新概念"，载《中共中央党校学报》1997年第1期
48. 王政："'女性意识''社会性别意识'辨异"，载《妇女研究论丛》1997年第1期
49. 杨顺修："强奸案件三难的解决对策"，载《人民公安》1997年第6期
50. 侯国云："关于强奸罪直接客体的理论思辨"，载《现代法学》1997年第6期
51. 熊向东等："内地与香港刑法强奸罪比较研究"，载《政法学刊》1998年第1期
52. 周华山："婚内强奸法的本土化研究"，载《浙江学刊》1999年第2期
53. "白峻峰强奸案"，载《刑事审判参考》1999年第3辑
54. 张允平等："七城市铁路中学女生月经初潮年龄及性心理行为调查"，载《医学与社会》2000第1期
55. 陈为民："离婚判决生效前，丈夫强奸妻子有罪吗？"，载《政治与法律》2000年第2期
56. 周崎等："王卫明强奸案"，载《判例与研究》2000年第2期
57. 沈亮："丈夫可以对妻子构成强奸罪"，载《法学》2000年第3期
58. 励进："离婚诉讼期间，丈夫构成强奸罪的可能性"，载《法学》2000年第3期
59. 刘宪权："婚内定强奸不妥"，载《法学》2000年第3期
60. 张贤钰："评'婚内无奸'"，载《法学》2000年第3期
61. 韩轶："关于强奸罪中'胁迫手段'的理论思辨——兼评'隐性胁迫'提法之缺陷"，载《湖南省政法管理干部学院学报》2000年第5期
62. 金卫东："应设立'性贿赂罪'"，载《江苏公安专科学校学报》2000年第6期
63. 周永坤："婚内强奸罪的法理学分析"，载《法学》2000年第10期

64. 李立众："台湾岛强奸罪立法之新发展"，载《人民检察》2000年11期
65. 李凯："也谈'婚内强奸问题'"，载《人民司法》2000年第12期
66. 刘仁文："刑法中的严格责任"，载《比较法研究》2001第1期
67. 李立众："婚内强奸定性研究"，载《中国刑事法杂志》2001第1期
68. 蒋兰香："关于强奸罪对象的思考"，载《湖南省政法管理干部学院学报》2001年第4期
69. 金泽刚："认定嫖宿幼女罪的两个问题——对一起嫖宿幼女案的法律分析"，载《河南公安高等专科学校学报》2001第4期
70. 赵合俊："性权与人权——从《性权宣言》说起"，载《环球法律评论》2002年春季号
71. 魏东、倪永红："强奸罪的文化学分析"，载《国家检察官学院学报》2002年第3期
72. 安翱："强奸罪研究二题"，载《河北法学》2002年第4期
73. 安翱："奸淫幼女罪相关问题探讨"，载《法学评论》2002年第4期
74. 莫江平："强奸罪罪名的过去，现在及未来"，载《当代法学》2002年第9期
75. 刘冬梅："审查强奸案应做到'八查八看'"，载《人民检察》2003年第3期
76. 桑本谦："强奸何以为罪"，载《法律科学》2003年第3期
77. 罗翔："犯罪构成理论的创造性转化"，载《中国青年政治学院学报》2003年第3期
78. 梁根林："刑事政策视野中的婚内强奸犯罪化"，载《法制与社会发展》2003年第4期
79. 王晨曦："略谈'婚内强奸'的不科学性及相关解决途径"，载《广西政法管理干部学院学报》2003年第4期
80. 冯凡英："罪刑法定原则视野中的强奸罪司法解释"，载《法治论丛》2003年第5期
81. 刘爱华："欧美女权运动的历史和现状"，载《内蒙古大学学报》(人文社会科学版) 2003第5期
82. 徐大勇："个体自由与社会秩序的理性选择——对婚内强奸罪的法哲学分析"，载《政法论从》2003年第5期
83. 晏耀斌："幼女强奸案遭遇司法难题"，载《法律与生活》2003年12月上期
84. 江舟："强奸案私了的幕后"，载《警察天地》2003年第12期
85. 冀祥德："耦合权利义务说：婚内强奸立论的理论原点"，载《妇女研究论

丛》2004年第1期
86. 薛智仁:"强制性交罪修正之研究",载《刑事法杂志》44卷第1期
87. 黄永:"刑事证明责任的比较法分析",载《政治与法律》2003年第6期
88. 张吉喜:"论美国刑事诉讼中的证明责任分配标准",载《当代法学》2007年第4期

（二）书籍

89. 《历代刑法志》（影印本），北京大学法学院图书馆
90. 《刑法资料汇编》第7辑，中国人民大学出版社1955年版
91. 《苏俄刑法典》，法律出版社1956年版
92. 沙尔高罗斯基:《侵犯人身罪的责任》，余叔通译，法律出版社1957年版
93. 陈焕生:《刑法分则实用》，台北：汉林出版社1979年版
94. 高铭暄:《中华人民共和国刑法的孕育和诞生》，法律出版社1981年版
95. 韩忠谟:《刑法原理》，台湾大学法学院出版社1981年版
96. 长孙无忌等撰:《唐律疏义》，中华书局1983年版
97. 《刑法学论文集》，中国法学会刑法学研究会1984年编
98. 魏国强:《强奸罪研究》，山西省政法管理干部学院资料室1985年版
99. 布雷多克:《婚床》，王秋海等译，生活·读书·新知三联书店1986年版
100. 金子桐等:《罪与罚——侵犯公民人身权利、民主权利罪的理论与实践》，上海社会科学院出版社1986年版
101. 高铭暄主编:《新中国刑法学研究综述》，河南人民出版社1986年版
102. 高铭暄、王作富:《新中国刑法的理论与实践》，河北人民出版社1988年版
103. 陈泽广:《性犯罪研究》，武汉出版社1988年版
104. 贾谊诚主编:《实用司法精神病学》，安徽人民出版社1988年版
105. 高铭暄主编:《中国刑法学》，中国人民大学出版社1989年版
106. 欧阳涛:《性犯罪》，河南人民出版社1989年版
107. 王作富:《刑法分则要义》，中央广播电视大学出版社1989年版
108. 赖宁等:《中国刑法之争》，吉林大学出版社1990年版
109. 徐杰:《强奸罪研究》，中国人民公安大学出版社1991年版
110. 路安仁主编:《强奸罪、奸淫幼女罪》，中国检察出版社1991年版
111. 陈兴良主编:《刑事疑案研究》，中国检察出版社1992年版

112. 《大清律例》，天津古籍出版社1993年版
113. 欧阳涛：《当今中外性犯罪研究》，北京社会科学文献出版社1993年版
114. 董云虎等编：《世界各国人权约法》，四川人民出版社1993年版
115. 大塚仁：《犯罪论的基本问题》，冯军译，中国政法大学出版社1993年版
116. 廖福田编：《刑法分则的理论与司法实践》，法律出版社1993年版
117. 杨春洗、杨敦先：《中国刑法论》，北京大学出版社1994年版
118. 张晓辉：《中国法律在少数民族地区的实施》，云南大学出版社1994版
119. 《马克思恩格斯选集》第4卷，人民出版社1995年版
120. 董云虎等：《中国的妇女人权》，四川人民出版社1995年版
121. 中华医学会精神科学会、南京医科大学脑科医院编：《CCMD-2-R·中国精神疾病分类方案与诊断标准》，东南大学出版社1995年版
122. 《法国刑法典》(1994)，罗结珍译，中国人民公安大学出版社1995年版
123. 赵秉志：《刑法各论问题研究》，中国法制出版社1996年版
124. 储槐植：《美国刑法》(第二版)，北京大学出版社1996年版
125. 刘慧英：《走出男权传统的樊篱——文学中男权意识的批判》，生活·读书·新知三联书店1996年版
126. 哈耶克：《自由秩序原理》，邓正来译，生活·读书·新知三联书店1997年版
127. 刘家琛：《新刑法案例解释》，人民法院出版社1997年版
128. 周道鸾：《中国刑法分则适用新论》，人民法院出版社1997年版
129. 张明楷：《刑法学(下)》，法律出版社1997年版
130. 《澳门刑法典》(1996)，澳门政府法律翻印办公室译，法律出版社1997年版
131. 赵秉志主编：《新刑法教科书》，中国人民大学出版社1997年版
132. 中国人民大学法学院刑法专业组织编写：《刑事法专论(下)》中国方正出版社1998年版
133. 《意大利刑法典》(1996)，黄风译，中国政法大学出版社1998年版
134. 李海东：《刑法原理入门(犯罪论基础)》，法律出版社1998年版
135. 王政、杜芳琴主编：《社会性别选择研究选译》，生活·读书·新知三联书店1998年版
136. 瞿同祖：《瞿同祖法学论著集》，中国政法大学出版社1998年版
137. 肖中华：《侵犯公民人身权利罪》，中国人民公安大学出版社1998年版
138. 田宏杰：《违法性认识研究》，中国政法大学出版社1998年版
139. 帕多瓦尼：《意大利刑法学原理》，陈忠林译，法律出版社1998年版

140. 卡斯东·斯特法尼等：《法国刑法总论精译》，罗结珍译，中国政法大学出版社1998版
141. 周振想：《当代中国的罪与罚》，中国人民公安大学出版社1999年版
142. 王世洲：《德国经济犯罪与经济刑法研究》，北京大学出版社1999年版
143. 张明楷：《外国刑法纲要》，清华大学出版社1999年版
144. 薛瑞麟：《俄罗斯刑法研究》，中国政法大学出版社2000年版
145. 米歇尔·福柯：《性经验史》，余碧萍译，上海人民出版社2000年版
146. 凯特·米利特：《性政治》，宋文伟译，江苏人民出版社2000年版
147. 《德国刑法典》(1998)，徐久生、庄敬华译，中国法制出版社2000年版
148. 谢振民：《中华民国立法史》，中国政法大学出版社2000年版
149. 李贵连：《沈家本传》，法律出版社2000年版
150. 史密斯、霍根：《英国刑法》，李贵芳等译，法律出版社2000版
151. 乔治·维加莱洛：《性侵犯的历史》，张森宽译，湖南文艺出版社2000年版
152. 林山田：《刑法的革新》，学林文化事业有限公司第2001年版
153. 范忠信：《中西法文化的暗合与差异》，中国政法大学出版社2001年版
154. 邱国新：《刑法典中性犯罪的犯罪学研究》，上海大学出版社2001年版
155. 陈兴良：《本体刑法学》，商务印书馆2001年版
156. 野村稔：《刑法总论》，全理其、何力译，法律出版社2001年版
157. 李邦友、王德育、邓超著：《性犯罪的定罪与量刑》，人民法院出版社 2001年版
158. 李邦友等：《性犯罪的定罪与量刑》，人民法院出版社2001年版
159. 耶赛克、魏根特：《德国刑法教科书》，徐久生译，中国法制出版社2001年版
160. 马克昌：《比较刑法原理》，武汉大学出版社2002年版
161. 肖建国、姚建龙：《女性性犯罪与性受害》，华东理工大学出版社2002年版
162. 张穹主编：《人民检察院检控案例定性指导》（第一卷），中国检察出版社2002年版
163. 理查德·A.波斯纳：《性与理性》，苏力译，中国政法大学出版社2002年版
164. 林山田，《刑法各罪论》(上)(修订第三版)，台湾大学法学院图书部2002年版
165. 李忠芳：《两性法律的源与流》，群众出版社2002年版
166. 王明主编：《侵犯公民人身权利、民主权利犯罪的法律适用》，人民法院出版社2002年版

167. 彭晓辉：《性科学概论》，科学出版社2002版
168. 王世洲：《从比较刑法到功能刑法》，长安出版社2003年版
169. 大塚仁：《刑法概说》，冯军译，中国人民大学出版社2003年版
170. 陈兴良：《中国刑事司法解释检讨》，中国检察出版社2003版
171. 大谷实：《刑法总论》，黎宏译，法律出版社2003年版
172. 潘绥铭等：《当代中国人的性行为与性关系》，社会科学文献出版社2003年版
173. 张明楷：《刑法学》（第二版），法律出版社2003年版
174. 鲍遂献主编：《妨害风化犯罪》，中国人民公安大学出版社2003年版
175. 薛波主编，潘汉典总审定：《元照英美法辞典》，法律出版社2003年版
176. 刘明详：《刑法中错误论》，中国检察出版社2004年版
177. 弗莱彻：《刑法的基本概念》，王世洲等译，中国政法大学出版社2004年版
178. 《奥地利联邦共和国刑法典》（2002），徐久生译，中国方正出版社2004年版
179. 《泰国刑法典》（1997），吴光侠译，中国人民公安大学出版社2004年版
180. 《瑞士联邦刑法典》（2003），徐久生、庄敬华译，中国方正出版社2004版
181. 道格拉斯·N.胡萨克：《刑法哲学》，谢望原等译，中国人民公安大学出版社2004年版
182. 蔡枢衡：《中国刑法史》，中国法制出版社2005年版
183. 曾根威：《刑法学基础》，黎宏译，法律出版社2005版
184. 最高人民法院刑事审判庭：《中国刑事审判指导案例》，法律出版社2009年版

二、外文类

（一）论文

185. Susan Estrich, Rape, 95 Yale L.J,（1986）
186. Charlene L. Muehlenhard & Lisa C. Hollabaugh, Do Women Sometimes Say No When They Mean Yes? The Prevalence and Correlates of Women's Token Resistance to Sex, 54 J. Personality & Soc. Psychol. (1988)
187. Morrison Torrey, When Will We Be Believed? Rape Myths and the Idea of a Fair Trial in Rape Prosecutions, Davis L. Rev (1991)

188. Dana Berliner, Rethinking the Reasonable Belief Defense to Rape, 100 Yale Law Journal (1991)
189. Donald A. Dripps, Beyond Rape: An Essay On The Difference Between The Presence Of Force And The Absence Of Consent,. 92 Colum. L. Rev.(1992)
190. Lynne Henderson, Rape and Responsibility, 11 Law & Phil. (1992)
191. Timothy W. Murphy, A Matter of Force: The Redefinition of Rape, 39 A.F. L. Rev. 19 (1996)
192. Anne M. Coughlin, Sex and Guilt, 84 Va. L. Rev. (1998)
193. Craig T. Byrnes, Putting the Focus Where it Belongs: Mens Rea Consent, Force, and the Crime of Rape, Yale J.L. & Feminism (1998)
194. Gavin Last, Trend and Development: Advances Less Criminal than Hormonal: Rape and Consent in R. v. Ewanchuk, Appeal Publishing Society, University of Victoria, Faculty of Law, Canada Appeal: Review of Current Law and Law Reform (1999)
195. David P. Bryden: Forum on the Law of Rape: Redefining Rape Buff.Crim.L.R (2000)
196. Tracey A. Berry, Comment: Prior Untruthful Allegations Under Wisconsin's Rape Shield Law: Will Those Words Come Back To Haunt You?, Wis. L. Rev(2002)

(二)书籍

197. J.W.C.Turner and A.LL.Armitage, Cases on Criminal Law (third edition), Cambridge University Press (1964)
198. Stephen Mitchell, Archbold Pleading Evidence&Practice in Criminal Cases (fortieth edition), Sweet & Maxwell(1979)
199. The American Law Institute. Model Penal Code and Commentaries (Part II Definition of Specific Crimes § § 220.1 to 230.5),Philadelphia:PA (1980)
200. Susan Estrich, Real Rape, Harvard University Press (1987)
201. Cassia Spohn&Julie Horney, Rape Law Reform, Plenum Press (1992)
202. Julie A.Allison, Rape: The misunderstood crime, Sage Publications(1993)

203. Dennis Patterson(ed.), A Companion to Philosophy of Law and Legal Theory, Blackwell Publishers(1996)
204. Richard A.Ponsner and Katharine B. Silbaugh, A Guide To America's Sex Laws, The University of Chicago Press(1996)
205. Cf.Stephen J. Schulhofer, Unwanted Sex: The Culture of Intimidation and The Failure of Law ix, Harvard University Press (1998)
206. The All England Law Reports (2000)
207. Jennifer Temkin, Rape And The Legal Process, Oxford University Press(2002)
208. Matthew H. Sommer, Sex, Law, and Society in Late Imperial China, Stanford University Press (2002)
209. Jonathan Herring, Criminal Law (3rd edition), Palgrave MacMillan(2002)
210. Law Commission.Consultation Paper No.139: Consent and Offences Against the People, HMSO
211. Law Commission.Consultation Paper No.140: Consent in the Criminal Law, HMSO, 1995
212. Law Commission. Consent in Sexual Offenses: A Report to the Home Office Sex Offences Review, Home Office(2000)
213. Joshua Dressler, Understanding Criminal Law(4th edition), Lexisnexis(2006)
214. John Kaplan, Robert Weisberg, Guyora Binder, Criminal Law: Cases and Materials(5th edition), Aspen Publishers(2004)
215. Matthew Waites, The Age of Consent: Young People, Sexuality and Citizenship, Palgrave Macmillan(2005)
216. Don Stuart, Canadian Criminal Law: Treatise(5th ed), Thomson(2007)
217. Wayne R.Lafave, Criminal Law(4th edition), Thomson West(2004)
218. Simester and Sullivan, Criminal Law: Theory and Doctrine(2nd ed), Hart(2003)

注 释

引 言

1. 这分别是1994年的《同意与侵犯人身权利犯罪》(Law Commission.Consultation Paper No.139: Consent and Offences Against the People, HMSO, 1994); 1995年的《刑法中的同意问题》(Law Commission. Consultation Paper No.140: Consent in the Criminal Law, HMSO, 1995); 2000年的《性犯罪中的同意问题》(Law Commission. Consent in Sexual Offenses: A Report to the Home Office Sex Offences Review, Home Office, 2000)。
2. 即英美法系与大陆法系,两者又一定的区别,如(1)主要法律渊源不同:在英美法系,法律的主要渊源是判例法;而在大陆法系,则是成文法典体系;(2)法律体系和法官的作用不同:英美法系以判例法为基础,法律体系十分庞杂,缺乏系统分类;而大陆法系,不仅法律体系完道整,而且法官的作用十分有限;(3)审判方式不同:英美法系强调程序法的重要性,实行对抗制诉讼;而大陆法系比较注重实体法,一般采用纠问式诉讼程序。
3. 性侵犯罪的被害人主要是女性,调查显示,即使在采取性别中立主义立法的美国,90—99.4%的强奸被害人是女性。Brande Stellings, Note, The Public Harm of Private Violence: Rape, Sex Discrimination, and Citizenship, 28 Harv. C.R.-C.L. L. Rev.P185, 186 n.3 (1993)。
4. Cf. Stephen J. Schulhofer, Unwanted Sex: The Culture of Intimidation and The Failure of Law ix, Harvard University Press (1998), P56.
5. 本文在同等意义上使用"不同意"和"拒绝"两词。
6. 如美国密歇根州法典把性插入定义为"性交(sexual intercourse)、舔阴、口交、肛交或者行为人用自己身体的一部分或其他物体侵入另一人的阴部或肛门……",与其并列的概念是性接触(密歇根州把它定义为故意接触被害人或行为人的私密部位,或者故意接触被害人或行为人衣服覆盖下的私密部位的紧临部分,如果这种故意接触可以被合理地理解为为了性唤起或性满足的意图)。

7. 如果采用广义的性交概念,强奸罪在性侵犯罪中所占比重将更大。

第一章

1. 《唐律疏义·捕亡》,"被殴击奸盗捕法"。
2. 《元史·刑法志》三,"奸非"。
3. 《大清律例卷二十六》,"杀死奸夫"。
4. 范忠信:《中西法文化的暗合与差异》,中国政法大学出版社2001年版,第193页。
5. 范忠信:《中西法文化的暗合与差异》,中国政法大学出版社2001年版,第195页。
6. 《册府元龟》卷九五九,外臣部,转引自范忠信:《中西法文化的暗合与差异》,中国政法大学出版社2001年版,第185页。
7. 《大清新刑律补笺》附录"附则五条",清宣统三年政友社印行。
8. 《唐律疏义·杂律》上,"奸"。
9. 《元史·刑法志》三,"奸非"。
10. 《唐律疏义·杂律》上,"奸"。
11. 瞿同祖:《瞿同祖法学论著集》,中国政法大学出版社1998年版,第261页,另外还可参见Matthew H. Sommer, Sex, Law, and Society in Late Imperial China, Stanford University Press(2002), P46。
12. 瞿同祖:《瞿同祖法学论著集》,中国政法大学出版社1998年版,第261页,另外还可参见Matthew H. Sommer, Sex, Law, and Society in Late Imperial China, Stanford University Press(2002), P48。
13. 《唐律疏义·杂律》上,"奸"。
14. 《唐律疏义·杂律》上,"诸奴奸良人"。
15. Matthew H. Sommer, Sex, Law, and Society in Late Imperial China, Stanford University Press(2002), P40。

16. Matthew H. Sommer, Sex, Law, and Society in Late Imperial China, Stanford University Press（2002）. P40, 在中国学界关于婚内强奸的讨论中，很少有人注意过古代的相关案件，这可能是在很长一段时间，婚内强奸根本就不是一个问题，因而未引起人们的足够的注意。
17. 有关此问题的详细论述，请参见范忠信：《中西法文化的暗合与差异》，中国政法大学出版社2001年版，第172—200页。
18. 《法国刑法典》(1810)，载《刑法资料汇编》第7辑，中国人民大学出版社1955年版，第63页。
19. 《德国刑法典》(1871)，载《刑法资料汇编》第7辑，中国人民大学出版社1955年版，第179页。
20. Cf. Donald A. Dripps, Beyond Rape: An Essay on the Difference Between the Presence of Force and the Absence of Consent, 92 Colum. L. Rev. P1783 (1992).
21. [美]波斯纳：《性与理性》，苏力译，中国政法大学出版社2002年版，第532页。
22. "埃及欲吊销'强奸执照'"，陈宗伦译，载《青年参考》1999年4月30日。
23. Susan Estrich, Rape, 95 Yale L.J, P1123(1986).
24. 有关女性财产地位的人类学描述，请参考[美]布雷多克：《婚床》，王秋海等译，生活·读书·新知三联书店1986年版，第199—226页。
25. 刘爱华："欧美女权运动的历史和现状"，载《内蒙古大学学报》(人文社会科学版)2003第5期。
26. 恩格斯："家庭、私有制和国家的起源"，载《马克思恩格斯选集》第4卷，人民出版社1995年版，第62页。
27. [美]波斯纳：《性与理性》，苏力译，中国政法大学出版社2002年版，第53页。
28. [美]布雷多克：《婚床》，王秋海等译，生活·读书·新知三联书店1986年版，第218—219页。
29. 董云虎等编：《世界各国人权约法》，四川人民出版社1993年版，第27页。
30. 董云虎等：《中国的妇女人权》，四川人民出版社1995年版，第25—26页。
31. 刘爱华："欧美女权运动的历史和现状"，载《内蒙古大学学报》(人文社会科学版)2003年第5期。
32. 张晓玲："妇女人权——一个来自历史和现实的崭新概念，"载《中共中央党校学报》1997年第1期。
33. 王政："'女性意识'、'社会性别意识'辨异"，载《妇女研究论丛》1997年第1期。

34. 对此问题的详细论述请参见下文。

35. 魏东、倪永红："强奸罪的文化学分析"，载《国家检察官学院学报》2002年第3期。

36. 在1979年刑法中，强奸罪被规定在侵犯公民人身权利、民主权利罪中，当时法律并未规定强制猥亵、侮辱妇女罪及猥亵儿童罪，类似的犯罪行为按照流氓罪处理，流氓罪当时被规定在妨害社会管理秩序罪中。2015年《刑法修正案（九）》把强制猥亵、侮辱妇女罪修改为强制猥亵、侮辱罪。

37. The American Law Institute. Model Penal Code and Commentaries (Part II Definition of Specific Crimes § § 220.1 to 230.5), Philadelphia:PA, P 334.

38. The American Law Institute. Model Penal Code and Commentaries (Part II Definition of Specific Crimes § § 220.1 to 230.5), Philadelphia:PA, P 273.

39. 《法国刑法典》(1994)，罗结珍译，中国人民公安大学出版社1995版，第64—65页。

40. 李立众："婚内强奸定性研究"，载《中国刑事法杂志》2001年第1期。

41. Jennifer Temkin, Rape And The Legal Process, Oxford University Press (2002), P86.

42. Jennifer Temkin, Rape And The Legal Process, Oxford University Press (2002), P75.

43. 《德国刑法典》(1998)，徐久生、庄敬华译，中国法制出版社2000年版，第145页。

44. 林山田：《刑法的革新》，学林文化事业有限公司第2001年版，第267页，有关台湾地区的立法变化，还可参见李立众："台湾岛强奸罪立法之新发展"，载《人民检察》2000年11期。

45. The American Law Institute. Model Penal Code and Commentaries (Part II Definition of Specific Crimes § § 220.1 to 230.5), Philadelphia:PA, P 430.

46. [美]波斯纳：《性与理性》，苏力译，中国政法大学出版社2002年版，第347页。

47. [德]恩格斯："家庭、私有制和国家的起源"，载《马克思恩格斯选集》第4卷，人民出版社1995年版，第82页。

48. The American Law Institute. Model Penal Code and Commentaries (Part II Definition of Specific Crimes § § 220.1 to 230.5), Philadelphia:PA, P 434—435.

49. Matthew H. Sommer, Sex, Law, and Society in Late Imperial China, Stanford University Press 2002, P6.
50. 恩格斯:"家庭、私有制和国家的起源",载《马克思恩格斯选集》第4卷,人民出版社1995年版,第62页。
51. 参见[美]凯琳·萨克斯:"重新解读恩格斯——妇女、生产组织和私有制",载王政、杜芳琴主编:《社会性别选择研究选译》,生活·读书·新知三联书店1998年版,第6页。
52. 清人所著《醒世姻缘传》中的薛素姐是恶妻的典型,不愿与丈夫性交是其主要罪行。而丈夫狄希陈对薛强行施暴,则为士大夫所称颂,也为市井所传扬。参见周永坤:"婚内强奸罪的法理学分析,"载《法学》2000年第10期。
53. Matthew H. Sommer, Sex, Law, and Society in Late Imperial China, Stanford University Press 2002, P6—7.
54. 恩格斯:"家庭、私有制和国家的起源",载《马克思恩格斯选集》第4卷,人民出版社1995年版,第73页。
55. 恩格斯:"家庭、私有制和国家的起源",载《马克思恩格斯选集》第4卷,人民出版社1995年版,第73—74页。
56. 恩格斯:"家庭、私有制和国家的起源",载《马克思恩格斯选集》第4卷,人民出版社1995年版,第69页。
57. 陈虹:"现代妇女的法律保护",载《首都师范大学学报》(社会科学版)1995年第4期。
58. Susan Estrich, Rape, 95 Yale L.J, P1090研究指出,绝大多数性侵犯是发生在熟人之间的,但是这些案件却很难得到处理。[英]乔纳森·赫林:《刑法》(第三版),法律出版社2003年版,第164页。
59. 强奸案的未报案率和报案率的比率,最保守的估计是2比1,还有人估计为10比1,甚至还有人认为高达20比1,1987年苏珊(Susan Estrich)教授指出,这些统计数字的有效性取决于是否统计过单纯强奸(simple rape)的数量。在她看来,大多数统计都忽略了单纯强奸的存在,而仅仅统计的是传统的强奸。所谓传统的强奸指的是那些在陌生人间发生的,或者是轮奸,或者犯罪人使用了武器;而单纯强奸指的是没有携带武器的熟人单独实施的强奸。她指出,如果把单纯强奸给统计进去,那么未报道的强奸案的数量可能更为惊人。Susan Estrich, Rape, 95 Yale L.J, P1162, 1169(1986)

另外，在强奸案中，案件的磨损率是很高的。这种磨损开始于警察机关未发现犯罪人，终止于法院或者陪审团对于被告人的无罪判决。根据美国联邦调查局1975年的报道，19%的强奸案的犯罪人警察无法找到。甚至当警察决定受理强奸案件时，也最多只有50%的犯罪嫌疑人会被逮捕。而即使在这些被逮捕的犯罪嫌疑人中，最终被判有罪的人也是少数。比如，在华盛顿特区，仅仅20%的被逮捕者被判有罪，在纽约州，这个比率是25%，印第安纳州的比率是32%，加州的比率可能高点，但也只有34%。Cassia Spohn&Julie Horney, Rape Law Reform, Plenum Press (1992), P18还有研究指出，只有2%到5%的强奸案件获得了有罪判决。Julie A.Allison, Rape: The misunderstood crime, Sage Publications(1993), P195。

60. 在中国刑法学界，对于强奸罪的法益，主要有如下观点：（1）强奸罪侵犯的是妇女的身心健康（刘光显："试论强奸罪"，载《法学研究》1982年第5期）；（2）强奸罪所侵犯的是妇女之性的不可侵犯性（李光灿："略论强奸罪"，载《西南政法学院学报》1981年第2期）；（3）妇女特有的人身权利，即妇女拒绝与合法配偶以外的任何男子发生性行为的权利。论者的理由在于对于妇女的性自主权，法律并不完全保护，如通奸（王希仁："关于强奸罪的几个理论问题"，载《宁夏社会科学》1984年第1期）；（4）妇女的性自由权利。这种性的自由权利是指妇女有按照自己的意志发生合法的性行为而拒绝非法的性行为的权利（高铭暄主编：《新中国刑法学研究综述》，河南人民出版社1986年版，第592页），对此有人认为这是和西方的性自由理论相联系在一起的，因而不可取（张明楷：《刑法学》，法律出版社1997版，第704页）；（5）其他的还有表述为"妇女按照自己的意志决定正当性行为的权利"（周振想："强奸罪侵害的客体是什么"，载《河北法学》1985年第3期），"妇女的性的权利"或认为强奸罪是复杂客体，即既侵害妇女的身心健康、人格、名誉，也侵犯其性的自由权利（参见侯国云："关于强奸罪直接客体的理论思辨"，载《现代法学》1997年第6期）。对这种表述的批评是，如果采取这种客体观，那当行为人没有实施奸淫行为，但已实施了暴力等行为，则也可构成既遂（曹子丹、罗瑛："略论强奸罪的几个问题"，载《刑法学论文集》，中国法学会刑法学研究会1984年编，第72—73页）。1988年以后，绝大多数学者都赞同把强奸罪的直接客体表述为"妇女性的不可侵犯的权利"。但是有学者指出"不可侵犯的"这五个字完全是多余的，因为任何权利都是不可侵犯的（徐杰等主编：《强奸罪研究》，中国人民公安大学出版社1991年版，第43—47页），而且附加"不可侵犯的"限定语，似乎给人一种还有"可以侵犯"的性权利的存在（肖中华：《侵犯公民人身权利罪》，中国人民公安大学出版社1998年版，第130页）。还有学者批评到，删去"不可侵犯的"这五个多余的字之后，强奸罪的直接客体的表述就成了"妇女的性的权利"。而"妇女的性的权利"就是妇女享受性生活的权利。所谓"侵犯性的权利"，其实质含义就是不让妇女过正常的性生活。然而强奸罪是强迫妇女过性生活，而不是不让妇女过正常的性生活（侯国云："关于强奸罪直接客体的理论思辨"，载《现代法学》1997年第6期）。总的说来，大多数学者认同了强奸罪所侵犯的直接客体是"妇女的性的不可侵犯的权利"，而"性的不可侵犯的权利"其实也就是性自治权的通俗表述。

61. 美国学者斯蒂芬（Cf.Stephen J. Schulhofer）认为，性自治权有三层含义。前两层是精神上的：一是内在的做出成熟理性选择的能力；二是外在的保证自己不受强迫的自由。第三层次则是作为个人的身体完整性和独立性，即便行为人没有通过威胁去限制女方自由选择的权利，但如果他未能确定获得女方有效同意，仍与其发生性行为，这也侵犯了女方的性自治权。Cf.Stephen J. Schulhofer,Unwanted Sex: The Culture of Intimidation and The Failure of Law ix(1998), Harvard University Press (1998), P111。

62. 参见[英]哈耶克：《自由秩序原理》，邓正来译，生活·读书·新知三联书店1997年版，第17—18页。

63. Cf.Stephen J. Schulhofer,Unwanted Sex: The Culture of Intimidation and The Failure of Law ix(1998), Harvard University Press (1998), P56.

64. Susan Estrich, Rape, 95 Yale L.J, P1094.

65. 薛智仁："强制性交罪修正之研究"，载《刑事法杂志》44卷第1期。

66. 薛智仁："强制性交罪修正之研究"，载《刑事法杂志》44卷第1期。

67. 钱应学："关于青海藏族公民强奸妇女罪的探讨"，载《青海社会科学》1989年第6期。

68. [日]曾根威：《刑法学基础》，黎宏译，法律出版社2005版，第33—34页。

69. The American Law Institute. Model Penal Code and Commentaries (Part II Definition of Specific Crimes §§ 220.1 to 230.5)[M], Philadelphia:PA, P377.

70. The American Law Institute. Model Penal Code and Commentaries (Part II Definition of Specific Crimes §§ 220.1 to 230.5)[M], Philadelphia:PA, P406.

71. Sexual Offences Act 2003.［EB/OL］http://www.legislation.gov.uk/ukpga/2003/42/contents,2011/10/01.
72. 这类行为其实是一种通奸行为,它对家庭的稳定并未造成实质性侵犯,对于此类行为之所以不宜犯罪化,具体参见上文有关通奸的论述。
73. 当然,如果形成扶养关系的继父母与继子女之间的乱伦行为是应该受到刑法惩罚的。
74. 还有两起案件发生在被告人和其岳母以及被告人和其姨母之间。
75. The American Law Institute. Model Penal Code and Commentaries (Part II Definition of Specific Crimes §§220.1 to 230.5)[M], Philadelphia:PA, P407.
76. 张晓辉:《中国法律在少数民族地区的实施》,云南大学出版社1994年版,第183页。
77. 钱应学:"关于青海藏族公民强奸妇女罪的探讨",载《青海社会科学》1989年第6期。
78. [英]哈耶克:《自由秩序原理》,邓正来译,生活·读书·新知三联书店1997年版,第16页。
79. 1978年,世界性学会成立,自创立伊始,一直致力于在世界范围内保护性权利,推动性学研究与发展。在1997年6月于西班牙的巴伦西亚召开的第13次世界性学会议上,通过了一项性权宣言,称为《巴伦西亚性权宣言》。宣言反对任何时间、任何地点、任何情况下发生的任何性强迫、性剥削与性辱虐。1999年在中国香港第14次世界性学会议以《巴伦西亚性权宣言》为底本通过了新的《性权宣言》。该宣言虽不具备任何实质性的法律效力,但它是世界范围内性权运动的一项伟大成果,必将对各国的法律实践施加重要影响。宣言指出,"性是每个人人格之不可分割的部分,其充分发展端赖于人类基本需要,诸如接触欲、亲密感、情感表达、欢愉快乐、温柔体贴与情恋意爱之满足。性由个人与社会结构之间的互动而构建,其充分发展为个人、人际和社会健康幸福所必需。性的权利乃普世人权,以全人类固有之自由、尊严与平等为基础。鉴于健康乃基本人权,故性健康亦为基本人权。为确保人与社会得以发展健康的性,所有社会必须尽其所能承认、促进、尊重与维护下列性权利。性健康乃为承认、尊重与实施此类性权之环境所产生。"该宣言共列举11项性权利。其核心为性自由权。"性自由包括个人表达其全部性潜力之可能性;然而,它排除生活中所有形式之性强迫、性剥削与性辱虐,无论何时,亦无论出于何种情况。"宣言特别强调性自治权,将它列为第二项性权利,认为它和性完整权与性身体安全权"包括在个人的与社会的伦理脉络中,个人就其性生活自主决定之能力,亦包括掌握与享用我们的身体使之免于任何的虐待、伤残与暴力。"参见赵合俊:"性权与人权——从《性权宣言》说起",载《环球法律评论》2002年春季号。

80. 李海东:《刑法原理入门(犯罪论基础)》,法律出版社1998年版,第24页,以及[日]大塚仁:《刑法概说》,冯军译,中国人民大学出版社2003年版,第94—95页。
81. 李海东:《刑法原理入门(犯罪论基础)》,法律出版社1998年版,第26—31页以及[日]大塚仁:《刑法概说》,冯军译,中国人民大学出版社2003年版,第96—102页。
82. [日]大谷实:《刑法总论》,黎宏译,法律出版社2003年版,第76页,另可参见[日]野村稔:《刑法总论》,全理其、何力译,法律出版社2001年版,第121—122页。
83. 李海东:《刑法原理入门(犯罪论基础)》,法律出版社1998年版,第28页。
84. 李海东:《刑法原理入门(犯罪论基础)》,法律出版社1998年版,第27页。
85. 对于这种情况是否构成强奸罪,我们将在下文详细考察。
86. [日]大塚仁:《刑法概说》,冯军译,中国人民大学出版社2003年版,第100页。
87. 参见下文的相关论述。
88. 瞿同祖:《瞿同祖法学论著集》,中国政法大学出版社1998年版,第262页。
89. 《大清律例卷三十三·刑律》,"犯奸"。刁奸见于明清律。刁奸实是叼奸。叼是饕的别称。贪财为饕。叼奸即因财而奸,究极就是卖淫(参见蔡枢衡:《中国刑法史》,中国法制出版社2005年版,第130页)。清律认为,"见妇人与人通奸,见者因而用强奸之,已系犯奸之妇,难以强论,依刁奸律"。
90. 《大清律例卷三十三·刑律》,"犯奸"。
91. 对于这个问题的详细论述,请参见下文。
92. 王政:"'女性意识''社会性别意识'辨异",载《妇女研究论丛》1997年第1期。
93. [美]艾莉森·贾格:《性别差异与男女平等》,载王政、杜芳琴主编:《社会性别选择研究选译》,第196—203页。
94. 对于这些标准的详细论述请参见后文。
95. 周道鸾:"略论强奸罪",载《民主与法制》1981年第6期;陈嘉宾,单长宗:

"认定强奸罪的几个问题",载《刑法学论文集》,中国法学会刑法学研究会编1984年版,重刊于《刑法学研究精品集锦》,法律出版社2000年版,第367页;刘运昌、王庆才:"试论强制不明显的强奸犯罪",载《北京政法学院学报》1981年第4期。

96. 曹奇辰:"试谈强奸案中的妇女抗拒问题",载《法学研究》1983年第3期。

97. 新刑法第236条保留了旧刑法第139条的规定,仍把强奸罪规定为:"强奸罪是指以暴力、胁迫或者其他方法强奸妇女。"对比新旧两法,新刑法对于强奸罪,只是对其加重情节作了列举规定,在基本罪状描述上,并没有不同。

98. 周柏森:"试论强奸罪的几个问题",载《西北政法学院学报》1985年第1期。

99. 刘光显:"试论强奸罪",载《法学研究》1982年第5期。

100. 该司法解释在2013年被《最高人民法院、最高人民检察院关于废止1980年1月1日至1997年6月30日期间制发的部分司法解释和司法解释性质文件的决定》废止,但其内容在司法实践中仍被普遍尊重。

101. 张明楷:《刑法学》(第二版),法律出版社2003年版,第691页。

102. The American Law Institute. Model Penal Code and Commentaries (Part II Definition of Specific Crimes §§ 220.1 to 230.5), Philadelphia:PA, P301.

103. 参见后文所说的想象强奸。

104. 江任天:"对强奸罪中'违背妇女意志'问题的再认识",载《法学研究》1984年第5期。

105. 曾有生:"关于认定强奸罪的几个问题",载《法学与实践》1986年第1期。

106. Craig T. Byrnes , Putting the Focus Where it Belongs: Mens Rea Consent, Force, and the Crime of Rape, 10 Yale J.L. & Feminism , P285(1998).

107. In re M.T.S., 609 A.2d 1266, 1277 (N.J. 1992)转引自David P. Bryden: Forum on the Law of Rape: Redefining Rape Buff.Crim.L.R.2000,n 156. 新泽西州最高法院认为,为了符合法律规定的目的(该州法律把强奸罪规定为性攻击罪,在构成要素上要求具备性交和使用暴力或强制手段),性交本身就具有强制性(forcible)。再如State v. Alston 案。Brown和被告人Alston有了六个月的性关系。他们在一起生活,经常打架,她偶尔在他打人后离开。5月15号她就是这么做的。一个月后,Alston发现Brown在一家技校上课,于是开始和她说话……Alston用手抓着她,两个人走着,他想知道现在她住在哪,而且威胁说,如果不告诉他则把她的脸给修理了。女方对男方说他们俩的关系已经完了。但Alston要求和Brown发生性关系。后来,他们走到一个朋友的家里,在那里他们曾经发生过关系。虽然他们在那里遇见很多人,但是Brown证实她没有和他们说任何话,因为她相信没有人会帮助她。当他们进入朋友家时,男方和朋友一起离开了一会,但Brown没有离开,也没有和任何人联系。当被告独自返回时,他提议发生性关系,但是女方拒绝了。事实上,法院发现,女方说了:"不,我不想和你睡觉。"被告开始爱抚她,当他让她脱衣服时,她脱了,两人于是发生了关系。男方被认为构成二级强奸,上诉时也维持原判,其理由是性行为本身就是一种暴力。但北卡罗来纳州最高法院却推翻了这个判决,法院认为威胁是远离的(即在学校抓手等以及说要修理女方的脸),不足以导致随后的性行为。

108. 肖中华:《侵犯公民人身权利罪》,中国人民公安大学出版社1998年版,第145页。

109. 当然,这取决于我们如何理解"不能抗拒"概念,对此在下文笔者会详细讨论。

110. 由于有些国家采取了性别中立主义的立法,因此我们在此处使用被害人这个概念,但是在其他地方如果没有特别指明,我们所说的被害人都仅指女性。

111. 《德国刑法典》(1998),徐久生、庄敬华译,中国法制出版社2000年版,第145页;相似规定还可参见《意大利刑法》第609条(《意大利刑法典》(1996),黄风译,中国政法大学出版社1998年版,第172—173)《奥地利刑法》第201、202条(《奥地利联邦共和国刑法典》(2002),徐久生译,中国方正出版社2004年版,第81页)、泰国刑法第276条(《泰国刑法典》(1997),吴光侠译,中国人民公安大学出版社2004年版,第58页,该国仍把强奸罪视为一种风化犯罪)。

112. 张明楷:《外国刑法纲要》,清华大学出版社1999年版,第521页。

113. 张明楷:《外国刑法纲要》,清华大学出版社1999年版,第522页。

114. 为性别中立主义之立法,剔除其中女性对男性,同性之间的强制性交,则其内容基本类似于中国大陆刑法第236条规定的强奸罪。林山田,《刑法各罪论》(上)(修订第三版),台湾大学法学院图书部2002年版,第196页。

115. 如被告人张某,广西人,案发时24岁,在江门打工。2003年10月18日凌晨1点多,他在家闷得无聊,便骑着摩托车到街上乱逛……他看到前面有一个正孤身行走的妇女周某……对其进行挑逗,周某立即向前跑想甩掉张某,同时骂张某是流氓。张某见四周无人,驾驶摩托车追上并截停了周某,下了车二话没说对周某就是一阵拳打脚踢,然后又将周某拉到水沟边,把她的脑袋反复按到水中。周某被这疯狂的阵势给吓坏了,为了活命,她只好跪地求饶,说如果张某需要,可以与他发生性行为。《夜行遭袭 女路人为保命主动献身》[EB/OL] http://news.sina.com.cn/s/2005-01-14/08244828526s.shtml ,2011/10/01。

第二章

1. Susan Estrich, Rape, 95 Yale L.J, p1093(1986).
2. Peter Westen, The Logic of Consent, Burlington, VT, : Ashgate Publishing Company, 2004, p1—2.
3. John Kaplan, Robert Weisberg, Guyora Binder, Criminal Law: Cases and Materials(5th ed), New York, NY: Aspen Publishers(2004), p912.
4. 张明楷:"规范的构成要件要素",载《法学研究》2007年第6期。
5. 在许多国家,刑法总则中都有不作为犯罪的明确规定,通过立法的形式确定了不作为与作为犯罪的等价值性,而我国刑法并没有这样的明确规定,从而导致对不作为犯之惩罚有违反罪刑法定原则之嫌。
6. 张明楷:《规范的构成要件要素》,载《法学研究》2007年第6期。
7. 在著名的"天价葡萄案"中,几位民工盗窃了几袋葡萄,但这些葡萄是用于科研用途,价值巨大。显然,"数额较大"是一种存社会评价的规范性构成要件要素,民工是否存在盗窃"数额较大"财物的故意,法官就应该根据社会一般观念进行评价。
8. 张明楷:"规范的构成要件要素",载《法学研究》2007年第6期。
9. 如新西兰的Kaitamaki v. The Queen案,被告人实施了插入行为后,被害人才加以拒绝,但被告人继续性交,新西兰上诉法院以强奸罪的不作为定性。(Finbar. McAuley &J. Paul. McCutcheon, Criminal Liability, Round Hall Sweet and Max, Dublin, 2000, P180)又如甲、乙、丙等数人某日晚住宿于一宾馆内。甲通过电话叫来卖淫女丁,丁至房内见人数众多,即欲回去,被甲等人阻拦。甲等人不顾丁的反抗,对丁实施了奸淫。随后,丁向甲索要800元,遭拒绝。后案发。被害人丁女事后提出了索要钱款的要求,虽可视为事后对甲等人与之发生性行为的一种承认,但是甲乙丙等人的强奸性质并不能因此改变,仍应以强奸罪定罪处罚。

10. 杨新培:"'先强后通'不以强奸论处质疑",载《法学》1988年第2期。
11. 2000年12月2日下午,男青年钟某,到某美容厅踩背。服务员梁某给其踩背时,钟某问梁某有无性服务,梁某称还是处女,没有性服务。钟某提出亲吻、抓摸的要求,梁某答应。钟某抱着梁某亲吻并伸手进梁某衣裤内抓摸一阵后,又要求用阴茎接触梁某的阴部,并保证不会破其处女膜,梁某表示同意。二人脱裤后,钟某压在梁某上面,用阴茎摩擦、顶蹭梁某阴部。十几分钟后,钟某用脚分开梁某的双腿,阴茎使劲往梁某阴道内插,梁某感觉情形不对,便大声叫喊,钟某用手紧紧箍住梁某颈部,用头顶住梁某脸部,使其叫喊不出。同时,钟某继续其性行为,梁某用双手拼命推钟某,尽力扭动身体反抗,并开始哭泣,但无济于事,梁某的阴茎还是插入梁某阴道,并导致处女膜破裂。参见张穹主编:《人民检察院检控案例定性指导》(第一卷),中国检察出版社2002年版,第116页。
12. (UK)The law commission. Consent in Criminal Law. HMSO(1995). P33.
13. 主要讨论的是强奸罪的不同意标准。
14. 考虑到当时使用的语言是"违背妇女意志",因此在介绍各学者观点时,依然采用"违背妇女意志"这一表述。
15. 转自王文生:"论强奸罪的违背妇女意志",载中国人民大学法学院刑法专业组织编写:《刑事法专论(下)》,中国方正出版社1998年版,第1222—1223页。并可参见赖宁等:《中国刑法之争》,吉林大学出版社1990年版,第145—146页。
16. 我们在相同意义上使用"抗拒""反抗"这些词语。
17. 刘光显:"试论强奸罪",载《法学研究》1982年第5期。
18. 刘光显:"试论强奸罪",载《法学研究》1982年第5期。
19. 徐海风等:"对强奸案被害人反抗形态的剖析",载《法学》1983年第2期。
20. 曹奇辰:"试谈强奸案中的妇女抗拒问题",载《法学研究》1983年第3期。
21. 曹奇辰:"试谈强奸案中的妇女抗拒问题",载《法学研究》1983年第3期。
22. 江任天:"对强奸罪中'违背妇女意志'问题的再认识",载《法学研究》1984年第5期。
23. 江任天:"对强奸罪中'违背妇女意志'问题的再认识",载《法学研究》1984年第5期。

24. Cassia Spohn & Julie Horney, Rape Law Reform, Plenum Press (1992), P23.
25. Susan Estrich, Rape, 95 Yale L.J, P1095.
26. Susan Estrich, Rape, 95 Yale L.J, P1123.
27. John Kaplan, Robert Weisberg, Guyora Binder, Criminal Law: Cases and Materials(5th edition), Aspen Publishers(2004), P905.
28. Cassia Spohn&Julie Horney, Rape Law Reform, Plenum Press (1992), P23.
29. 相当于高152厘米，重59公斤。
30. 相当于高174厘米，重90.7公斤。
31. John Kaplan, Robert Weisberg, Guyora Binder, Criminal Law: Cases and Materials(5th edition), Aspen Publishers(2004), P908-909.
32. John Kaplan, Robert Weisberg, Guyora Binder, Criminal Law: Cases and Materials(5th edition), Aspen Publishers(2004), P911-912.
33. Susan Estrich, Rape, 95 Yale L.J, P1114.
34. Susan Estrich, Rape, 95 Yale L.J, P1115。虽然上诉法院的多数最终在最狭隘的基础上认为被告有罪。但法院认为，一般说来，正确的标准是被害人的害怕必须在合理的基础上，这是为了避免需要男人实际的强制证据和女人的身体反抗。被害人的害怕合理吗？上诉法院最后回避这个问题。它认为被告人罪名成立的理由有二，其一，特别法院违背了法院的职责，合理与否应当由陪审团来决定。其二，被告人对被害人脖子使用了强制。因此被告人构成二级强奸罪。然而，轻微地掐脖子是强制吗？它也许只是一种性行为所伴随的暴力。在他们脱衣服和上床之前，是没有这些强制的。因此，这种强制与性行为并没有因果关系，它并非是导致性行为的强制。在笔者看来，被告人是应该构成强奸罪的，但是不能以行为人使用的强制来认定罪名的成立，而要从女性的立场来判断她对性行为是不同意的，而行为人对这种不同意至少是有过失的心态，但是这并不是说强奸罪就是过失犯罪，关于这个问题，笔者在下文将详细论述。
35. Susan Estrich, Rape, 95 Yale L.J, P1115.
36. Susan Estrich, Rape, 95 Yale L.J, P1902.
37. 但如密歇根州那样把强制手段看成强奸罪唯一构成要素的州，由于不再需要考虑不同意问题，则明确的规定，被害人无须反抗，对此下文中会具体谈及。
38. David P. Bryden: Forum on the Law of Rape: Redefining Rape, Buff.Crim.

L.R.2000, P360.

39. 参见上文相关论述。
40. Cassia Spohn&Julie Horney, Rape Law Reform, Plenum Press (1992), P23.
41. Cassia Spohn&Julie Horney, Rape Law Reform, Plenum Press (1992), P36-37.
42. Model Penal Code 213.1 commentary (1980), P291-292.
43. Susan Estrich, Rape, 95 Yale L.J, P1154.
44. 该法典并未采用性别中立主义立法。
45. The American Law Institute. Model Penal Code and Commentaries (Part II Definition of Specific Crimes §§ 220.1 to 230.5)[M], Philadelphia:PA, P303.
46. The American Law Institute. Model Penal Code and Commentaries (Part II Definition of Specific Crimes §§ 220.1 to 230.5)[M], Philadelphia:PA, P274.
47. 1998年加拿大ALBERTA州上诉法院在R. v. Ewanchuk案中，这种反抗观的缺陷暴露的一览无余。该案的被害人是一位17岁的单身母亲，她在找工作的时候遇见了被告人，随后进入了被告的房间，被告给了她100美金作为给她和她孩子的礼物。她承认自己是一个开放、友好和温柔的人，而且喜欢抚摸别人。他们于是互相抚摸并拥抱。男方说要按摩，于是她给被告作了按摩，而且也允许被告给她按摩。他们在房中待了2个半小时，被告人做了三件事。首先，他要摸被害人的乳房，被明确拒绝；后来被告摩擦被害人的骨盆地带，也被明确拒绝。最后他脱下短裤，把阴茎放在她骨盆处，这时她也明确拒绝。最后她要求离开，于是他们一起离开了。在法庭调查中，被害人承认，当被告躺在她身上时，她只是躺着，没说什么，也没有移动。当被告问她是否害怕时，她告诉对方，她感到非常恐惧，而且哭了。在整个过程，她一直对被告说：不，请停下。被告人后来以非法性接触为由被起诉。初审法院认为被告人无罪。虽然有法官认为被害人的有合理的基础，而由于害怕使她不能起来并走出房间。被害人后来提起上诉。在上诉时，马克兰法官（MACCLUNG）在其多数意见的裁决书中，认为没有证据表明，被告意图实施强迫行为。他们在一起单独呆了两个半小时。而且没有足够的证据表明是否是被告人的行为导致了被害人的顾虑以及被害人是否因为受到过电视上的影响（被害人声称，电视上曾说反抗会遭受更严重伤害），而没有合理的反抗。而且马克兰法官指出，被害人在被告人面前穿着性感，而且还告诉被告她是一个单身母亲。因此，被告人没有犯罪意图，而且被害人也没有合理的反抗，所以被告人无罪。在这个案件中,受到裁判的显然是被害人而非被告人,因为她没有合理的反抗,她只是哭泣和说不要,因为她穿着不得体,因为她是单身母亲,所以她没有被侵害。这个案件受到了女权主义者的广泛批评,认为它体现了法律一直是一种男性在性上控制女性,体现男性霸权的工具。它没有把性犯罪作为一种妇女所遭受的犯罪来对待。Gavin Last, Trend and Develpment: Advances Less Criminal than Hormonal: Rape and Consent in R. v. Ewanchuk, Appeal Publishing Society, University of Victoria, Faculty of Law, Canada Appeal: Review of Current Law and Law Reform, P18(1999)并可参见 R. v. Ewanchuk, (1998), 212 Alberta Reports 81 (Court of Appeal)。

48. 当然,虽然把不同意理解为事实问题,但是它仍然要受到英国制定法对于强奸罪主观心态的规定。对此问题,我们在下文还将进一步论述。

49. Jonathan·Herring, Criminal Law(3rd ed),法律出版社2003年版,第167页,其原文如下: applying their combined good sense, experience and knowledge of human nature and modern behavior to all the relevant facts of that case。

50. Jennifer Temkin, Rape And The Legal Process, Oxford University Press 2002, P97.

51. Consent: For the purposes of this Part, a person consents if he agrees by choice, and has the freedom and capacity to make that choice.

52. 张明楷:《外国刑法纲要》,清华大学出版社1999年版,第521页。

53. 但是在1999年,却将"不可抗拒"修正为"违背其意志"。但这种修改遭到了很多学者的批评。参见薛智仁:"强制性交罪修正之研究",载《刑事法杂志》44卷第1期。我国台湾地区著名刑法学家林山田指出:旧法将行为人之强制行为界定为与强盗罪同级强制程度之行为,即要求被害人为保护自己之法益,必须严肃地抗拒;否则在刑事司法上就难以区分到底系"强奸",抑为"和奸",故明定为"致使不能抗拒"。修正草案认为如此之要件太过严苛,使被害人必须冒着生命之危险去强力反抗,否则不构成本罪,"违反性自主之精神",故修正为"致使难以抗拒",而一读通过。惟至朝野协商时,竟遭删掉,故使本罪章各罪之强制行为,毫无强制程度之限制规定,只要足以迫使被害人违反其意志,即为已足,几至丧失强制行为之本质。林山田指出,草案认为强奸罪之"致使不能抗拒"之规定,违反性自主之精神,诚属思考上之谬误。事实上,为了体现性自主之精神,刑法才须要求被害人对于行为人之强制行为严肃而努力地加以反抗。林山田：《刑法各论》（上）（修订第三版），台湾大学法学院图书部2002年版，第193页。

54. 张明楷：《外国刑法纲要》，清华大学出版社1999年版，第522页。
55. 大陆法系许多国家和地区在性侵犯罪。
56. 《德国刑法典》（1998），徐久生、庄敬华译，中国法制出版社2000年版，第142—145页。
57. 该行为之基本刑与强奸罪的基本刑一样，都为一年以上自由刑。
58. 《奥地利联邦共和国刑法典》（2002），徐久生译，中国方正出版社2004年版，第81—84页。
59. 第187规定与未满16岁的未成年人发生性行为的，基本刑为5年以下重惩役，根据瑞士刑法第35条的规定，重惩役是最重之自由刑，其刑期最低为1年，最高为20年。法律对之有特别规定的，其刑期为终身。《瑞士联邦刑法典》（2003年），徐久生、庄敬华译，中国方正出版社2004版，第64页。
60. 《瑞士联邦刑法典》（2003年），徐久生、庄敬华译，中国方正出版社2004版，第64—65页。
61. 瑞士刑法第36条的规定，最低之监禁刑为3天。法律未作其他特别规定的，最高之监禁刑为3年。《瑞士联邦刑法典》（2003年），徐久生、庄敬华译，中国方正出版社2004年版，第11—12页。
62. Susan Estrich, Rape, 95 Yale L.J, P1105.
63. Susan Estrich, Rape, 95 Yale L.J, P1094.
64. Tyson v. State, 619 N.E.2d 276, 292, 300 (Ind. Ct. App. 1993).
65. Cal. Penal Code 261.2 (West Supp. 1990).
66. Wis. Stat. Ann. 940.225(4) (West 1998).
67. John Kaplan, Robert Weisberg, Guyora Binder, Criminal Law: Cases and Materials(5th edition), Aspen Publishers(2004), P930—934.
68. 这个问题我们在"同意与犯罪论体系"一章，会重点讨论。
69. Susan Estrich, Real Rape, Harvard University Press (1987), P 29.
70. David P. Bryden: Forum on the Law of Rape: Redefining Rape, Buff.Crim. L.R.2000, P363.
71. Susan Estrich, Real Rape, Harvard University Press (1987), P49.
72. Susan Estrich, Rape, 95 Yale L.J, P1101.
73. Cf. Stephen J. Schulhofer, Unwanted Sex: The Culture of Intimidation and The

Failure of Law ix, Harvard University Press (1998), P19.

74. Anne M. Coughlin, Sex and Guilt, 84 Va. L. Rev. P1 (1998).
75. 美国学者Bart 和O'Brien认为，即使在陌生人实施的强奸中，严重的伤害结果也并非是反抗所造成的。他们甚至建议，面对潜在的强奸犯，反抗是一种最佳策略，它会有效地遏止行为人的进一步侵犯之举，用很小的伤害代价来捍卫自己的性自治权是值得的。Pauline Bart & Patricia O'Brien, Stopping Rape: Successful Survival Strategies, P442 (1985). 在1976年，英国高等法院基金会（the Queen's Bench Foundation）对强奸的被害人以及被监禁的强奸犯作了调查，结果表明：反抗，尤其是尖叫可能导致暴力攻击的增加。Queen's Bench Foundation, Rape Prevention And Resistance, P85—86 (1976). 但是，调查发现，许多其他的变量与暴力的增加有关：比如攻击者的恐惧、害怕被抓、无法勃起、被害人的愤怒、甚至被害人的冷静、被动等。Queen's Bench Foundation, Rape Prevention And Resistance, P5 (1976)。
76. 见上文道舍案。
77. 全美被害人调查和治疗中心对此问题作过两个全国范围内的调查，调查指出，超过75%的被害人是被熟人强奸的，其中只有4%的被害人受过严重的身体伤害，24%的只由轻微的伤害，而70%的没有伤害。这个结论也为司法部门的人员所认可。National Victim Center and Crime Victims Research and Treatment Center, Rape in America: A Report to the Nation P4 (1992)。
78. 但是，有学者反对这种说法，如苏珊认为，不反抗或消极反抗是女性面对强奸的最通常之举动。(Susan Estrich, Rape, 95 Yale L.J , P1111) 有调查支持这种结论，认为消极反抗是最通常的一种反抗方式。Battelle Memorial Institute Law And Justice Study Center, Forcible Rape: A Manual For Filing And Trial Prosecutors, P4 (1978) 但还有人指出，70%的被熟人强奸的被害人会在身体上反抗犯罪者。Robin Warshaw, I Never Called it Rape (1988). 上述论述参见David P. Bryden: Forum on the Law of Rape: Redefining Rape, Buff.Crim.L.R.2000, n189。
79. 但有学者认为，熟人强奸的暴力性反而要强于陌生人实施的强奸。Menachim Amir, Patterns in Forcible Rape, P245 (1971). 还有学者认为，两种强奸在暴力方面没有区别 Barry Ruback & Deborah Ivie, Prior Relationship and Injury in Rapes: An Analysis of Crisis Center Records, 3 Violence & Victims,

P 99, 100 (1988). 还有人指出，陌生人所实施的强奸比一般的约会强奸的暴力性要强，但是一般所来，其暴力性和婚内强奸和男朋友所实施的强奸行为相当。上述论述参见David P. Bryden: Forum on the Law of Rape: Redefining Rape Buff.Crim.L.R.2000, n192. 需要注意的是，认为熟人强奸暴力性很大的人，依据的都是已报案的强奸案件，而大量的低暴力的熟人强奸被害人很少选择报案。参见Susan Estrich, Real Rape, Harvard University Press (1987), P60。

80. 在最近10多年，大量的证据表明，是严重的暴力导致了大多数女性的反抗。美国学者Sarah Ullman借助先进的统计方法对反抗和伤害的因果关系进行跟踪调查和分析。她指出，如果没有额外的身体伤害，那么被害人反抗可以极大地避免强奸行为的发生。而且85%的女性会对攻击者进行身体上的反抗。另外，通常人们所认为的女性反抗与伤害的正相关性结论也并不正确，并非是因为女性的身体反抗导致了进一步的伤害，而是伤害导致了女性进一步的反抗。参见David P. Bryden: Forum on the Law of Rape: Redefining Rape, Buff.Crim.L.R.2000, n199。

81. 刑法第270条规定，将代为保管的他人财物非法占为己有，数额较大，拒不退还的，处二年以下有期徒刑、拘役或者罚金。

82. 《关于执行〈全国人民代表大会常务委员会关于严禁卖淫嫖娼的决定〉的若干问题的解答的通知》(法发［1992］42号高检会［1992］36号)

83. David P. Bryden, Forum on the Law of Rape: Redefining Rape, Buff.Crim. L.R.2000, P383.

84. David P. Bryden, Forum on the Law of Rape: Redefining Rape, Buff.Crim. L.R.2000, P374.

85. David P. Bryden, Forum on the Law of Rape: Redefining Rape , Buff.Crim. L.R.2000, P384.

86. 这种意思表示的真实性也值得怀疑，因而并非法律上的同意。

87. 来看下面这个案件。被告人王某是煤矿工人，被害人李某是煤矿附近的农村女青年。一日，二人在县城偶然相遇，王某听李某说家里缺钱，便说，我帮你借，今天我们一道去玩。李某见王某并非陌生人，有这样热心帮助，便答应了。王有意将李带到山坡的无人处，给李某讲些淫秽的事，李虽反感，但未作声。王说，我帮你借钱，你给我点报酬（指发生关系），李说，不能这样，我来了月经（实际上并未来月经），王说了声不要紧，便扑到李的身上，解其衣服，李推了推王某，推不动，于是躺着不动。发生关系完后，李某爬起来一声不吭地独自走了。案发后，李某一直指控王某强奸她，而对方则辩解说，我没有使用暴力，李某也没有叫喊、反抗，不是强奸，而是通奸。参见雷雨霆："如何认定这类强奸案"，载《法学评论》1985年第1期，这个案件处理关键就在于如果理解女性语言上的拒绝，虽然行为人王某认为语言上的拒绝并非是不同意，但根据"不等于不"标准，王某则可能要承担刑事责任。

88. Susan Estrich. Rape. 95 Yale L.J, P1105—1106.
89. Susan Estrich. Rape. 95 Yale L.J, P1129.
90. Susan Estrich. Rape. 95 Yale L.J, P1130.
91. Cf.Stephen J. Schulhofer, Unwanted Sex: The Culture of Intimidation and The Failure of Law ix, Harvard University Press (1998), P59.
92. Charlene L. Muehlenhard & Lisa C. Hollabaugh, Do Women Sometimes Say No When They Mean Yes? The Prevalence and Correlates of Women's Token Resistance to Sex, 54 J. Personality & Soc. Psychol. P.874 (1988).
93. Schulhofer, Cf.Stephen,Unwanted Sex: The Culture of Intimidation and The Failure of Law ix, Harvard University Press (1998), P 59—68.
94. Charlene L. Muehlenhard & Lisa C. Hollabaugh, Do Women Sometimes Say No When They Mean Yes? The Prevalence and Correlates of Women's Token Resistance to Sex, 54 J. Personality & Soc. Psychol. P874-878 (1988).
95. 美国学者Robin West指出的，对于已经表示拒绝的女性，当男性无视这种拒绝，那这种插入行为就是暴力行为。它是一种物理性的闯入另一人的身体，并导致了痛苦。这为什么就不是强制呢？转引自：David P. Bryden: Forum on the Law of Rape : Redefining Rape, Buff.Crim.L.R.2000, P373。
96. 如果把这种认识错误看成一种归类性错误，那么当行为人由于过失而出现了这种认识错误，那么也应当追究行为人的故意犯罪责任。下文将仔细讨论此问题。
97. Morrison Torrey, When Will We Be Believed? Rape Myths and the Idea of a Fair Trial in Rape Prosecutions, 24 U.C. Davis L. Rev. P1013, 1018 (1991).
98. Julie A. Allison & Lawrence S. Wrightsman, Rape: The Misunderstood Crime, Sage Publications(1993), P11.
99. Julie A. Allison & Lawrence S. Wrightsman, Rape: The Misunderstood Crime,

Sage Publications(1993), P11.
100. Susan Estrich, Real Rape, Harvard University Press (1987), P41.
101. 潘绥铭等：《当代中国人的性行为与性关系》，社会科学文献出版社2003年版，第10—12页。
102. David P. Bryden: Forum on the Law of Rape: Redefining Rape, Buff.Crim. L.R.2000, P408.
103. 根据这种标准，显然上面所提的郝某强奸案，被告人的强奸罪并不能成立。因为郝某没有使用严重的强制手段，抚摸、索吻本身和正常的性行为很难区别，虽然黄某有过语言上的拒绝，但对于郝某的进一步行为，黄某在有离开可能性的情况下，选择了留下来，并认为自己反正是快要死的人了，也就无所谓了。事后其日记的记载作为证据更能表明她对性行为持同意态度，否则她是不会寄送照片让对方记住自己的。另外，我们再分析一下如下疑案：（1）被告人金某，24岁，于1982年3月，经人介绍，认识了某公司女职员金某（21岁）和杜某（16岁），被告常到金、杜处玩，一起看电影。5月30日晚，被告与杜某一起看完电影，同到山上游玩，两人一起坐在江边的石坡上，被告叫杜躺下，杜不愿意。被告就将杜按倒在石坡上，欲解下杜的裤带及纽扣，杜即拉住皮带和裤子。被告用左手将杜的手抓住，用右手解开杜的皮带和裤子纽扣，将杜的两条裤子脱到膝盖处，在石坡上与杜发生了性行为（距他们五米处另有两人乘凉）。尔后，两人一起回到女方公司。6月初，被告又到杜某处玩，晚间，金某与周某同睡一床，被告与杜某同睡一床（在同一房间内）时，两人又一次发生关系。7月4日晚，这四人一起看完戏，回金、杜处同睡一床时，被某镇纠察队查获。（2）被告人陈某，25岁，印刷厂业务员，于1982年4月24日，从哈尔滨火车站候车室见女青年吴某（17岁）在向别人打听去福州的车次时，于是主动搭讪。从女方口中获悉其系单身去福州探亲，初出远门，随将她带上开往南方的列车。上车后，吴想去补票时，发现钱被窃，被告便以关心为名，主动接近吴。列车晚上运行期间，被告曾抚弄过吴胸部。列车将到上海时，吴提出到上海拍电报叫福州大爷来接。被告借口吴无车票出不了站，带吴改乘慢车，于4月26日深夜11点左右到达杭州。下车后，被告将吴带到湖滨公园对其进行侮辱，后将吴带到西湖旁的偏僻树丛草地上，要求同吴发生两性关系。吴推说："来月经了，不行"（实际未来月经）。这时被告用力将吴裤子扒下，对其进行了奸淫，后被工人纠察队抓获。(陈兴良主编：《刑事疑案研究》，中国检察出版社1992年版，第324—327页) 对于第一个案件，如果撇开证据，单纯从实体上看，杜某虽然在起初有过语言上的拒绝，但在男方执意为之时，却未继续拒绝，并在5米处有他人在场，仍未呼喊，这当然不符合合理反抗规则，因而并非是不同意发生性行为。而在第二个案件中，由于事发地点在偏僻之处，且已值深夜，对于年幼且人生地不熟的吴某来说，她很难有离开的可能，吴某语言上拒绝符合合理的反抗规则，因此在客观上是一种不同意。而被告人显然也能认识到对方的不同意，因此，应该以强奸罪论处。

104. 这一般是出现在利用封建迷信进行欺骗的案件，在下文我们会重点探讨。
105. 比如男女双方约会，随后去男方房间小坐，当男方提出非分之想，女方因为男方身材强壮，害怕语言上的拒绝也会遭来杀身之祸，如果没有证据证明男方有可能知道对方这种担心，那么显然不能对其进行处罚。

第三章

1. 郑大群："强奸罪的基本特征和适用范围"，载《政治与法律》1985年第1期。
2. 欧阳涛：《性犯罪》，河南人民出版社1989年版，第167—178页以及第182—183页，持相同的观点的还可参见蒋兰香："关于强奸罪对象的思考"，载《湖南省政法管理干部学院学报》2001年第4期，论者指出：对原按强奸罪定罪的诸如利用封建迷信、邪教、利用给妇女看病之机、冒充国家工作人员、假借体检、科学实验、以被害人或其家属的某些缺点、错误相要挟、欺骗妇女并与之发生关系的，均可按奸淫罪处理。原按强奸罪处理的上述奸淫行为，由于妇女有完全的意志自由，行为人也没有采取强制手段，按强奸罪处理太严厉，故应该将之从强奸罪中剥离出来重新规定为奸淫罪。另外，那些出于玩弄的目的而以谈恋爱为名骗取妇女与其发生关系的，也纳入该罪的范畴。
3. 冯凡英："罪刑法定原则视野中的强奸罪司法解释"，载《法治论丛》2003年第5期。
4. 为了讨论的方便，如果没有特别指明，我们在同等意义上使用奸淫幼女和法定强奸这两个概念。
5. 刘光显："试论强奸罪"，载《法学研究》1982年第5期。
6. 我国有猥亵儿童罪的规定，其年龄界限与强奸罪中的奸淫幼女一样，也是14周岁。但由于我国刑法并未完全采取性别中立主义，性侵犯罪的对象主要是女性，因此本章讨论的重点是幼女的年龄，但其结论同样也适用与男童。

7. 谢振民：《中华民国立法史》，中国政法大学出版社2000年版，第911、915页。
8. 谢振民：《中华民国立法史》，中国政法大学出版社2000年版，第926、941页。
9. See. Matthew Waites.The Age of Consent: Young People, Sexuality and Citizenship, Palgrave Macmillan(2005), P2.
10. 下面关于各国同意年龄的介绍，如无特指，指的都是普通的同意年龄，不包括对具有信任关系群体的同意年龄、也不包括对特殊性行为的同意年龄。具体参见下文相关论述。
11. 彭晓辉：《性科学概论》，科学出版社2002年版，第326页。
12. Parsons v. Parker, 160 Va. 810, 811, 170 S.E. 1, 2(1933) The American Law Institute. Model Penal Code and Commentaries (Part II Definition of Specific Crimes §§ 220.1 to 230.5), Philadelphia:PA, n144.
13. Richard A.Ponsner and Katharine B. Silbaugh, A Guide To America's Sex Laws, The University of Chicago Press 1996, P44—65.
14. 即行为人所在国性同意年龄较高，前往性同意年龄较低的国家，以性交易为目的之一的旅行。
15. 获取财物对价的性交易同意年龄。
16. The American Law Institute. Model Penal Code and Commentaries (Part II Definition of Specific Crimes §§ 220.1 to 230.5)[M], Philadelphia:PA, P325.
17. The American Law Institute. Model Penal Code and Commentaries (Part II Definition of Specific Crimes §§ 220.1 to 230.5)[M], Philadelphia:PA, P379.
18. Stephen Mitchell, Archbold Pleading Evidence&Practice in Criminal Cases (fortieth edition), Sweet & Maxwell(1979) P1421.
19. 该法第9条规定：18岁以上的行为人基于性的目的触摸他人，只要对方不足16岁，这就是犯罪。这种触摸包括：（1）用其身体的任何部分或者其他器械插入对方的肛门或阴道；（2）用其阴茎插入对方的口腔；（3）让对方用其身体的任何部分或器械插入自己的肛门或阴道；（4）让对方用阴茎插入自己的口腔。Sexual Offences Act 2003.［EB/OL］http://www.legislation.gov.uk/ukpga/2003/42/contents, 2011/ 10/01.
20. Sexual Offences Act 2003.［EB/OL］http://www.legislation.gov.uk/

ukpga/2003/42/contents, 2011/ 10/01.

21. 美国绝大多数州的法律对被害人年龄的规定都比《模范刑法典》所推荐的年龄要低，一般是最高不超过16岁或18岁。但怀俄明州则根本没有规定年龄界限，它规定无论被害人年龄多大，只要是监护人或家庭成员与其发生性关系，而被害人因为对方的权威地位受到了强制，那么就构成犯罪。The American Law Institute. Model Penal Code and Commentaries (Part II Definition of Specific Crimes §§220.1 to 230.5)[M], Philadelphia:PA, P387—388。

22. Matthew Waites. The Age of Consent: Young People, Sexuality and Citizenship, Palgrave Macmillan(2005), P48.

23. The American Law Institute. Model Penal Code and Commentaries (Part II Definition of Specific Crimes §§220.1 to 230.5)[M], Philadelphia:PA, P413.

24. The American Law Institute. Model Penal Code and Commentaries (Part II Definition of Specific Crimes §§220.1 to 230.5)[M], Philadelphia:PA, P416.

25. The American Law Institute. Model Penal Code and Commentaries (Part II Definition of Specific Crimes §§220.1 to 230.5)[M], Philadelphia:PA, P329.

26. 如陈某，女，1969年4月2日出生，常和他人乱搞两性关系。1982年3月某日晚12时许，从阳台上爬入邻居退休工人林某（男，62岁）住房，主动解衣上床，与林某拥抱。林某因患有阳痿病，又考虑到和女方父母是老邻居，因而竭力拒绝。但陈某仍纠缠不休，无奈，遂与其发生"性关系"。此后，陈某又三次从阳台上，或者从窗户伸手进去打开门闩，进入林某住房，要求发生性关系，但都遭到林的拒绝。后来，林某怕陈再来纠缠，每晚睡前都要用木棍顶上门，扣紧上门。参见周振想：《当代中国的罪与罚》，中国人民公安大学出版社1999年版，第486页。

27. 万春："如何处理奸淫痴呆、精神病患妇女的案件"，载1986年1月27日《中国法制报》。

28. 参见中华医学会精神科学会、南京医科大学脑科医院编：《CCMD-2-R·中国精神疾病分类方案与诊断标准》，东南大学出版社1995年版。

29. 在1994年之前，也有司法解释认为精神病人应当包括痴呆者，如最高人民法院在民法通则实施意见的司法解释中，在关于民事行为能力问题上认为精神病人包括痴呆症人，并认为他们如果没有判断能力和自我保护能力，不知其行为后果的，可以认定为不能辨认自己行为的人。

30. 如学者症候群（Savant Syndrome），这个概念由崔佛特（Treffert, 1989）提出，它指是个人存在主要的心理疾病或严重的智能障碍，但却拥有与他的障碍全然相对的，超过一般人的心理运作能力。依照其定义，又可包括白痴学者（Idiot Savant）和自闭学者（Autistic Savant）。前者（"白痴学者"一词系一百多年前由英国医师兰登·道恩（Langdon Down）所创用）是指个人存在严重的智能障碍，但却拥有与他的障碍全然相对的，惊人的心理运作能力。而后者则是指个人存在主要的心理疾病或性格异常，或情感障碍（如自闭症），但却拥有与他的障碍全然相对的，惊人的心理运作能力。部分自闭症患者的认知能力，甚至于超出常人，具有极强数字记忆能力、美术、音乐等特殊能力，即为自闭学者。电影《雨人》（Rainman）的男主角就曾得过失语症（Aphasia），"雨人"是根据真实故事改编而成的，真正的雨人名叫金·皮克（Kim Peek）。金是一个典型的白痴学者与自闭学者，他是白痴、天才与自闭症的综合体。他所拥有的特殊能力领域很广，但大多与记忆有关。所有人口数超过八百之美国城市，金都能告诉你该市有几号公路经过、那条铁路或河流穿过市区或市郊、该市的邮政编码，如果要看区域电视，应看第几频道。参见吴永怡："从真雨人（Real Rainman）谈形形色色的白痴学者与自闭学者"，载《国教之声》第三十卷第一期。

31. The American Law Institute. Model Penal Code and Commentaries (Part II Definition of Specific Crimes §§ 220.1 to 230.5)[M], Philadelphia:PA, P275.

32. The American Law Institute. Model Penal Code and Commentaries (Part II Definition of Specific Crimes §§ 220.1 to 230.5)[M], Philadelphia:PA, P288.

33. The American Law Institute. Model Penal Code and Commentaries (Part II Definition of Specific Crimes §§ 220.1 to 230.5)[M], Philadelphia:PA, P321.

34. Jennifer Temkin, Rape And The Legal Process, Oxford University Press（2002），P113.

35. 如一女性精神病人因发病出走，经过某村一农户窗前，窥见一男青年身着短裤在床上午睡。该女性欲冲动，越窗而入，脱光衣服卧在男青年身旁。男青年突然惊醒，不知所措，企图避开。女患者将其阻拦，并声称："你若不从，我就喊人。"男青年未觉察到她有精神病，无奈与之发生性交。（王辉等："性侵犯案件司法精神医学鉴定中的几个问题"，载《临床精神病学杂志》1995年第2期）又如，某女，23岁，未婚，受多方面影响下成为性机能亢奋者。她不恋爱不结婚,总找三个以上的15、16岁童男在偏僻的场所连续与他们性交。这些童男同她进行两次性交后,都觉得支持不住,不愿意继续。这时她就以向公安局告发进行恐吓,强迫他们与之继续发生性交。当最后这些童男被她折磨得实在不行时,她就采取各种方式玩弄,直到心满意足才罢手。参见祁建华:"非经济目的卖淫问题初探",载《青少年犯罪研究》1992年第10期。

36. 笔者在认同婚内强奸构成犯罪的前提讨论这个问题,如某女,精神发育迟滞。在工厂做简单工作。她看到其他小姐妹都前后结婚生了小孩,心里十分羡慕,曾向母亲、工会小组长提出要找朋友,要结婚生小孩。但大家因她太傻大呆而不能满足她的愿望。一位从郊区乡下来的邻居老保姆很同情她,有一次表示可以在农村给她找一个男朋友,以后又给她带来该男青年的照片。她一见十分欢喜,瞒着厂方与母亲,随老保姆到了乡下,未经登记就与该男青年同居了。其母和厂方因她失踪,十分担心,除登报寻人外,还委托公安部门查找。最后找到了她。当地公安局即按强奸罪将男青年拘留,并委托有关部门对该女进行司法精神医学鉴定。经鉴定,该女智商只有32,属于重度精神发育迟滞。但是她能明确提出:"为什么人家都能结婚、生孩子而我不能呢?他们都不要我,我只有自己到乡下找男人了。"她还说:"他不嫌我,对我很好,我要跟他一辈子,连厂里也不愿意回去。"她苦苦要求释放她的男人。鉴定者鉴于上述情况,在鉴定书中强调她对性行为有一定程度的认识,是她主动到农村追求该男青年,并与之同居的。当地公安局研究后,释放了男青年,并责令他们进行结婚登记。后来,他们一直生活得较好,生有一子,智能发育正常。参见贾谊诚主编:《实用司法精神病学》,安徽人民出版社1988年版,第86—87页。

37. 被告人周某,年逾40岁,仍未结婚,他人给其介绍了一个流落在外、无家可归的精神病妇女。周某知道女方患有疾患,但仍然把其接回家"成婚"。女方到家后,周母给她洗澡换衣,让她与周某非法同居并发生了性关系。同居期间,周某经常请医生为精神病妇治病,生活上给予照顾,以夫妻相待。后来精神病妇因出走被汽车撞伤,被告人闻讯过来,将她送往医院治疗10余天,并一直在医院护理。病愈后,周又接其回家共同生活达7月之久。不久,公安局知道此事,案发。周某被收审后,群众纷纷反映,对周若以犯罪论处,只好让该精神病人继续流浪社会,过着无人照顾的生

279

活。后司法机关认定被告人周某构成强奸罪,但免予刑事处罚。参见路安仁主编:《强奸罪、奸淫幼女罪》,中国检察出版社1991年版,第113页。

38. 如为治病将生女捆在床上唆使他人强奸案:被告人彭某、王某,有一女17岁(王女),王女在工厂工作,认识了刘某,并生爱恋之意,一日,王女突发精神病,整天口中念着刘某的名字,其父非常着急,听人议论说王女所患是"风流病",只要请一个男人与她睡觉,病就会好,于是找与妻子彭某商量,彭某信以为真,于是请刘某帮忙,但遭拒绝。后来找到禹某,并答应在禹某"性交治好"王女的精神病后,便将王许配给禹为妻。某日晚,彭某将女儿带到亲戚家,让禹某与之性交,但王女不从。于是彭某便用绳子将其女四肢捆在床上,让禹连续三晚与王女性交。后来又转移到其他人家中,让禹连续奸淫王女十余晚,直到王女清醒后,认出禹不是刘某,拒绝与其性交为止。参见路安仁主编:《强奸罪、奸淫幼女罪》,中国检察出版社1991年版,第113—114页。

39. A、B、C、D、E五个人开五十铃大货车至一理发店,A、C下车到理发店要了甲、乙、丙共3名小姐,并且付给理发店老板450元嫖费(150元每人),老板给了甲乙丙三人各100元卖淫费(其余150元老板作为台费自己所得)后让这三位小姐出台,这三位小姐收了钱后跟这两名男子出门,并上了他们开来的货车,此时,三位小姐发现对方共有五名男子。后来,D提出吃夜宵,后来一行八人开车至一饭店,进一个包间吃夜宵,不知为何,此时提出吃夜宵的D却先走了,只有七个人吃夜宵。在席间,四名男子在喝啤酒,三位女子没有喝酒,要了椰子汁,可是迟迟未能上来。直到快吃完时,才有服务员将三瓶椰子汁送过来(已经全部打开,并有吸管),A从服务员手中接过来后,递给了三位小姐。然后,这四名男子和这三位女子干杯,当三位女子喝下后,就什么也不知道了。然后,这些男子开车将三位女子带到一货运市场,当车开到此处的门卫时,车上下来两名男子,让值班门卫开门并且不许出来,他们强行开车进了货运市场。值班门卫以为进来的车是盗窃的,于是报了案。后来警察赶到现场,在货运市场的门口抓到了B,在货运市场的二楼办公室,抓到了还未来得及穿衣服的A,其余的人逃跑,并且当时三位女子都光着身体,躺在办公桌上,没有知觉。现场发现有避孕套和卫生纸,未能缴获其他物品。后来警察把人员全部带到派出所。这三名女子到派出所后直到第二天才醒过来,醒来后,三位女子称放在口袋里面的钱、手机都没有了。可警察未能在现场和抓获的A、B身上发现这些物品。法医鉴定三名女子的阴道内有精液。[EB/OL] http://law.anhuinews.com/system/2003/01/20/000224904.shtml, 2011/12/30.

40. The American Law Institute. Model Penal Code and Commentaries (Part II Definition of Specific Crimes §§ 220.1 to 230.5)[M], Philadelphia:PA, P314.

41. 路安仁主编:《强奸罪、奸淫幼女罪》,中国检察出版社1991年版,第181—182页。相似的案件还有:被告人王某,男,45岁,系劳改犯。王犯在劳改煤矿服刑期间,多次奸污妇女。某日,王犯在劳改煤矿的山路上碰见管教大队长的女儿徐某,王即纠缠不放,表示疯狂地爱她,并要求发生两性关系。徐某不同意,大骂王是臭流氓。王某当即从身上抽出匕首一把,对准自己胸膛扎了一下,流了少许的血。然后威胁徐某说"你不同意,我就在你面前自杀。"徐某只有17岁,年幼,怕事情闹大,遂被迫和王发生两性关系。后王某用同样手段,两次奸污徐某。参见韩轶:"关于强奸罪中'胁迫手段'的理论思辨——兼评'隐性胁迫'提法之缺陷",载《湖南省政法管理干部学院学报》2000年第5期。

42. The American Law Institute. Model Penal Code and Commentaries (Part II Definition of Specific Crimes §§ 220.1 to 230.5)[M], Philadelphia:PA, P314.

43. 路安仁主编:《强奸罪、奸淫幼女罪》,中国检察出版社1991年版,第165页。

44. 路安仁主编:《强奸罪、奸淫幼女罪》,中国检察出版社1991年版,第71页。

45. Dennis Patterson(ed.), A Companion to Philosophy of Law and Legal Theory, Blackwell Publishers(1996), P92.

46. 路安仁主编:《强奸罪、奸淫幼女罪》,中国检察出版社1991年版,第78页,对该案件略有改动。

47. Cf. Stephen J. Schulhofer, Unwanted Sex: The Culture of Intimidation and The Failure of Law ix, Harvard University Press (1998), P119.

48. Dennis Patterson(ed.), A Companion to Philosophy of Law and Legal Theory, Blackwell Publishers(1996), P91—92.

49. Dennis Patterson(ed.), A Companion to Philosophy of Law and Legal Theory, Blackwell Publishers(1996), P91.

50. [英]乔纳森·赫林:《刑法》(第三版),法律出版社2003年版,第168页。另参见:(1)少女忍辱求路费案:青年妇女赵某,一向品行良好,作风正派,因夫妻关系不合,于1981年冬天只身往新疆投亲,途中倒车时,被人偷去全部衣物、旅费和车票,以至进退两难,陷于困境。车站附近一个卖小食的老太婆郑某，对赵颇多同情，允许暂供食宿，当晚却为她出歪主意，劝她以取得回家旅费30元为条件，与邻居邹某同宿一晚。赵为了免于流落异乡，出于无奈，痛哭了一场，终于抱憾与邹发生了性关系。次日，被邹的同事张某得知，向所在单位做了揭发。（2）报恩案：某山区妇女廖某的丈夫患有痼疾，多年不愈，家境十分贫寒。公社医生施某，不辞辛劳，经常翻山越岭，为她送医送药，终于把病给治好了。从此，廖对施感激不尽，常以家贫，无物可谢，而心怀不安。一日，施对廖提出发生性关系的要求，廖本想拒绝，但又觉得对他有恩未报，情面难却，于是垂泪相告："我不是扯烂污的女人，怎能做这种见不得人的事呢？可是你对我家有恩，我也难以扫你的脸皮，只好任你糟蹋一次。以后一了百了，你再也不要到我来"，结果两人发生了性关系。后因施又来纠缠，廖才把此事告诉丈夫，并告之有关机关。参见江任天："对强奸罪中'违背妇女意志'问题的再认识"，载《法学研究》1984年第5期。

51. 如冒充公安机关"扫黄组"民警、以将人抓到公安局处理等威胁手段强奸女青年。北京市无业人员段怀斌于2001年12月27日通过一家政服务公司以要求提供性服务为由，找到一姓郭的女青年，在谈好服务价钱后，将事主郭某某、魏某某骗至事先以"刘小刚"假名登记的本市丰台区某宾馆302号房间内。为达到嫖娼不付钱的目的，段怀斌用事先准备的其原工作的城管大队内部机动车辆准驾证及手铐等作案工具，冒充公安局"扫黄组"公安民警，以要带二人到公安局接受处理等语言相威胁先后将郭某某、魏某某强奸。2002年1月至2月间，段怀斌又利用郭某某认为自己是公安民警，不敢反抗的恐惧心理，将郭某某带至本市丰台暂住地室内，先后两次将郭某某强奸。后被北京市第二中级人民法院以强奸罪一审判处有期徒刑十三年，剥夺政治权利三年。[EB/OL]http://law.anhuinews.com/system/2002/07/29/000075130.shtml, 2007/5/6.

52. 如被告人李远根，男，26岁，工人。1982年4、5月间，被告先后在许多地方冒充公检法工作人员，以调查案件、抓赌、追捕罪犯为名，骗奸妇女3名，骗奸未遂3人，其中两人到公安机关告发。如1982年4月，被告在新农公社采石场，对女青年余某谎称自己是法院干部，以帮余某把户口转往城镇等欺骗手段，对余进行了奸淫，并骗取现金170元。同月，被告在新农公社，冒充公安人员，以抓赌为名与妇女王某攀谈，对王进行了奸淫。同年5月，被告身着警服窜至某公社女社员余某家，当得知女方丈夫因犯盗窃罪被公安机关关押后，便谎称自己是办理该案的公安人员，以帮助余的丈夫减刑，对余进行了奸淫。参见陈兴良主编：《刑事疑案研究》，中国检察出版社1992年版，第328页。

53. The American Law Institute. Model Penal Code and Commentaries (Part II Definition of Specific Crimes § § 220.1 to 230.5)[M], Philadelphia:PA, P321—322.

54. 三级重罪，为了讨论的方便，我们把《模范刑法典》的明显性强制罪看成是较轻的强奸罪。

55. The American Law Institute. Model Penal Code and Commentaries (Part II Definition of Specific Crimes § § 220.1 to 230.5)[M], Philadelphia:PA, P333.

56. The American Law Institute. Model Penal Code and Commentaries (Part II Definition of Specific Crimes § § 220.1 to 230.5)[M], Philadelphia:PA, P391.

57. The American Law Institute. Model Penal Code and Commentaries (Part II Definition of Specific Crimes § § 220.1 to 230.5)[M], Philadelphia:PA, P392—393.

58. The American Law Institute. Model Penal Code and Commentaries (Part II Definition of Specific Crimes § § 220.1 to 230.5)[M], Philadelphia:PA, P394.

59. 参见薛波主编，潘汉典总审定：《元照英美法辞典》，法律出版社2003年版，第1238页。

60. 《意大利刑法典》(1996)，黄风译，中国政法大学出版社1998年版，第171—172页。

61. 《澳门刑法典》(1996)，澳门政府法律翻印办公室译，法律出版社1997年版，第62—63页，而该地区一般的强奸行为，刑罚是3到12年。

62. Susan Estrich, Real Rape, Harvard University Press (1987), P96.

63. David P. Bryden: Forum on the Law of Rape: Redefining Rape Buff.Crim. L.R.2000, P462.

64. David P. Bryden: Forum on the Law of Rape: Redefining Rape Buff.Crim. L.R.2000, P466.

65. The American Law Institute. Model Penal Code and Commentaries (Part II Definition of Specific Crimes § § 220.1 to 230.5)[M], Philadelphia:PA, P331. 美国另外一个非常著名的案件是Boro v.People案，行为人谎称医生，给被害人打电话，称被害人罹患致命怪病。其治疗方式有两种，一种是手术，

费用颇高（9000美元），且不含在医疗保险之中；另一种是和匿名捐赠者发生性关系，因为捐献者曾注射免疫血清，此费用较低（4500美元）。被害人称，即便是第二种治疗方式，自己也无力支付，后行为人说可以低至1000美元，被害人遂同意按此种方式治疗。后行为人与被害人发生了性行为。我国的一个类似案件是"以生殖器带药治病案"：孙某无证行医，在为女青年马某治病（化脓性膝关节炎）之机，产生奸淫之念。一日早饭后，孙借给马上药之机，以上药忌风为由将其他人骗出门外，关上屋门用木棍顶住。然后将马某裤头脱下将青霉素药水抹在马的疮口上，接着又把药倒在马的阴部。马问："药上到这里干什么？"孙某欺骗说："消炎，这地方离刀口近，消炎快。"又说，"用镊子往里上药疼，我用这个给你上。"说完，脱下裤子上床。马问："你要干什么？"孙说："用我的生殖器给你上药。"于是往自己生殖器上抹上药水，说："你别害怕，瞒得了爹娘，瞒不住丈夫，保证给你治好。"随后对马进行了奸淫。后来又连续五次以类似方法和马某发生了性关系。参见路安仁主编：《强奸罪、奸淫幼女罪》，中国检察出版社1991年版，第95页。

66. The American Law Institute. Model Penal Code and Commentaries (Part II Definition of Specific Crimes §§ 220.1 to 230.5)[M], Philadelphia:PA, P332.

67. Jennifer Temkin, Rape And The Legal Process, Oxford University Press（2002），P60.

68. Jennifer Temkin, Rape And The Legal Process, Oxford University Press（2002），P105.

69. Model Penal Code 213.1 commentary (1980), P322. 根据密歇根州刑法构成强奸的许多情况有时往往只是一些违反医疗职业道德的行为，根本没有必要进入刑法的视野。比如，精神病医师可能利用患者对他的依赖性让患者倾心于他，随后发生性行为。毋庸置疑，这种行为是要受到谴责，但是必要动用如此严重的刑罚手段吗？

70. 林山田：《刑法各论（上）》（修订第三版），台湾大学法学院图书部2002年版，第227页。

71. 如下面的案件："谭某结婚半年后，丈夫便去南方打工了，因耐不住寂寞，她和本村的一男子多次通奸。2002年8月份的一天夜里，邻村的男青年张某冒充谭某的情人，趁谭某半睡之机和她发生了性关系。待谭某发觉不对拉亮灯时已经晚了，情急之下，谭某扯下了张某带有精液的裤头。事

后,谭某想告发他,但又害怕因自己的生活作风问题而告不赢。"(《农村百事通》2004年2月)

72. John Kaplan, Robert Weisberg, Guyora Binder, Criminal Law: Cases and Materials(5th ed), Aspen Publishers(2004), P950.

73. David P. Bryden: Forum on the Law of Rape: Redefining Rape Buff.Crim. L.R.2000, P344—345.

74. 德国刑法2019年有所修订,但该条款没有修改。

75. 该法规定的一般性同意年龄为16岁,即明知对方不满16周岁,而与之发生性行为,一律以犯罪论处。

76. 现行法关于强奸罪的规定比较大条,这也就给了司法机关解释的空间,强奸罪的手段是暴力、胁迫或其他手段。至于何谓其他手段,司法人员自然有解释空间。2013年两高两部《关于依法惩治性侵害未成年人犯罪的意见》所说的特殊职责可以按照缓和的家长主义进行实质解释,也即只要存在事实上的监护、教养关系就可以认为具备优势地位,未成年人的同意就可以推定为无效,从而解释为强奸罪的"其他手段"。比如,行为人以收养之名实童养媳之实,与14周岁的女孩发生关系,也会形成事实上的教养、监护关系,那么事实上的同意就可以视为法律上的不同意,属于强奸罪的"其他手段"。

77. 如许剑清强奸案:被告人许剑清于1998年9月至1999年8月被建瓯市迪口老区中学聘任为学校寄宿生管理员。1998年10月间的一天,迪口老区中学根据生管人员提出野炊,学生拨款100元作为经费。当晚,被告人许剑清就请叶某某(女生,16岁),练兴旺等校卫队成员及老师八九人在宿舍吃晚饭。饭后,其他人员先走,由叶某某一人留下收拾碗筷,被告人许剑清出去交待完工作后返回宿舍将房门关住,把叶某某按倒在床上实施奸淫。事后,被告人许剑清还对叶某某讲:"不能将此事说出去。"1999年5月份的一天晚上,被告人抖剑清告诉叶显辉迪知叶某某一起到其宿舍做寄宿卡至11时许结束,许剑清就煮快食面一道吃完后,许剑清让叶显辉先走,留下叶某某,并拴住房门,将叶某某按倒床上实施奸淫。1999年5月份左右的一天,被告人许剑清多次交待男生练奎华要叫女生陈某某(15岁)到其宿舍。当晚约12时许,练奎华到女生宿舍把陈某某叫到许剑清宿舍后,许剑清请练奎华、陈某某吃点心、喝啤酒。吃完后,练奎华先回宿舍,陈某某坐在许剑清宿舍床上看电视,后醉睡在许剑清的床上,被告人许剑清趁陈某某酒醉实施奸淫。1999年5月份的一天晚上10时许,因女生郑某某(17岁)要毕业送毕业通讯录给被告人许剑清签,被告人许剑清将郑某某留在宿舍,拴住房门,把郑某某抱到床上实施奸淫。事后,被告人许剑清对郑某某讲:"这事不能讲出去,否则对你不好。"1999年6月份的一天晚上9时许,被告人许剑清派女生叶大燕(已亡)去叫郑某某到其宿舍吃夜点。吃完夜点后,被告人许剑清以收拾碗筷为由,将郑某某留下,拴住房门,把郑某某抱到床上实施奸淫。建瓯市人民法院刑事判决书(2000瓯刑初字第70号)。该案被告人与被害人之间存在管理与被管理的特殊关系,因此与未成年人发生性关系即构成强奸。但是,在现有的法律下,由于并没有专门规定滥用信任关系类强奸,因此此类案件,就必须证明被告人采用了强制手段,使得被害人不敢反抗,而这显然增加了司法机关的证明压力,也不利于对未成年人的特殊保护。

78. 另一种归纳可参见梁林:"刑事政策视野中的婚内强奸犯罪化",载《法制与社会发展》2003年第4期。
79. 最高人民法院刑事审判庭:《刑事审判参考》2000年第2辑,法律出版社2000版,第28页。
80. 张贤钰:"评'婚内无奸'",载《法学》2000年第3期,还可参见石梅堂:"丈夫强奸妻子不能构成强奸罪",载《法学》2000年第3期。
81. 唐若愚等:"'婚内强奸'区别定性论",载《法学评论》1994年第3期。
82. 黎洪等:"论强奸罪的外延",载《法学杂志》1987年第2期。
83. 刘宪权:"婚内定强奸不妥",载《法学》2000年第3期。
84. 周永坤:"婚内强奸罪的法理学分析",载《法学》2000年第10期。
85. 王晨曦:"略谈'婚内强奸'的不科学性及相关解决途径",载《广西政法管理干部学院学报》2003年第4期。
86. 李凯:"也谈'婚内强奸问题'",载《人民司法》2000年第12期。
87. 刘家琛:《新刑法案例解释》,人民法院出版社1997年版,第755页。
88. 最高人民法院刑事审判庭:《刑事审判参考》2000年第2辑,法律出版社2000年版,第28页。
89. 高铭暄、王作富:《新中国刑法的理论与实践》,河北人民出版社1988年版,第535页。
90. 秦泽:"强奸罪还是暴力干涉他人婚姻自由罪?",载《民主与法制》1983年第4期,第20页。

91. 最高人民法院刑事审判庭：《刑事审判参考》2000年第2辑，法律出版社2000年版，第28页。还有人对构成婚内强奸的情况进行了总结，指出在下列情况下妻子拒绝发生性行为，可以看成是有正当理由的，丈夫强迫则可构成强奸罪：女方被迫成婚的；妻子正处于经期、孕产期、性器官患病期，或患有其他疾病，医学上认为不宜性交的；丈夫患有梅毒、淋病、艾滋病等性传播疾病的；丈夫有严重的性变态行为倾向的；丈夫违反计划生育政策不采取避孕措施的；夫妻因感情问题长期分居，婚姻关系已名存实亡的；正处于离婚诉讼期间或离婚诉讼准备期间的。这其实是一种肯定婚内强奸的观点，论者并不认为婚内强奸仅限于在婚姻关系的非正常续存期间才成立。（杨永华："论婚内强奸行为"，载《河南公安高等专科学校学报》2003年第5期）还有学者认为在发生认识错误的情况下，丈夫误把妻子当作其他妇女而强行奸淫的，可以构成强奸罪的未遂。另外，丈夫还可以构成强奸罪的教唆或帮助犯（张明楷："浅论强奸罪的主体"，载《法学评论》1988年第5期）有人对这种情况做了展开，指出丈夫帮助他人强奸自己妻子的，可以强奸罪共犯论处。其理由是夫妻的合法性关系是不可以转让的。如男性为达营利目的，强迫妻子与他人性交，则可能构成强迫妇女卖淫罪，或引诱妇女卖淫罪。参见曾有生："关于认定强奸罪的几个问题"，载《法学与实践》1986年第1期。

92. 中国第一个肯定婚内强奸的案件是1989年河南省信阳县法院判处的靖志平案，该案被告结婚之后，夫妻不和，妻子刘某离家，并提出离婚诉讼，但因为财产分割问题未达成一致，于是刘某撤回诉讼，但仍未回夫家，并再次提出离婚。在法院开庭审理休庭期间，被告人纠集7、8人将刘某强行带回家中，在别人的帮助下，丈夫公然暴力实施了性行为。并在以后进行了三次类似行为，后法院以强奸罪判处6年有期徒刑，并经二审法院维持原判。（参见唐若愚等："'婚内强奸'区别定性论"，载《法学评论》1994年第3期）最高人民法院刑一庭主办的具有指导性意义的权威刊物《刑事审判参考》在1999年第3辑发表了两个关于婚内强奸的案件，就是采取这种折中的立场。其中在第20号案例中的"裁判理由"中指出：如果是非法婚姻关系或者已经进入离婚诉讼程序，婚姻关系实际已经处于不确定中，丈夫违背妻子的意志，采取暴力手段，强行与其发生性关系，从刑法理论上讲是可以构成强奸罪的。但是实践中认定此类强奸罪，与普通强奸案有很大不同，应当特别慎重。

93. 上述三种观点参见唐若愚等:"'婚内强奸'区别定性论",载《法学评论》1994年第3期。
94. 李立众:"婚内强奸定性研究",载《中国刑事法杂志》2001年第1期。
95. 张芳英:"婚内强奸行为性质的理性思考",载《湖北师范学院学报》(哲学社会科学版)2002年第1期。
96. 周崎等:"王卫明强奸案",载《判例与研究》2000年第2期。
97. 李立众:"婚内强奸定性研究",载《中国刑事法杂志》2001年第1期。
98. 沈亮:"丈夫可以对妻子构成强奸罪",载《法学》2000年第3期。
99. 徐大勇:"个体自由与社会秩序的理性选择——对婚内强奸罪的法哲学分析",载《政法论丛》2003年第2期。
100. 根据新婚姻法规定,夫妻一方在婚前拥有的财产并不因为结婚年限的长短而发生所有权转移问题。
101. The American Law Institute. Model Penal Code and Commentaries (Part II Definition of Specific Crimes § § 220.1 to 230.5)[M], Philadelphia:PA, P342.
102. 世界各个国家一般都规定,一方违反夫妻同居义务,他方可以提起同居之诉,要求对方实际履行。但是,由于此类判决不可强制执行,故对不履行法院判决的,各国所采取的对策一般有以下三种:一是可以免除对方对其之生活保障义务;二是认定构成对他方之遗弃,从而成为他方提起离婚之理由;三是一方违反夫妻同居义务,无论是否诉请法院解决,他方均可请求侵权精神损害赔偿。参见冀祥德:"耦合权利义务说:婚内强奸立论的理论原点",载《妇女研究论丛》2004年第1期。
103. Jennifer Temkin, Rape And The Legal Process, Oxford University Press(2002), P77.
104. 有人认为,性生活是夫妻生活中的重要组成部分,过性生活不仅是双方的权利也是义务。因此夫妻间的性生活都是合法的。如果一方只行使权利而不履行义务,就不可能有真正的男女平等。如果认为只要违背女方意愿就可以构成强奸,那么也就是意味着夫妻间同居的权利和义务是以一方的意志为转移,这恰好违背了夫妻平等的原则。(杨新培:"丈夫不能成为强奸罪的主体",载《政法论坛》1987年第4期)这种观点显然是对平等的一个误读,正如在交易过程中,交易双方具有平等地位,但是一方不愿意把东西卖给另一方,那么是否因为交易行为被一方的意志所决定,而否定交易主体的平等地位呢?

105. [日]大塚仁:《刑法概说》,冯军译,中国人民大学出版社2003年版,第360页。
106. Jennifer Temkin, Rape And The Legal Process, Oxford University Press(2002), P86.
107. 张贤钰:"评'婚内无奸'",载《法学》2000年第3期。
108. Jennifer Temkin, Rape And The Legal Process, Oxford University Press(2002), P73.
109. 该结论被认为"结束了有关婚内强奸并不常见的争论", Jennifer Temkin, Rape And The Legal Process, Oxford University Press(2002), P74。
110. Jennifer Temkin, Rape And The Legal Process, Oxford University Press(2002), P74—75.
111. Jennifer Temkin, Rape And The Legal Process, Oxford University Press(2002), P86.
112. 1989年到1990年有人进行的2万例性文明调查显示:在夫妻性生活中丈夫强迫妻子过性生活的占总数的28%,受害女性绝对数有几百万之多(参见周崎、胡志国:《王卫民强奸案》,载《判例与研究》2000年第2期)。据人民网2000年11月7日网载资料称,最新调查显示,七成的中国女性认为生活中的确存在着"婚内强奸"现象,并愿以法律手段解决这一问题。零点调查公司对"婚内强奸"问题进行了调查,北京、上海、广州近千名18到35岁的青年女性对此发表了自己的观点。对"婚内强奸"这一敏感的家庭暴力问题,赞同通过法律手段来解决的达到七成,其中非常赞同者比例为0.1,反对者占一成,余下的二成表示"不好说"。调查进一步发现,越年轻、学历越高、收入越高,越倾向于在指出社会中存在着"婚内强奸"现象的同时,赞同采用法律手段维护自身的权益。但婚内人士对此的态度相对未婚人士则保守一些,他们认为此种现象存在的比例低于旁观者身份的未婚人。从城市对比来看,上海的青年女性认为存在此种现象的比例最高。在是否赞成通过法律手段来解决这一现象的问题上,上海受访者赞成的比例也远远高于北京和广州。[EB/OL]http://www.people.com.cn/GB/channel1/11/20001107/303381.html,2005/5/6。另据潘绥铭等人在《当代中国人的性行为与性关系》调查报告中,指出,在女性不情愿的性行为中,有94.7%是发生在夫妻之间。如果按照20—64岁的女性总人口来计算,那么有多达23.6%的女性有过夫妻之间不情愿的性行为。尤其是,这种不情愿的性行为并不是临时的或者偶然的。然而这种调查并非是专门针对婚内强奸问题的，而且它所使用的概念是"不情愿的性行为"，其外延显然要广于一般意义上的婚内强奸。

113. 比如在刑法第236、237条中都可各增加一款"对妻子实施上述行为的，可以从轻、减轻或免除处罚。实施此款之行为的，告诉才处理"。
114. 我国台湾地区1999年修订后的刑法就是采取这种做法，《台湾刑法典》第229条删除了刑法典原来对性犯罪告诉乃论的一般规定，但增加了丈夫对妻子的强制性交罪采取告诉乃论的规定。另外，《瑞士联邦刑法典》第190条第2款也规定："行为人是被害人的丈夫，且二人共同生活的，告诉乃论。告诉权的有效期限为6个月。"

第四章

1. Geerds, Einwillgung und Einverständnis des Verletzten im Strafrecht, Goltdammer's Archiv für Strafrecht, 1954, S.262 ff.（转引自[日]大塚仁：《刑法概说》，冯军译，中国人民大学出版社2003年版，第355页）
2. [日]大塚仁：《刑法概说》，冯军译，中国人民大学出版社2003年版，第355—356页。
3. 张明楷：《外国刑法纲要》，清华大学出版社1999年版，第177—178页。
4. [德]汉斯·海因里希·耶赛克等：《德国刑法教科书（总论）》，徐久生译，中国法制出版社2001年版，第450页。
5. 张明楷：《外国刑法纲要》，清华大学出版社1999年版，第178—179页。
6. [德]克劳斯·罗克辛：《德国刑法学总论》（第1卷），王世洲译，法律出版社2005年版，第357页。
7. 参见储槐植：《美国刑法》（第二版），北京大学出版社1996年版，第89、90、126页。
8. 事实上，越来越多的学者主张我国采纳大陆法系的三层次犯罪论体系。
9. [德]克劳斯·罗克辛：《德国刑法学总论》（第1卷），王世洲译，法律出版社2005年版，第358页。
10. 在这一章节的讨论中，我们在同等意义上使用被告人和行为人这两个概念。
11. The All England Law Reports, P347 (1975). 根据这个规则，在随后的一个相

似的案件中，也是丈夫带着他的三个朋友和他哭泣着的妻子性交。法院认为，虽然被告人对被害人同意的认识是不合理的，然而却是真实的，被告人最后获得了无罪判决。Regina v. Cogan, 2 All E.R. P1059。

12. 转引自Susan Estrich, Rape, 95 Yale L.J, n33。
13. The Heilbron Report, 1976 CRIM. L. REV. 97, 98-105.
14. David P. Bryden, Forum on the Law of Rape: Redefining Rape Buff.Crim. L.R.2000, P326.
15. 在弗莱彻看来，根据错误与刑事责任的关系，可以把它分为有关的错误和无关的错误，其中，在刑法中，严格责任这个术语应该被理解为不知错误或者不知意外事件的实践，按照道理错误和意外实践与被告人的刑事责任都是有关系的。换句话说，如果错误应该是对刑事责任有关的但却作为无关的来对待，那么这种责任就是严格的。参见[美]弗莱彻：《刑法的基本概念》，王世洲等译，中国政法大学出版社2004年版，第199页。
16. Dana Berliner, Rethinking the Reasonable Belief Defense to Rape, 100 Yale Law Journal(1991), P2686. Commonwealth v. Sherry 就是一个对同意的认识错误适用严格责任的经典案例。三个被告人是波士顿医院的医生，而被害人是医院的护士。被害人由于职业关系认识了其中一个被告人Sherry。Sherry在公寓召开了一个舞会，宴请医院的同事，被害人也到场参加，在舞会中被害人第一次遇见了被告人Hussain以及Lefkowitz。她与这两人都跳了好几曲舞。被害人承认在跳舞时，被告人Hussain 就告知被害人想和其发生性关系……当舞会快结束时（已是深夜）Hussain和Sherr把她和被告人Lefkowitz一起推到浴室，并把门和灯都关上了。直到Lefkowitz让他们开门，他们才把门打开。后来，Hussain与Sherry抓住被害人的手把她带出公寓。Lefkowitz 说"我们要去我在Rockport（地名）的家"。被害人坚决反对，但并没有身体上的反抗，因为她认为他们不过是为了开玩笑，最终还是会让她回家的。期间被害人有两次机会离开，但她都没有离开，一次是在离开舞会大厅，许多同事都在场，但被害人没有向任何同事求救，另一次是坐上电梯下楼，而电梯间也有人，被害人身体当时并未受制于人，但她也没有向他人求救。……被害人坐在汽车前座，他们四人一起驱车开往Rockport. 在途中，被害人曾经与三被告有过简短的交谈。她承认当时并不害怕。当他们到了Lefkowitz家，被害人说自己想回家，但Hussain把她扯进房间……在房间里，被害人和两名被告一起吸了一些大麻,他们参观了一下Lefkowitz的家,Lefkowitz还让他们到卧室欣赏一下古董。随后被告人脱掉衣服。这把被害人吓坏了,她表示抗议,但被告把被害人的衣服脱去,并想和她发生性关系。被害人让他们不要这样并且质问他们为什么要这样,其中有一个被告人回答道"你不要再演戏了"。期间一个被告离开房间,另外两位被告随后也出去了。但不久,这三人都依次在卧室与被害人发生了性关系。被害人证实自己当时感到麻木而没有反抗。在初审法院,这三名被告被判强奸罪罪名成立。上诉法院也维持了这个判决。在这个案件中,麻萨诸塞州高等法院认为……在考察被告人主观心态时,初审法官是正确的,被告人对被害人不同意的主观认识与案件没有关系。因此,对被害人同意的不合理认识错误不是强奸罪的辩护理由。在随后的裁决中,法院认为即使这种认识是合理的,也不是辩护理由。参见David P. Bryden, Forum on the Law of Rape: Redefining Rape Buff.Crim.L.R.2000, P328。

17. 参见上文的相关论述。
18. David P. Bryden: Forum on the Law of Rape: Redefining Rape Buff.Crim. L.R.2000, P344-345.
19. [英]乔纳森·赫林:《刑法》(第三版),法律出版社2003年版,[英]乔纳森·赫林:《刑法》(第三版),法律出版社2003年版,第171—172页。
20. 普通法国家的故意(intent)概念并不完全相同。在英国,故意是和轻率、疏忽并列的犯罪心态,故意含义有很多种,在司法实践中,法官提出了许多判断标准,并没有一个定论。一般说来英国的故意基本类似于我国所说的直接故意和间接故意。英国法律委员会对故意曾有一个修改建议,认为应该把故意定义为:"在下列情况下行为人对结果存在故意:如果他的目的就是造成这种结果;或者虽然这种结果不是他的目的所在,但是他知道为了其他目的而实行的行为在通常时候会导致这种结果的发生。"关于英国刑法中故意的沿革及其各种判断标准,可以参见[英]乔纳森·赫林:《刑法》(第三版),法律出版社2003年版,第60—67页。而在美国《模范刑法典》中,故意(intent)则是和明知(knowledge)、轻率、疏忽并列的概念,此处的故意基本上类似于我国的直接故意,因此也有人把故意表述成蓄意(参见储怀植:《美国刑法》(第二版),北京大学出版社1996年版,第77—79页)。
21. 这里需要说明的是,轻率这个概念在英国并没有一个统一的定义,在司法实践中，曾经有过两种判断标准，但在摩根案判决之时以及1976年性犯罪法出台时，司法界采纳的基本上是Cunningham轻率标准；根据这种标准，轻率是指被告人预见到了行为可能造成的危险，而仍然冒险为之。这种危险没有必要是明显的，只要行为人预见到了危险的存在即可。另外，对于行为人而言，危险应当是不合理的。在判断危险是否合理时，应当考察行为的本质和损害的危险程度。因此，如果当行为人看见有人横冲马路，为了避免撞人而转向，虽然行为预见了可能会造成路边车辆损害的危险，但是应当认为这种危险是合理的，因此对财物损毁的后果行为人也就没有轻率的主观心态。另一种判断标准是1982年上议院在Regina v. Caldwell案中所提出的Caldwell标准，即轻率是指被告人实施的行为具有造成严重损害的危险下：他认识到这种危险可能存在，但他仍然继续行为；或者他并没有注意存在这种危险的可能性，虽然这种危险在事实上非常明显。因而在1982年以后的强奸案件中，对于不同意的轻率不仅仅包括认识到女方不同意，仍然冒险为之（摩根进路或说Cunningham标准），而且还不包括漠不关心女方的不同意以及根本不考虑女方是否同意（Caldwell 标准）。(Jonathan·Herring, Criminal Law (third edition), 法律出版社2003年版, 第173页) 需要说明的是在绝大多数由轻率构成的犯罪中，采纳的都是Cunningham轻率标准，比较这两种轻率标准，凡是构成Cunningham亲率的必然构成Caldwell亲率。然而，对于没有预见到危险发生的被告人而言，如果危险很明显，虽然他不会构成Cunningham亲率，但是却符合Caldwell亲率标准。在这两种标准中，其最重要的区别就在于轻率之范围是否包括对于危险漫不经心，从而没有认识到危险的存在。Cunningham轻率标准并不认为这种情况是轻率，而根据Caldwell标准，这种情况则是轻率。显然，后一种轻率标准很容易和疏忽心态（Negligence）发生混淆，并且导致在司法实践中很难区分轻率和疏忽。因此法律委员会建议抛弃Caldwell标准，它对轻率的定义为：在下列情况下，行为人存在轻率（1）如果他认识到危险存在或将要发生，或者（2）考虑到他所知的情境，他意识到存在不合理的危险，但仍然冒险为之。参见[英]乔纳森·赫林：《刑法》（第三版），法律出版社2003年版，第67—73页。而在美国《模范刑法典》中，轻率是指行为人已经认识到并且自觉漠视法律禁止的结果可能发生的危险，虽然主观上对此结果持否定态度，但还是冒险地实施了产生此结果的行为，自觉漠视的这种心理状态包括

293

严重偏离守法公民的行为标准的情况。轻率与疏忽的区分则非常明显。(储怀植：《美国刑法》(第二版)，北京大学出版社1996年版，第78页) 因此在本文的讨论中，我们所使用的轻率概念应该是指认识到女方不同意，仍冒险为之，而不包括没有认识的过失。

22. Susan Estrich, Rape, 95 Yale L.J, P1098.
23. Susan Estrich, Rape, 95 Yale L.J, P1104.
24. David P. Bryden: Forum on the Law of Rape: Redefining Rape Buff.Crim. L.R.2000, P337.
25. David P. Bryden: Forum on the Law of Rape: Redefining Rape Buff.Crim. L.R.2000, P338.
26. Susan Estrich, Rape, 95 Yale L.J, P1104.
27. [美]弗莱彻：《刑法的基本概念》，王世洲等译，中国政法大学出版社2004年版，第212—213页。
28. See John Kaplan, Robert Weisberg, Guyora Binder, Criminal Law: Cases and Materials(5th edition), New York, NY: Aspen Publishers(2004), P902.
29. [德]克劳斯·罗克辛：《德国刑法学总论》(第1卷)，王世洲译，法律出版社2005年版，第358页。
30. [德]克劳斯·罗克辛：《德国刑法学总论》(第1卷)，王世洲译，法律出版社2005年版，第318页。
31. Jennifer Temkin, Rape And The Legal Process, Oxford University Press(2002), P127, 132.
32. 赵秉志主编：《新刑法教科书》，中国人民大学出版社1997年版，第141页。
33. 在我国，对年龄的认识错误主要发生在奸淫幼女的强奸罪中，因此本章主要讨论对幼女年龄的认识错误，当然其结论同样也适用于猥亵儿童罪中对儿童年龄的认识错误。考虑到有些国家采取性别中立主义立法，因此此处主要使用"未成年人"这种中性的概念，但在具体讨论针对女性的同意年龄问题时，也使用"幼女""少女"等具有性别属性的概念。
34. 需要说明的是，严格责任并非为英美法系所特有，大陆法系有些国家也存在严格责任。如意大利刑法第42条第2款规定的超故意和客观责任。(参见《意大利刑法典》，黄风译，中国政法大学出版社1998年版，第19页)
35. 国外通常把奸淫幼女和猥亵儿童行为规定为法定性侵犯罪，因此在论及国外的立法时，我们以这个概念来代替奸淫幼女和猥亵儿童。另外在英国早期的普通法中，通常把法定性侵犯规定为非法性行为重罪和非法性行为轻罪。为了行文方便，对这些概念我们不加区分。

36. [英]乔纳森·赫林：《刑法》(第三版)，法律出版社2003年版，第104页。
37. 一般认为，普通法中的严格责任犯罪仅有四种，即公共妨害罪、刑事诽谤罪、蔑视法庭罪和亵圣罪。(参见[英]史密斯、霍根：《英国刑法》，李贵芳等译，法律出版社2000年版，第115页)
38. [英]乔纳森·赫林：《刑法》(第三版)，法律出版社2003年版，第106—107页。
39. 刘仁文："刑法中的严格责任"，载《比较法研究》2001年第1期。
40. 刘仁文："刑法中的严格责任"，载《比较法研究》2001年第1期。
41. R v. PRINCE, J.W.C.Turner And A.LL.Armitage, Cases on Criminal Law (third edition), Cambridge University Press 1964, P22.
42. Stephen Mitchell, Archbold Pleading Evidence&Practice in Criminal Cases (fortieth edition), Sweet & Maxwell(1979) P3066.
43. The All England Law Reports (2000) P850.
44. The All England Law Reports (2000) P850.
45. 根据1967年刑法法案，重罪与轻罪的所有区别都被废除，两者都统称为犯罪，但是为了行文的方便，笔者仍然把与不满13岁的有幼女发生性行为的犯罪称之为非法性行为重罪，把与13—16岁的少女发生性行为的犯罪称之为非法性行为轻罪。另外1956年《性犯罪法》对于这两个犯罪在语言的使用上也不同于1861年的《侵犯人身法》，《侵犯人身法》第50、51条使用的语言是"made unlawful carnal knowledge of a girl"，而《性犯罪法》第5、6条所使用的语言则是"have unlawful sexual intercourse with a girl" Stephen Mitchell, Archbold Pleading Evidence&Practice in Criminal Cases (fortieth edition), Sweet & Maxwell(1979), P1421。
46. The All England Law Reports (2000) P833-854.
47. 这两个案件分别是2000年的B诉检察长案 (B v. Director of Public Prosecutions) 和2001年女王诉k(R v. K) 案。
48. 英国《2003年性犯罪法》同样保留了13岁、16岁两个关键年龄，对于13岁以上不满16岁的未成年人，与之发生性行为构成犯罪，对于这种罪行，只有当行为人没有合理认识到对方未达法定年龄时，才构成犯罪。
49. Richard A.Ponsner and Katharine B. Silbaugh, A Guide To America's Sex Laws, The University of Chicago Press (1996) P44.

50. 离性性行为，但行为人必须大被害人4岁。
51. 参见上文的相关论述，更详细的资料请参考Richard A.Ponsner and Katharine B. Silbaugh, A Guide To America's Sex Laws, The University of Chicago Press（1996）P44—46。
52. 如内华达州规定，与不满16岁的人发生性行为是重罪，但是可以提出比其年长不到4岁的辩护理由。而佐治亚州规定，与不满14岁的非自己配偶的人发生性行为是重罪。参见Richard A.Ponsner and Katharine B. Silbaugh, A Guide To America's Sex Laws, The University of Chicago Press（1996）P48—49。
53. 事实上，奸淫幼女行为应当以强奸罪从重论处，因此处刑远不只3年。
54. 在笔者看来，这种情况其实属于滥用信任地位的性侵犯罪，但鉴于现行法律还未规定此种犯罪，则只能以强奸罪或强制猥亵侮辱妇女罪论处。
55. 至于过于自信的过失则不可能存在于奸淫幼女行为，因为如果预见到了对方是幼女，都可以推知行为人已经明知对方是幼女，也就是说至少对对方是幼女存在一种不确定的故意。
56. 陈兴良主编：《中国刑事司法解释检讨》，中国检察出版社2003版，第450页。
57. The All England Law Reports (2000) P833—854.
58. 欧阳涛："如何正确认定奸淫幼女罪"，载《法学季刊》1983年第3期。
59. 张明楷："间接故意也可构成奸淫幼女罪"，载《法学季刊》1984年第3期。
60. 张明楷：《刑法分则的解释原理（上）》，中国人民大学出版社2011年版，第159页。
61. 除了2003年1月份最高人民法院《关于行为人不明知是不满十四周岁的幼女，双方自愿发生性关系是否构成强奸罪问题的批复》外，2001年6月，最高人民检察院以高检发释[2001]3号司法解释也认为，嫖宿幼女罪的行为人主观上必须要具备主观明知要件，即"行为人知道被害人是或者可能是不满十四周岁而嫖宿的——以嫖宿幼女罪追究刑事责任"。但是，2003年8月，由于检察机关的反对，最高人民法院下发通知，暂停2003年1月司法解释的执行。这虽然可以解释成是最高司法机关为捍卫罪过原则的努力，但也未尝不可以说，最高司法机关仍然认为幼女的身体发育成熟在某种程度上可以作为衡量行为人罪过的标准。
62. 如某甲（23岁）与在公园里见到一戴红领巾的女生（13岁半，164厘米），即上前调戏，并将乙骗到偏僻处，以交朋友为名奸淫了乙。在审理时，甲辩解说，乙长的高，不知是幼女，而且发生两性关系时没有采取暴力，不应以奸淫幼女罪定罪。而法院认为，红领巾是少年儿童佩带的，这是基本常识。因此，这种认识错误是可以避免的。(参见许言："奸淫幼女不应以'明知'为条件"，载《法学》1983年第10期）

63. 陈兴良：《中国刑事司法解释检讨》，中国检察出版社2003版，第451页。事实上，当前奸淫幼女多发生在教师对学生的侵犯案件中。参见《教育部、公安部、司法部关于辽宁等地相继发生教师强奸猥亵学生事件的情况通报》(教师[2003]1号）。

64. 夏吉先："奸淫幼女罪是否以明知为要件的剖析"，载《法学》1984年第8期。

65. 彭晓辉：《性科学概论》，科学出版社2002年版，第158页。

66. 胡虞志等："22市少女月经初潮年龄及性心理行为调查分析"，载《中国学校卫生》1995年第1期。

67. 张允平等："七城市铁路中学女生月经初潮年龄及性心理行为调查"，载《医学与社会》2000年第1期。

68. 彭晓辉：《性科学概论》，科学出版社2002年版，第156页。

69. 比如广东云浮一数学教师竟然多次奸污班上女生，并以不再给孩子上课作威胁，不让孩子声张。受害女孩上了初中后，才在老师的鼓励下勇敢报案。而在法庭上，教师竟声称女孩身材高大，自己不知道她未满14周岁。但未被法庭采纳。这名教师被云浮市中级人民法院认定犯有强奸罪，判处有期徒刑4年。在这个案件中，从处于他地位的一名普通教师的常识来推断，处于这个特殊职业群体的人是不可能不知其学生真实年龄的，退一步讲，他也负有知道学生年纪的注意义务，而且他也有能力知道学生的真实年纪，因此这个错误是可以避免的。参见[EB/OL]http://society.qianlong.com/4431/2003-4-22/177@800494.htm, 2009/9/6。

70. 这个意见已经被司法意见所采纳，2013年最高人民法院、最高人民检察院、公安部、司法部《关于依法惩治性侵害未成年人犯罪的意见》规定：知道或者应当知道对方是不满十四周岁的幼女，而实施奸淫等性侵害行为的，应当认定行为人"明知"对方是幼女。对于不满十二周岁的被害人实施奸淫等性侵害行为的，应当认定行为人"明知"对方是幼女。对于已满十二周岁不满十四周岁的被害人，从其身体发育状况、言谈举止、衣着特征、生活作息规律等观察可能是幼女，而实施奸淫等性侵害行为的，应当认定行为人"明知"对方是幼女。

71. 彭晓辉：《性科学概论》，科学出版社2002年版，第179页。
72. 对此问题的详细探讨，可以参见云南省高级人民法院刑事审判第二庭编：《民族地区量刑情节的特点及法律适用》，第17页。
73. The American Law Institute. Model Penal Code and Commentaries (Part II Definition of Specific Crimes §§220.1 to 230.5)[M], Philadelphia:PA, P376.
74. Richard A. Ponsner and Katharine B. Silbaugh, A Guide To America's Sex Laws, The University of Chicago Press (1996) P45—46.
75. 湖南省湘潭市雨湖区人民法院刑事附带民事判决书（2004）雨刑初字第6号。
76. 王世洲：《现代刑法学》（总论），北京大学出版社2011年版，第232页。
77. 王世洲：《现代刑法学》（总论），北京大学出版社2011年版，第234页。
78. 王世洲：《现代刑法学》（总论），北京大学出版社2011年版，第229页。

第五章

1. 这种分类是英美法系的分类，它基本对应于大陆法系的客观证明责任与主观证明责任。参见黄永："刑事证明责任的比较法分析"，载《政治与法律》2003年第8期。
2. See Joshua Dressler, Understanding Criminal Law(4th edition), Lexisnexis(2006), P71-83; Wayne R.Lafave, Criminal Law(4th ed), Thomson West(2004), P55.
3. Wayne R.Lafave, Criminal Law(4th ed), Thomson West(2004), P56.
4. Wayne R.Lafave, Criminal Law(4th ed), Thomson West(2004), P59.
5. Wayne R.Lafave, Criminal Law(4th edition), Thomson West(2004), P60.
6. 张吉喜："论美国刑事诉讼中的证明责任分配标准"，载《当代法学》2007年第4期。
7. 达到让人产生合理怀疑的程度即可，不需要达到优势证据程度。
8. Simester and Sullivan, Criminal Law: Theory and Doctrine (2nd ed), Hart(2003), P64.
9. Don Stuart, Canadian Criminal Law: Treatise(5th ed), Thomson(2007), P47.
10. Wayne R.Lafave, Criminal Law(4th edition), Thomson West(2004), P58.
11. 相似的案件还有1984年的马丁诉亥俄俄案（Martin v. Ohio）中，被告人马丁被控加重型谋杀，其辩护理由是正当防卫。在审判时，陪审团被告知，检控机关有义务"排除合理怀疑"地证明犯罪的客观要素，但马丁有义务提供优势证据证明正当防卫的存在。马丁后被认定有罪，但马丁提起了上诉，其理由是加重型谋杀的一个重要客观要素是"事先有预谋"，但这个要素是可以为正当防卫中的"面临紧迫的人身危险"要素所排除（如果行为人遭遇紧迫的人身危险，他不可能有时间进行预谋）。该案最终上诉到联邦最高法院，最高法院在此案中发生了严重分歧，最后仅以微弱多数（5票反对、4票赞同）驳回了马丁的诉讼请求。Joshua Dressler, Understanding Criminal Law(4th ed), Lexisnexis(2006), P79.

12. Wayne R.Lafave, Criminal Law(4th edition), Thomson West(2004), P60.
13. Simester and Sullivan, Criminal Law: Theory and Doctrine(2nd ed), Hart(2003), P66.
14. Don Stuart, Canadian Criminal Law: Treatise(5th ed), Thomson(2007), P42.
15. Don Stuart, Canadian Criminal Law: Treatise(5th ed), Thomson(2007), P45.
16. Don Stuart, Canadian Criminal Law: Treatise(5th ed), Thomson(2007), P47.
17. Don Stuart, Canadian Criminal Law: Treatise(5th ed), Thomson(2007), P49—51.
18. 最高人民法院刑事审判庭：《中国刑事审判指导案例3》，法律出版社2009年版，第415页。
19. 二审法院认为：（1）本案可以排除被害人酒醉导致不知反抗或不能反抗的情形。（2）本案可以排除上诉人采用胁迫手段迫使被害人不敢反抗而强行与之发生性行为的情形。无论上诉人还是被害人均无这方面的供述与陈述。（3）本案现有的直接证据无法证明强奸行为。能够证明上诉人陈某是否使用暴力手段强行与被害人发生性行为的直接证据只有被害人的陈述和上诉人陈某的供述。经查，被害人陈述矛盾之处很多，对一些细节无法说清，甚至对性行为到底有无完成都前后反复。而且事发前后表现反常，可信度令人怀疑；上诉人始终没有供认过在违背被害人意志的情况下与其发生性行为，坚称被害人自愿与其发生性关系。（4）现有的间接证据不能排除合理怀疑。其一，被害人无反抗迹象。勘验、检查笔录证实被害人的衣物除裙子拉链损坏外，外衣、衬衫、胸罩、连裤袜、内裤均无损坏迹象，被害人佩戴的领结很整齐地放在枕头旁边。如果上诉人确系强行剥去被害人衣裤，只要其稍事反抗就应该会留下损坏的痕迹，特别是连裤袜；床单上也未留下痕迹。裙子拉链（背拉式）脱开不能必然推断出系被害人反抗所致。其二,被害人身上留下的轻微伤痕也不能必然推断出系上诉人暴力所致。被害人在11月1日的第一次陈述中称:"陈某没有暴力动作,身上的伤怎么来的我不清楚",这与陪同被害人进行身体检查的证人高某证言能相印证;即使11月2日的第三次陈述中被害人还称:"我肩膀处的伤,可能是陈某扒我衣服时弄出来的。"也没有明确系上诉人所为。在被害人当时上身所穿的西服、衬衫、领花、胸罩等完好无损的情况下,是否上诉人强行剥脱其衣服所造成令人怀疑;而且由于在事发后被害人与其男友有过推拉动作,伤痕是否因此形成的可能性也不能排除。

20. 刘慧英:《走出男权传统的樊篱——文学中男权意识的批判》,生活·读书·新知三联书店1996年版,第25页。

21. 有司法实务部门同志对强奸案件的证据进行了分析,认为在审查强奸案应做到"八查八看",其中之一就是对双方关系的考察。刘冬梅,审查强奸案应做到"八查八看",载《人民检察》2003年第3期,还有人认为,强奸案件属于三难案件,即立案难,取证难,询问难。解决办法之一就是到群众中了解被害人的生活作风问题。杨顺修:"强奸案件三难的解决对策",载《人民公安》1997年第6期。还可参见"藏彪被控强奸宣告无罪案",甘肃省张掖市中级人民法院(1998)刑初字第37号。

22. 对这个问题,我国鲜有实证研究,但美国的调查可为我们提供一些参考:巴特勒纪念研究会(the Battelle Memorial Institute)对暴力强奸(forcible rape)经过多年的调查,1978年其调查报告出版,报告认为通过对被害人研究,结果表明,在所有的犯罪中,强奸的未报案率是最高的,实际发生的强奸比报案的大概多4倍。相反,根据1973—1982年联邦犯罪调查的数据,司法部的统计(BJS)则认为,52%的强奸案(既遂和企图)报案了,只有47%没有报案。既遂案件中,58%报案了,40%没有。还有一个较早有关强奸被害人的研究表明,在陌生人所实施的既遂强奸中,被害人的报案率高达68%(U.S. DEPARTMENT OF JUSTICE, CRIMINAL JUSTICE RESEARCH CENTER, RAPE VICTIMIZATION IN 26 AMERICAN CITIES, table 35,P 44 (1979)。美国学者GALVIN和POLK认为,在严重犯罪中,低报案率并不是强奸所特有的,因此女权主义的假设是错误的。根据司法部的统计,1976年到1980年,强奸的报案率从1976年的58%降到了1980年的42%,在强奸、绑架、伤害、盗窃四种犯罪中,平均说来,强奸在报案率上仅次于抢劫。但是苏珊认为,对于强奸罪的报案率要注意概念上的区分,如果采取传统的狭隘的强奸概念(只认为通过严重暴力、威胁才能构成强奸),那么它的报案率可能并比其他犯罪低多少,但是如果采取另一种强奸的概念(即她所说的非传统型强奸),那么强奸罪的报案率就低得出奇。苏珊指出,强奸案的报案取决于两个要素,首先,女性对于强奸是否有正确认识,从而认为自己是强奸的被害人。第二,被强奸的女性是否会把自己的遭信告诉调查者。对比如抢劫、攻击、盗窃其他被害人相比,调查非传统的强奸时,结果尤为可疑。和非传统强奸相比,传统的强奸被害人更多的选择报案。因此,即使有高报案率的资料,其中大多都是陌生人实施的暴力强奸,而鲜有熟人间实施的低暴力强奸。事实上,被害人调查本身也存在问题。问题不仅仅是警察的立案,而是从事被害人调查的人自己如何理解强奸,他们往往还遵循着传统的理解。传统的强奸观念揭示了社会态度,被害人只有在认为自己被强奸了,而且愿意将它告诉调查者的情况下,才可能报案……因此,如果说强奸的报案率高也是因为连被害人自己都对强奸做如此狭隘的理解。在社会学的研究中,人们对传统的强奸没有太多争论——陌生人拿着枪指向被害人喉咙,通过以杀害相威胁而奸淫。但是……这种强奸案越来越少。更多的案件是发生在熟人之间,当女方在遇到一个受尊敬的单身汉,在约会后被强迫性交,或者在酒吧遇见男人,而后在一个偏僻的路上(而不是房间里)发生了关系,或者在加班时,老板强迫,在这些场合下,多数女性认为不是强奸。当然,如果是两个陌生人,最初的接触是不自愿的,或是在停车场搭话,或是破门而入,几乎所有的人都会认为是强奸。调查表明,多数青少年认为约会之后的强迫性性交不是强奸。男女青少年很少把熟人之间的强迫性的性行为(forced sex)看成强奸。这个状况并不限于假想的例子。Diana Russell在1978年对930位成年女性(由受训的女性进行调查)做了一个非常著名的调查,22%的受访者承认曾经是强奸或强奸既遂的被害人,这个数字比每年的被害人调查要高得多。当使用通过威胁或强迫而至的性行为(forced intercourse or intercourse obtained by threat)这个概念时,被害人数字高达56%(24%既遂,31%未遂),调查中82%的案件发生在熟人之间,只有不足10%去报案了……另外一个调查表明,在熟人或朋友的约会中经常发生强迫性的性行为。在1977年,一半以上的大学女生承认经历过男性性冒犯。1983年的一个全国性的青少年调查表明,保守的估计每年5—16%的男青少年有性攻击行为,这些性攻击往往是约会之后的自发产物。仅仅5%的女性被害人报案了,在1986年的三个独立的针对大学生的调查中,20%的女性承认在约会时有过身体强迫的性交。然而大多数女性仍然认为她们并没有被强奸。正如某报的标题所言:"对于有些强奸被害人而言,这不是强奸"……因此,有关报案率的争论主要还是取决于强奸的定义:强奸被定义的越狭隘,报案率就越高。但在熟人之间发生的强迫性的性行为,尤其在社会观念中,很少被认为是强奸,根据所有的指标,都很少被报案。调查者承认,几乎半数的向警察报案了的熟人强奸被害人对调查者保持沉默。(Susan Estrich, Rape, 95 Yale L.J, P1166—1168)

23. Cassia Spohn&Julie Horney, Rape Law Reform, Plenum Press(1992), P170.
24. Tracey A. Berry, Comment: Prior Untruthful Allegations Under Wisconsin's Rape Shield Law: Will Those Words Come Back To Haunt You?, Wis. L. Rev. P1248(2002).
25. Cassia Spohn&Julie Horney, Rape Law Reform, Plenum Press(1992), P27.
26. Cassia Spohn&Julie Horney, Rape Law Reform, Plenum Press(1992), P28.
27. People v. Dawsey, 76 MICH. App. 741, 257 N.W.2d 237(1977).
28. Cassia Spohn&Julie Horney, Rape Law Reform, Plenum Press(1992), P174.
29. People v. Dawsey, 76 MICH. App. 741, 257 N.W.2d 237(1977); People v. Hackett, 421 Mich. 338; 365 N.W.2d 120(1984); Michigan v. Lucas, 114 L. Ed. 2d 205(1991).
30. Michigan v. Lucas, 114 L. Ed. 2d 205(1991).
31. Tracey A. Berry, Comment: Prior Untruthful Allegations Under Wisconsin's Rape Shield Law: Will Those Words Come Back To Haunt You?, Wis. L. Rev. P1241(2002).
32. Cassia Spohn&Julie Horney, Rape Law Reform, Plenum Press(1992)P170, 171.
33. 这个假设并没有可以依据的经验资料,只能说是一种大胆的假设吧。胡适先生曾经教导我们说,学术研究要"大胆假设,小心求证",因此对于这个问题,我们有必要做进一步细致的专门研究。
34. 关于中国人的贞操观念,可以参见潘绥铭等:《当代中国人的性行为与性关系》,社会科学文献出版社2003年版,第107页。
35. 潘绥铭等:《当代中国人的性行为与性关系》,社会科学文献出版社2003

年版，第262页。
36. 在潘绥铭等人的调查中，女性的婚外性行为虽然比男性要小，但是在城市女性中，随着知识水平和收入水平的提高，其婚外性行为的发生概率也呈上升趋势。在城市女性中，那些收入最低的40%女性中，发生过婚外性行为的占5.3%—8.5%之间；收入居中的55%女性中则是在7.3%—12.0%之间，而在收入最高的5%的女性中，其婚外性行为的发生概率则是21.9%~30.3%，另外女性的文化程度对其婚外性行为的发生概率也具有正相关性。潘绥铭等：《当代中国人的性行为与性关系》，社会科学文献出版社2003年版，第267—273页。
37. 当然，具体那些证据可以采纳，那些证据不可采纳，这还值得专门研究，本文限于篇幅，只做简单讨论。

罗翔

湖南耒阳人
中国政法大学教授，厚大法考刑法主讲教师
主要研究领域为刑法学、刑法哲学、经济刑法、性犯罪

1999年 获中国青年政治学院法学学士学位
2002年 获中国政法大学刑法学硕士学位
2005年 获北京大学刑法学博士学位

毕业后，任教于中国政法大学，先后前往美国加州大学伯克利分校、杜克大学交流访问。2008年以来入选法大历届最受本科生欢迎的十位教师，2018年入选法大首届研究生心目中的优秀导师。

2020年初，因其刑法课视频中所举的案例幽默风趣，意外爆红网络，一时形成"千军万马追罗翔法考"之势。其上课视频截图所制作的表情包在网络上疯传，被称为"一米九的法律男神"。3月9日，受邀请正式入驻bilibili视频网站，6个月粉丝破千万，创造最速千万粉传说。

刑法中的同意制度——从性侵犯罪谈起

产品经理：张　晨　　封面设计：董歆昱
技术编辑：顾逸飞　　营销经理：施明喆
监　　制：马伯贤　　策划人：吴　畏

图书在版编目（CIP）数据

刑法中的同意制度：从性侵犯罪谈起 / 罗翔著. -- 昆明：云南人民出版社，2021.1
ISBN 978-7-222-19846-3

Ⅰ.①刑… Ⅱ.①罗… Ⅲ.①性犯罪—研究—中国 Ⅳ.①D924.344

中国版本图书馆CIP数据核字（2020）第220654号

责任编辑：刘 娟
责任校对：吴 虹
责任印制：马文杰

刑法中的同意制度——从性侵犯罪谈起
XINGFAZHONG DE TONGYI ZHIDU-- CONG XINGQIN FANZUI TANQI

罗 翔 著

出　版	云南出版集团　云南人民出版社
发　行	云南人民出版社
社　址	昆明市环城西路609号
邮　编	650034
网　址	www.ynpph.com.cn
E-mail	ynrms@sina.com
开　本	880mm×1230mm　1/32
印　张	10
字　数	232千字
版　次	2021年1月第1版第1次印刷
印　刷	北京盛通印刷股份有限公司
书　号	ISBN 978-7-222-19846-3
定　价	49.00元

版权所有 侵权必究
如发现印装质量问题，影响阅读，请联系 021-64386496 调换。